综艺编剧怎样讲故事

ZONGYI BIANJU ZENYANG JIANGGUSHI

王艳锋 著

中国广播影视出版社

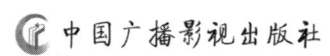

图书在版编目（CIP）数据

综艺编剧怎样讲故事 / 王艳锋著 . -- 北京 : 中国广播影视出版社, 2023.1
ISBN 978-7-5043-8925-1

Ⅰ.①综… Ⅱ.①王… Ⅲ.①文娱活动—编剧—研究—中国 Ⅳ.① G249.2

中国版本图书馆 CIP 数据核字 (2022) 第 189339 号

综艺编剧怎样讲故事
王艳锋　著

责任编辑：	任逸超
封面设计：	顽童书衣
责任校对：	张　哲

出版发行：	中国广播影视出版社
电　　话：	010-86093580　010-86093583
社　　址：	北京市西城区真武庙二条9号
邮政编码：	100045
网　　址：	www.crtp.com.cn
电子信箱：	crtp8@sina.com

经　　销：	全国各地新华书店
印　　刷：	三河市龙大印装有限公司

开　　本：	710 毫米 × 1000 毫米　1/16
字　　数：	274 千字
印　　张：	17.25
印　　次：	2023 年 1 月第 1 版　2023 年 1 月第 1 次印刷
书　　号：	ISBN 978-7-5043-8925-1
定　　价：	68.00 元

（版权所有　翻印必究·印装有误　负责调换）

序 言

据说很久以来，关于我对团队成员的选拔，一直都流传着一个不成文的标准：板娘[①]是"颜控"，因此团队俊男美女居多，但若是团队里见到个别明显低于标准线的，那此人十有八九有过人之处了，美其名曰"奇人异像"。显然，艳锋属于后者。艳锋长得不太像是个文化人，却是如假包换的音乐专业硕士毕业。艳锋喜欢演戏，"跑男"第二季在古北水镇演一个殷勤的店小二，本色出演惊艳全场；艳锋也练男高音，在抖音上发意大利语的歌剧作品，偶尔还偷偷写诗。艳锋就是这样一个总能突然做一件事突破你对他固定印象的人，所以这次他不声不响捧了一本十多万字的专业书来找我写序，我既有些意外，又觉得一切都在情理之中。

中国综艺发展这些年，由一线从业人员撰写的专业书为数不多，关于编剧这个专业的更少。"综艺编剧"虽然在中国是一个全新的职业，但是对于综艺产业更为成熟的韩国却已经颇具职业规模。确切来说，2013年前后中国电视台开始引进韩国综艺生产模式之后，综艺编剧这一岗位才正式出现在中国的综艺行业中。在这个之前，国内从事节目制作的称为"编导"，兼具撰写文案和现场导演的职责。2005年年底，我在浙江卫视创办《男生女生》节目，这是浙江卫视"七剑出江南"重推的第一批综艺节目，也是国内起步最早的一批综艺，号称全国第一档户外交友节目。这档节目在体量和制作成本上已经算是当年广电集团领先的了，但全团队的配置也只有六七个编导，

[①] 序言作者俞杭英老师的江湖绰号，业内有时喜称团队老大为"老板"或"老板娘"，板娘本人拒绝"老"字，故江湖人称"板娘"。

一期节目从策划选人到堪景执行，甚至后期剪辑盯片都是由几个编导搭档完成。

  2013年年底，我带领团队制作亲子节目《人生第一次》，第一次引进了韩国综艺团队，第一次接触韩综的制作模式，才知道撰写节目方案，设计游戏、人物关系的预设和调整，这些都是综艺编剧最重要的职责。作为韩国综艺产业中最重要的岗位之一，编剧和导演犹如"夫妻"成双成对地出现在综艺生产流程中，共同孕育一个又一个优秀节目。以一个中型节目为例，编剧组一般会有5-10名的编剧。其中总编剧往往是从业至少10年的资深编剧，负责整个节目的框架和整体气质。然后会有2-4名的执行编剧，负责把总编剧的单期概要细化成具体流程。同时也会有4-6名助理编剧，负责执行细节等。

  2014年，我们在《奔跑吧兄弟》（以下简称"跑男"）这个节目中第一次正式设置了综艺编剧的岗位。当时岗位选择的标准是策划能力强、文笔较好且思维活跃的人。本书的作者艳锋就是当年众多编导中选出来的编剧之一。关于"跑男"设置编剧一事，在节目刚刚播出时还曾经在网上引起了较大的争论和误会。争论点主要集中于"跑男"的编剧是否是负责写台词和操控结果的。在一部分网友看来，兄弟团说的每一句台词，每一次游戏的结果，甚至是整期节目的输赢都是编剧提前设定好的，艺人只要照着演就好了。这其实是对综艺编剧的最明显误解。事实上"跑男"的编剧只负责设定故事背景、游戏种类规则及关键的串场话语等等，至于游戏的输赢和艺人的反应是否按照节目组预想的效果来，这就是考验编剧和导演功力的方面了，同时这也是真人秀节目最大的魅力所在。

  赖于综艺产业的快速发展，在之后的几年里综艺编剧的队伍也不断壮大。与之前单一的编导体系相比，综艺节目导演和编剧分工的体系也已经初步形成，初步建立了具有中国市场特色的编剧分工体系，有的甚至出现了编剧为主要业务的公司，在各大综艺节目充当节目的"大脑"来决定节目的气质和细化更有新鲜感的节目流程。同时，基于不同的受众欣赏领域，也出现了综艺编剧的细分品类，比如有的擅长做婚恋类，有的擅长做观察类，有的擅长做游戏类，有的擅长做赛制类……以擅长做婚恋类和赛制类的编剧为例，除了在该领域的内容创意上不断深耕外，他们还会从资源上不断积累和优化。比如婚恋类的编剧他们甚至会专门组建握有大批素人资源的选角团队，从素人的心理调查和情感需求出发设置新的节目。而赛制类的编剧除了专攻赛制研发和优化外，手里也会积累大量的选手资源。从2013年到现在，综艺编剧岗位从无到有，不断地发展壮大。

但是在综艺编剧队伍不断繁盛的同时，我们也会发现在这其中存在的某些隐忧和弊端。可能是与产业过快发展对编剧岗位的需求不断扩大有关，这个岗位的人才培养出现了明显的"揠苗助长"现象。比较常见的现象是，可能某位年轻人头几年还在项目组里实习，过几年再遇见就已经是某些中型项目的总导演和总编剧了。而按照正常的培养序列，一个合格的总编剧可能至少需要十年八年甚至更长时间来进行培养。

另外，比较明显的不足就是，若干年过去，综艺编剧在综艺产业中仍然只有"岗位"而没有形成职业规模。很多节目组对这个岗位的培养没有形成清晰的序列，往往是今天当编剧，明天当导演，后天可能又被调去当艺统或宣发。究其原因，一方面跟中国的综艺产业发展过快缺乏规范有关，另一方面也跟这个岗位欠缺必要的理论梳理和技巧沉淀相关。在定岗不定职业的前提下，很多优秀综艺编剧累积的优秀经验可能也缺乏传承的渠道。

以和我们文化相似度较高的韩国为例，他们一方面以"面传心授"的学徒制为基础——一个成熟的综艺编剧往往会带为数不少的徒弟，这样就保证了编剧经验有很好的传承渠道。另一方面研究综艺编剧的书籍也在韩国数不胜数，光影响力较大的就有三四本。而我们关于这方面的沉淀和研究却是刚刚开始。

但是"好饭不怕晚"，作为国内为数不多的以综艺编剧为研究主题的书籍来看，这本书的部分特点如下：

1. 这本书在汲取韩国综艺编剧现有理论的基础上，提出了众多适合中国国情的编剧经验和创作技巧。

2. 这本书弥补了学界和业界的研究时差。在过去很长一段时间内，我国的高等院校都只有文艺编导专业而缺乏专门的综艺编剧专业，而且所教授的专业知识也和现在业界需要的创作技能有些许差别，而这本书为众多想从事和研究综艺编剧的学生提供了快速入门的行业指南。

3. 作为一本一线人员写出来的行业书籍，这本书没有过多的故作高深和故弄玄虚，全部都来自众多大项目中和国内外的优秀编剧们合作过程中的认

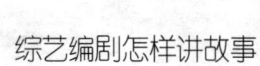

真记录和思考，相信会对即将从事综艺编剧岗位或者对综艺节目感兴趣的年轻人有很大的帮助。

  中国的综艺仍然任重道远，尤其是在节目模式创新和综艺编剧的后备力量培养方面更需加强。而在综艺编剧理论上的研究也仅仅处于刚刚起步。尽管这本书的很多观点和理论总结仍有待进一步的梳理和深入研究，但是敢于勇敢迈出这一步已经值得鼓励。愿这本小书可以起到抛砖引玉的效果，让更多的专家学者和业内精英来更多的关注这个领域。同时也期待这本书能为更多喜爱综艺的年轻人解惑答疑，同时也能为行业引来更多的有潜力的新生力量。

俞杭英[①] 2022 年 10 月

[①] 俞杭英 知名电视制作人，原子娱乐创始人兼 CEO，曾任浙江卫视战略发展中心主任、浙江蓝巨星传媒有限公司总经理。曾担任《奔跑吧兄弟》（第一、二季）、《二十四小时》、《王者出击》、《野生厨房》、《奇异剧本鲨》等多档王牌节目总制片人、总导演等职。

这是一本什么样的书（自序）

综艺节目编剧是我们国家影视综艺行业近十年来最新兴起的一个岗位。它基于综艺影视产业的社会化分工而产生，同时也依赖于影视行业的工业化生产流程而存在。在笔者刚刚入行的时候，综艺节目策划人员还是基于电视台内容生产的分工模式统称为"编导"。一名编导要负责前期策划、嘉宾联络、中期录制和后期剪辑的全流程工作。但是那个时候的综艺节目也没有现在复杂，演播厅节目基本上有固定的环节和模式。而户外节目还大多是基于分镜脚本的分段拍摄方法。在这样的生产模式下，一名编导带领两三名摄像完全可以胜任一期综艺节目的完整生产工作。

任何产业模式的创新都是基于技术的应用而更新的。2000年以后摄像机不断轻便和高清化，非线性编辑技术[①]的全面普及让综艺节目的内容策划可尝试的方式不断创新。从简单的几台机位到几十上百台机位，从演播厅的固定拍摄，到户外GOPRO、无人云台、无人机高清拍摄，综艺节目可尝试的拍摄手段也不断地翻新。这就使得综艺节目可尝试的形式更加多样化，尤其是综艺制作产业更加成熟的日韩等国家，在节目制作新技术的加持下尝试了各种综艺节目新模式的创新和实验。这些创新也让他们在国际节目模式市场上取得了非常不错的成绩。

2015年左右，这种模式引进的风潮也逐渐影响到了中国市场。当时仍然在浙江卫视从事编导岗位的笔者有幸被台里调往当年的战略级大项目《奔跑

---

① 非线性编辑是相对于线性编辑而言的，在非线性编辑产生之前节目内容的后期编辑非常复杂，任何一个点的修改很可能都需要把整个片子推翻重新制作一遍，而非线性编辑则可以随意地改变节目内容顺序和添加相关特效。

吧兄弟》从事综艺编剧岗位的工作。这其中的艰辛和磨合过程自不必多说。单从感受而言，编剧岗位和以前的编导岗位主要有以下不同。

第一，对创意能力的要求更高。之前做编导的时候节目基本上都有固定模式，我们只要在固定模式的基础上找到更新鲜的主题和嘉宾即可，但是对于故事性更加多变的"跑男"而言，每期的主题都不一样，需要不断地创作新的故事选题和修改故事逻辑。

第二，工作更加偏前置化。后续的工作的参与也更加依赖于其他分工岗位的协助。以前做编导的时候从前期拍摄到后期剪辑都主要由自己完成，现在拍摄和后期工作则由更加擅长这方面的同事来做了。举个形象的例子来说，比如之前是你一个人来造一辆汽车，后来变成了你只需注重于前期的图纸设计，后期协助其他岗位完成后续工作即可。

第三，故事的素材量突然成倍地增加。以前做编导的时候棚内节目有导播的前期工作在，剪辑的故事线和镜头都十分简单，但是做了户外真人秀编剧之后你会发现，从不同的嘉宾视角去看会发展出不同的故事线来，此时就要和导演及剪辑师共同商议这期的故事线究竟该怎么讲，一旦选择不好，优秀的故事主题就可能变得十分平庸。

也正是基于这样的技术变革带来的生产模式变革让笔者意识到，之前我们学过的一些节目制作方法可能已经滞后于产业的发展。最开始的时候笔者会把一些在和韩国、日本同行合作过程中学到的东西整理成个人笔记，用于指导个人的工作。慢慢地做的项目多了，也开始从与国内其他平台的优秀同行的合作中汲取了他们制作节目的长处和优点，这应该算是笔者工作中的一个良好习惯吧：即看到某位前辈或同行使用某种制作方法和策划角度取得了较好的节目效果之后，我就会去思考这种方法背后的规律是什么。总结出某种规律之后，自己再到同类的节目中去测试，如果同样取得了较好的节目效果我就会很开心，然后把它作为宝贵经验沉淀下来。慢慢地越积累越多，就把它们整理好分类存放，以备不时之需。

在十多年的工作生涯中，可能因为我的亲和力比较强的缘故，很多优秀的年轻同行也会乐于向我请教一些节目制作的问题。但是囿于时间和精力关系，很多时候又感觉说得不够系统和全面。为了解决这个问题，我就干脆开了一个叫"综艺节目编剧"的公众号，把以前的笔记里面的一些思考整理成

这是一本什么样的书（自序）

文章发在上面。没有固定的更新频率，时间多了就多写几篇，时间少了就几个月不写，慢慢地竟然也累积了二十多万字。有一次朋友开玩笑说，你还挺能写的，都能出一本书了。说者无心，听者有意。于是从今年的元旦开始，我开始把一些文章去粗存精地整理在了一起，开始着手出版的事宜。

简述这本小书的诞生过程，其实就是想告诉大家关于这本书的创作性质：**这是一本基于行业新岗位的方法论总结沉淀的"岗位使用说明书"**。从严格意义上讲，它是一本实践性大于理论性的行业学习指南。所以在这本书的创作过程中，我也尽量避免使用那些大而泛的内容创作理论，取而代之更多的节目鲜活的例子和实操经验总结。同时，在节目的类型分类上，这本书也大多基于实操的层面采用多类型的分类法。举个简单的例子：比如以录制场地特点为标准，你可以把节目分为户外节目和演播厅节目；但是如果以节目审美体验为标准，又可以分为"快综艺"和"慢综艺"。总之，你用不同的标准会得到不同的节目分类。但是为了便于年轻从业者和综艺爱好者理解，我在类型上没有非常严格地按照某一分类标准来给大家做类型分类，因为那是专家学者的专长，我只是以是否常见和普遍为主要标准来帮助大家快速理解和上手操作。

说了这本书的理论属性，我还想再说一下不同的读者应该怎样使用它。首先是综艺行业的从业者，我希望你不要仅仅就着书本读书本，而是看完某一章的内容然后再把这个品类的经典的节目再去刷一遍，思考对方为什么要这样做，这样你会有更深一层的收获。其次，如果你是一名相邻行业或者岗位的工作者，我希望你从里面汲取"大道至简"的策划原则和"框架性地留白艺术"，即在你的某些创作中留一些演员不知道的"扣子"，往往能收获不同的惊喜。最后是广大的综艺爱好者，读了这本书能让你更深地理解你所看的综艺，当你好奇某些综艺为什么这么好或者这么"烂"的时候，这本书或许可以给你答案。

无论你是抱着什么样的目的来看这本书，我都不希望你被这本书的某些理论所桎梏，在你从业的前期可以尽可能多地遵循，它绝对会给你带来益处。但是当你已经是一名很成熟的综艺编剧时，我希望你能更大胆地创新，因为我始终坚信：任何的学习，都是为了最后的突破和扬弃。

王艳锋 2022 年 10 月 于杭州

目 录
CONTENTS

第一章　综艺节目的本质与特性………………………………………… 1
　　综艺节目的定义……………………………………………………… 3
　　综艺节目的本质……………………………………………………… 7
　　综艺节目的特性……………………………………………………… 13

第二章　编剧与综艺节目生产流程……………………………………… 19
　　综艺编剧的岗位职责是什么………………………………………… 21
　　综艺节目生产流程中的编剧………………………………………… 25
　　综艺编剧应该具备的能力…………………………………………… 30

第三章　综艺故事的创作特质…………………………………………… 35
　　富有想象力的半成品："框架性"的故事创作……………………… 37
　　粮草先行：以资料支撑的故事创作………………………………… 43
　　上帝视角：动态创作中的"信息差"………………………………… 49

第四章　综艺剧本创作通用技巧………………………………………… 55
　　目的：单一目的，简单逻辑………………………………………… 57
　　规则：话里有"套"，路上有"坑"…………………………………… 62
　　节奏：剧本缺节奏，后期不能救…………………………………… 69
　　画风：同样的节目你为什么做不过别人…………………………… 77

·1·

第五章　综艺节目嘉宾 ... 83
- 节目嘉宾：综艺故事成败的关键因素 ... 85
- 专业演艺型嘉宾甄选技巧 ... 90
- 素人真人秀嘉宾甄选技巧 ... 96
- 综艺嘉宾常见角色类型及运用技巧 ... 103

第六章　任务挑战类真人秀创作方法 ... 109
- 任务挑战类真人秀定义及特点 ... 111
- 中日韩任务挑战类真人秀创作特征 ... 115
- 任务挑战类真人秀剧本设计技巧 ... 121
- 任务挑战类剧本虚拟创作实例 ... 127

第七章　观察体验类节目的创作方法 ... 135
- 观察体验类节目定义及特点 ... 137
- 观察体验类节目的创作与策划 ... 142
- 观察体验类节目拍摄及执行要点 ... 150

第八章　喜剧类节目创作方法 ... 159
- 喜剧：基于优越心理的情感俯视和释放 ... 161
- 喜剧类节目：折叠时空的强冲突"热点"集合 ... 166
- 喜剧节目脚本写作基本技巧 ... 171
- 喜剧节目脚本写作基本手法 ... 181

第九章　演播厅泛综艺创作方法 ... 189
- 演播厅泛综艺的定义 ... 191
- 演播厅泛综艺的特征 ... 193
- 演播厅泛综艺策划要点 ... 198
- 演播厅泛综艺的嘉宾 ... 205

目 录

第十章　情感交友类节目创作方法 ·················· 211

第十一章　旅行美食类节目创作方法 ················ 221
　　　旅行类综艺的创作 ······························ 224
　　　美食类综艺的创作 ······························ 229

第十二章　文化类节目创作方法 ···················· 235

第十三章　节目模式的研发与策划 ·················· 247
　　　目的裂变：节目研发实用创意原则 ················ 249
　　　节目研发实用工作原则 ·························· 253
　　　节目研发实用工作标准 ·························· 258

附：节目模式研发提案表 ·························· 262

第一章
综艺节目的本质与特性

综艺节目的定义

综艺节目到底是什么？这个问题就是对综艺的从业人员而言，似乎也没有多少人愿意去费力去思考。在大家看来，它的定义和类型已经是一种潜移默化的共识。除非是要做理论研究，不然真没有必要在这个问题上钻"牛角尖"。但是如果本书目的是想为中国综艺生产"标准工业化流程"的建立尽绵薄之力，那这个问题就必须有清晰的界定了。任何一套工业化生产标准流程，都应该有一份相对完整的生产流程"说明书"。

如果时间倒回十几或二十年前，这个定义我们没有必要去争论。因为那个时候的综艺节目形式相对单一。在我们的印象中，一二十年前的综艺就是《超级女声》《正大综艺》《快乐大本营》《星光大道》《曲苑杂坛》《同一首歌》《非诚勿扰》《我爱记歌词》……

那个时候潮一点的年轻人，顶多可以在网吧看看中国台湾的《康熙来了》，或者韩国的《X-Man》《情书》之类的。这样看来"百度百科"目前关于综艺节目的解释真的可以覆盖上述所有的节目类型。目前"百度百科"关于"综艺节目"词条的定义如下：

综艺节目是一种综合多种艺术形式并带有娱乐性的电视节目，给大家带来很多欢乐。

按照上述的词条定义，"综艺节目"确实就是综合了多种艺术形式的娱乐性电视节目，目的是给大家提供欢乐。以前的"综艺节目"也无非是"唱歌""跳舞""谈恋爱"；外加"相声""小品""做游戏"等；高雅一点的《艺术人生》演播厅内做做访谈，晒照片谈往事，钢琴一响就煽情等套路。

但是随着媒体发展和传播方式的改变，尤其是移动用户端的欣赏方式的转变，综艺节目的形态也在逐渐地多样化。它与各种相近艺术品类之间的界限越来越模糊。比如说综艺节目和电影之间的界限本来是很明显的，但是自从几档现象级的综艺火了之后，出现的电影和综艺之间的结合品种要怎么算？诸如《爸爸去哪儿》《奔跑吧兄弟》《极限挑战》这几部大电影是应该算综艺呢？还是应该算电影呢？

再比如美食纪录片《舌尖上的中国》火了，也引起了大众对文化综艺的兴趣。比如说《上新了故宫》和《奇遇人生》，它们应该算是纪录片呢还是综艺呢？如果《上新了故宫》属于纪录片，那《我在故宫修文物》又应该算什么类型的片子呢？如果《奇遇人生》算是综艺，那优酷出品的素人旅行节目《侣行》是不是也应该算做综艺节目呢？

除了电影和纪录片，综艺和电视剧之间的关系也开始慢慢变得有些模糊起来。且不说任务挑战类真人秀都喜欢用的"剧情化真人秀"主题，单单近年来出现的"真人剧"就足以颠覆传统综艺的概念。2010年英国的ITV2频道推出了首部"真人剧"《埃塞克斯是唯一的生活方式》，作为一部以"真人秀"的方式来拍电视剧的节目，它带给人的感觉就是真假难辨，很多时候很难让观众分清里面的故事人物到底是在参加一个真人秀电视节目，还是在出演一部电视剧。

而2015年的10月，湖南卫视也推出了首部"真人剧"《三里屯朋友圈》试水，但是由于这部真人剧太像一部偶像剧，真实感太弱，所以反响并不好。但是这种尝试都在说明综艺节目和电视剧之间的界限越来越模糊。在这种大的行业环境下，如果我们不清楚界定一下到底什么样的节目形式才算综艺节目的话，那我们后边讨论综艺编剧的理论与方法，那无疑是哑巴和聋子对话，出现重要的理解歧义。

在日常生活中，虽然我们很难用一两句话说清楚到底什么是综艺节目，但是一个节目出现的时候我们还是能够凭借经验很快判断出这个东西到底属不属于我们传统认知中的综艺。这种在认知方式在"认知心理学"上属于"形态认知"的范畴，它不是从抽象到具体，而是"从多个具体到模糊整体"的认知方式。

上边说得有点绕，简单地归纳为一个例子：我们很难解释清楚啥叫"察言观色"，但是其实我们从出生开始每天都在进行"察颜观色"的具体活动。

"察言观色"是我们人类的本能，但是"综艺节目编剧技巧"却不是我们的本能，它跟写字、读书、驾驶等知识一样，是需要后天习得的。所以我们需要事先做个声明，下面所做的所有关于"综艺节目"的概念的界定，只适用于想学习这门技术的训练理解阶段，当你掌握了这门技术之后，它就是用来打破和抛弃的。

讨论清楚了"综艺节目定义"的应用范畴和背景后，我们可以给综艺节目做一个简单的"定义"：

综艺节目是一种节目嘉宾以个人身份或者个人性格到规定情境中去完成规定任务，以提供社会娱乐和社会话题为主要目的的视频化大众娱乐商品。

按照上述概念，对比电影、电视剧、纪录片、新闻节目等"近亲"艺术形式，它应该具备以下特征：

第一，综艺节目的节目嘉宾参加节目时是带有个人身份或者个人的性格的，它并不像电影和电视剧一样需要演员去"代入"影视角色的身份和性格。即使是"任务挑战类真人秀"的主题化剧情，嘉宾扮演了不同的剧情角色，但是在完成任务的时候他们表现的仍然是自己本身的性格，而非角色性格。

第二，综艺节目的嘉宾参加综艺节目是到规定情境中去完成规定任务的，它不像纪录片，纪录片的导演是带着"客观视角"去观察被纪录对象的。而综艺节目一般都带有"任务"和"目的"，哪怕是隐藏较深的"观察体验式综艺"，节目组的也需要交代清楚节目目的和任务，比如韩综中导演和演员喜欢坐在一间烤肉店里聊聊接下来我们要做怎样的节目。

第三，综艺节目是一种视频化的大众娱乐商品，它的终极目的就是创造直接或者间接的利润，它要为社会提供足够的娱乐内容和社交话题。这一点无论是国外奈飞网（Netflix）的会员付费模式，还是国内腾讯视频、芒果TV等广告贴片加会员付费模式都是直接或间接商业利润的表现。国内电视台的

综艺节目也基本采用广告招商的方式，也是商业变现的主要途径。这个商业逻辑和电影电视剧并没有本质上的不同。但是这一点却很容易被追求"艺术梦想"内容创造者们所忽略。如果能把握好，其实这二者并不是完全矛盾的，奈飞网产出的优秀作品不断增多和其市场估值的不断走高就是最好例证。

综艺节目的本质

尼尔·波兹曼在《娱乐至死》一书中说：

一切公众话语日渐以娱乐的方式出现，并成为一种文化精神。我们的政治、宗教、新闻、体育、教育和商业都心甘情愿地成为娱乐的附庸，毫无怨言，甚至无声无息，其结果是我们成了一个娱乐至死的物种。

可是就是在这样一个一直被主流传媒理论家们所"鄙视"的行业中却也存在自己的"鄙视链"。

做电影的看不起做电视剧的（包括网剧），做电视剧的看不起做纪录片的，做纪录片的看不起做综艺的（包括真人秀）。艺术没有高低贵贱之分，但是不同艺术产品的本质特征却早已经决定了它的消费属性和存在意义。

我们不否认综艺在人们的文化生活中所起到的积极作用，但是也不会因为有这些作用就想方设法为它拔高些什么。路边的早餐店有它存在的价值，商业大厦内的高档餐厅也有它自身的顾客群，某种意义上说他们可能有一部分顾客还是重合的，所以谁都没必要刻意去诋毁对方。

只有当我们真正看清楚了这个艺术品类，才不会盲目地拼命追逐或者强行赋予一些本不属于它的东西。基于这种理念，综艺的本质大致可归纳成如下几个方面。

1. 综艺是一种大众文化的快速消费品

简单来说，综艺节目就是一种文化快餐，这是它最本质的特征。它存在的意义就是为广大的视频观众的业余生活提供文化娱乐消费。所有的"文化快消品"都具有共同的特征，即紧扣热点，关注当时当下，强调即时娱乐的感性消费。小说会留下百年经典；电影会留下百年经典；甚至连被电影"鄙视"的电视剧也都会大浪淘沙地留下经典。

但是唯独综艺节目很少能留下反复播放的经典。所有的综艺节目，哪怕是在一段时间内异常火爆的综艺，过一段时间也会渐渐地淡出人们关注的视野。顶多会在某些回顾或者某一代人的回忆里，成为一个被记得住名字但不太记得清内容的经典节目代名词。

事实确实是这样，中国的综艺往前数三十年，诸如《正大综艺》《曲苑杂坛》《超级女声》《非诚勿扰》《我爱记歌词》等，大家确实会记得它大致演了些什么。但是我们几乎却很少看到电视台会再把完整的一期节目拿出来，像《西游记》《新白娘子传奇》一样一遍遍地重播。

因为综艺节目内容跟时代贴得过于紧密，很多节目的"梗"可能只有当时当下的人才能看得懂。而这期的选题可能过了这个"村"就再也没有这个"店"了。这也是为什么有时候我们看国外综艺的时候有些点可能本国人看着非常搞笑，但是外国人看来却是不知所云，更有甚者国外的华人或者留学生离开中国久了，他们也理解不了国内综艺的某些"梗"。

2. 综艺是一种高时效、低库存的陪伴性视频文化商品

关于综艺节目的"陪伴性"这一点，其实它和广播节目以及电视剧特别相似。尤其是在移动传媒端发展起来以后，这样的特征就更明显了。电影的欣赏场景是封闭和独占性的，你买了票以后无论电影拍得怎么样，绝大多数情况下还是会把它看完。但是综艺节目、广播节目和电视剧则不同，它们的欣赏空间是开放性的、自由的，甚至还伴随着欣赏者杂七杂八的事情要来分散观看者的注意力。

所以我们平常习惯称呼综艺和电视剧为"下饭综艺"或"下饭剧"，这样就要求综艺内容的创作者必须想到这种欣赏场景下节目内容策划和节奏把控方面的特殊性，照顾到综艺自身传播场景的特殊规律。

而作为一种文化商品，它的"高时效"和"低库存"的特征则又体现了它和电影、电视剧不同的一面。我们常常听说某部电影因为审查原因被封禁了十年才得以重新上映，或者某部电视剧因为是流量明星几年前拍的，现在该明星红了，有关他（她）的一系列库存剧一股脑播出的情况。但是估计你很少看到哪些综艺节目是"尘封"好几年之后再重新排播的，即使有几年前的综艺重新拿出来排播，也会以"精编版""特辑版"等面貌出现。

2020年一场席卷全球的新冠肺炎疫情出现则更证明了这一点，居家隔离期才进行了不到个把月，各大平台就马上出现了"综艺荒"的现象。迫不得已各大平台都开始了五花八门"云录制"方式，也出现了诸如《天天云时间》《你在干嘛》等一些一系列云录制的节目。

"文化快消品"的本质决定了它"高时效、低库存"的生产特征，了解了它的本质才能更好地进行生产。

3. 综艺节目是一种以编剧为中心的影视艺术

电影是一种以导演为中心的艺术，这是业界公认的事实。电影讲故事几乎全部依赖镜头调度和声画配合，一个好的电影导演几乎可以把电影的画面艺术运用到登峰造极。你估计很少会见到优秀的电影导演像电视剧一样地把一大段人物对话通过"硬切"的方式来推进剧情的发展；你也更不会见到一个电影导演正在讲故事的时候突然上了一屏"花字"来解释目前的剧情发展。

而电视剧和综艺节目则是一门更依赖于情节和台词推进的艺术门类。举一个简单的例子，前两年网上经常调侃琼瑶阿姨的言情剧，一句"你冷酷你绝情你无理取闹"翻来覆去男女主角可以来来回回说上十几遍，撑起将近三分钟左右的剧情，但是由于两个人的情绪冲突到位，观众有时候反而很认可这种剧情。

电视剧和综艺节目由于小屏欣赏的习惯，使得他们需要不断有新鲜的情节，强烈的情绪和不断的剧情"反转"来吸引观众。而要做到这些就需要编剧具有非常强大的剧情编写能力。这也就是为什么在娱乐业发达的韩国，非常容易出有名的是韩剧或者韩综的编剧，但是导演却往往会因为电影而闻名。

在韩国能够在综艺界混出名堂的导演，一定是本身就具有强大的编剧能力，比如说罗英石、金泰浩和曹孝镇等知名导演。

4. 综艺是对节目嘉宾具有强烈依赖性的影视品类

在电影、电视剧和综艺节目三者中间，综艺节目是对演员（嘉宾）依赖度最高一种影视品类。前面他们讨论综艺节目的概念时曾经提到，综艺节目的演员是以个人身份或者个人性格到规定情境中去完成节目组的规定任务，从这一点就决定了综艺演员的创作参与度要比另外两者大得多。

在电影和电视剧中，演员呈现的是角色身份和角色性格，他们需要尽可能地让观众相信他们就是剧中的这个人物。而综艺节目的演员则不一样，他们或多或少都会带有自身性格，甚至大多数时候都是用的自我的真实身份（至少在观众看来是这样的），所以有时候我们也习惯称这类节目为"真人秀"。

所以对于综艺节目而言，有一半的优秀创意是编剧写出来的，而另一半的优秀剧情则是演员（嘉宾）"玩"出来的。这也是为什么综艺节目的编剧往往非常重视搜集节目嘉宾的个人资料，包括性格、经历、微博，甚至要去看其所有作品的原因。

在产业化非常发达的韩国综艺界，如果一档节目收视率持续下滑，那节目组通常的做法是换个编剧团队再试试，韩国著名的长寿节目《无限挑战》就曾经换过很多次编剧团队。但是如果这档节目是主要演员全部退出了，那这档节目也很难再以这个名字继续存活下去。

这也是为什么很多韩国热播的综艺移植到国内来以后，如果节目嘉宾没有选好，那整个节目将会显得非常尴尬，不信你到网上去搜一下我们国内做了多少个版本的《两天一夜》，最后的结局都如何。

5. 综艺是年轻群体对社会热点进行娱乐性消费的重要方式

对一档综艺成功与否的有两个硬性的标准：

一个是娱乐性，另一个是话题性。

而作为一名综艺内容生产者，大家往往很注重节目的娱乐性，而忽略节目的话题性。他们认为节目的话题性应该是宣传人员营造出来的，只要娱乐性做足了，话题性有则更好，无也与自己关系不大。但是一档成功的综艺节目,天生就是要为年轻群体提供作为"社交货币"的娱乐话题的。

话题性的产生一方面依赖于节目组所选取的角度和价值观是否能和观众有情感上的共鸣,另一方面则来源于出演嘉宾人物关系和人物性格引起观众的好奇所产生的话题性(即平常我们说的窥私欲)。

一档综艺节目无论怎样对它的受众群体进行分类,它其实真的只能分为三类:

(1)主流的年轻群体(尤其是年轻女性)
(2)某一垂直领域的主要年轻群体
(3)垂直领域中细分年龄段的主要年轻群体

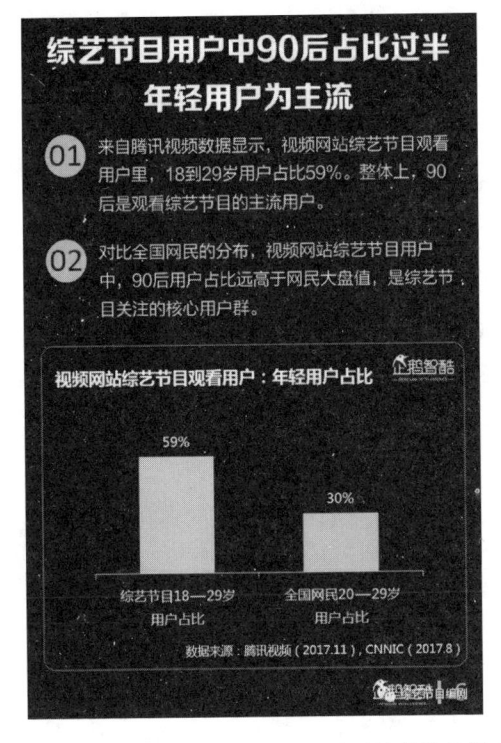

(企鹅智库的大数据调查,性别虽趋同,女性对综艺的传播度贡献更大)

我在业界所观察到的其他制作经验你可以选择性地进行参考,但是这一点是毋庸置疑的,业界大佬们虽然都没有明说,但是他们都在这个方向上踏踏实实地努力,能搅动年轻群体的"神经"才是真正看透了行业本质的人。

想在这个行业做一档不错的节目,最应该优先考虑清楚两个问题:

你的节目针对的是哪一部分的年轻群体?

你的节目能为年轻的群体提供怎样的娱乐和价值观话题?

这两个问题想清楚了你的节目就已经成功了一大半。

综艺节目的特性

作为影视艺术家族的一员,综艺节目和电影、电视剧有共通的特性,比如感性和娱乐性,以及和电视剧共通的简单和纯粹性。但是与影视剧相比,综艺所具备的互动性和社会潮流性也让它在特性上与这二者有较大的区别。

1. 感性

日本国宝级电影配乐大师久石让在他的著作《感动,如此创造》中说:"关于创作这件事,最重要的是感性。""感性"是和人类最深的意识行为"潜意识"直接相连的,它可以绕过人们的理性思考和理智控制。一般是指直接以情感认知和情绪想象作为对事物直接认知的行为,以情绪和情感想象力作为判断事物的标准。

举一个最简单的例子:如果在二十年前新闻媒体告诉你全国因家庭贫困而失学的儿童达到了三百多万人,面对这冷冰冰的数据你可能不会有什么感觉,或者至少感情上不会有什么感觉。当年国家希望工程基金会正在宣传这项爱心工程时使用了一个衣着贫寒但双眼充满对知识的渴求和对未来迷茫的小女孩的照片,一下子就戳痛了国人的心。使得希望工程基金会迅速收到了大批的捐款,资助了一大批贫困失学儿童。

广告从业者和商家也是最喜欢利用这一点的,成功的商家都是学会了怎么

绕过消费者的理性直接作用于人们的感性的营销高手。你去看所有大品牌的商业广告，他们很少会在广告中告诉你这件产品有多少的功能，性价比怎样的高。而是更喜欢塑造一个令人向往的场景，然后让消费者的情感尽可能地代入这个场景中来，产生情感的共鸣和向往感。比如说OPPO的"前后两千万照亮你的美"。广告中颜值明星，一张极美的自拍照就可以令很多年轻人心动。

综艺节目更是这样，有时候你甚至会觉得综艺节目"感性"得有些不讲道理。以《奔跑吧兄弟》第一季的"情侣特辑"为例。故事的设定为传说中的"爱情之水"被污染，只有真正的天命情侣才能使其净化。而节目中五对情侣故事却分别来自五个不同叙事时空的热播影视剧：《新白娘子传奇》《流星花园》《甜蜜蜜》《还珠格格》和《大话西游》。

从正常逻辑来讲，这五对情侣根本是不同时空、不同文化和不同语境中的故事人物，可是在综艺编剧的叙事语境中却硬把他们"撮合"到了一起，这就类似于传统笑话中的"关公战秦琼"。可是在搞笑、雷人的节目短片中这些"规定情境"都顺理成章地合理化了，合理化的前提就是这些短片的故事叙述足够"感性"，足够好玩。

如果编剧不是把注意力放在了节目的"感性"趣味上，而是纠结向观众解释情境的逻辑性，那节目将变得既拖沓又无趣。

2. 娱乐性

曾经主编过《同床异梦》《幻影歌手》《超级乐队》等多档韩国著名综艺节目的综艺作家卢允曾经在一次综艺创作经验分享会上说，她认为综艺节目从创作角度上有三个层次。

第一层是基于纯娱乐性的欢笑元素，这是综艺节目最基础的元素，早期的游戏性综艺以及很多日本整蛊类综艺都是基于这个层次的。

第二层是在娱乐基础上的情感共鸣元素，很多观察体验式综艺都是建立在这个层次上的。

第三层是基于前两者之上的国民文化和价值观输出层面的，很多"国民综艺"像《两天一夜》《无限挑战》等节目是达到了这个高度的。

她认为这三个层次不是并列的，而是递进式的，越优秀的综艺在保证基础层次的同时所能达到的层次就越高，脱离基础层次去追求高层次的元素反而会破坏综艺节目基本属性。可见节目的娱乐性是综艺最本质的特性，也是大家之所以来看综艺节目最基础的诉求。缺乏娱乐性的节目在观众那里得到的评价往往是"满屏尴尬",无论再大牌的演员或是再精美的制作也拯救不了节目的命运。

但是非常尴尬的是近些年来我们很多综艺节目正在违背这样的综艺规律。或许是出于我国特殊国情的原因,很多主流平台的王牌综艺在制作时喜欢选择"重大题材"和"宏大叙事",但是这些又缺乏必要的娱乐性情节的支持,让本来充满趣味性的模式变成了尴尬的道德说教和主题思想"绑架"。

如果做不好更高层次的请先保证节目的基础元素,水平没有到那一步又强行"拔高"主题,让人看起来确实很"尴尬"。

3. 互动性

随着科技和媒体的发展,互动性在大众娱乐生产中变得越来越重要。尤其是以抖音、快手等短视频平台的崛起,让观众和创作者的距离越来越近。传统媒体的节目创作中,创作者要想了解观众的对节目的反应,还需要通过收视率等间接手段来获取。但是在移动端的新媒体平台上,点赞、评论和播放量等直接反馈手段第一时间就已经送达创作者的手中。

未来的社会中没有互动的内容创作将是缺乏粉丝黏性的,尤其是影视艺术而言,观众和创作者共同"创作"故事内容的趋势将会越来越明显。

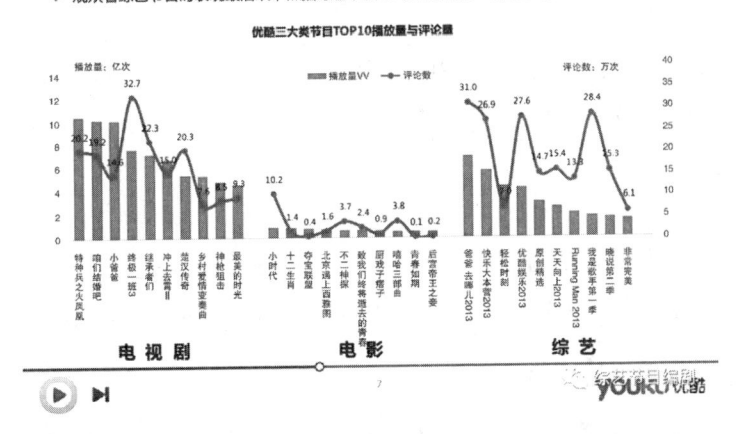

(2020年优酷平台关于电影、电视剧和综艺观众互动性的数据截图)

而综艺节目一直都是互动性最强的影视艺术，说综艺节目是观众和节目组共同创造的一点也不过分。由于综艺一般采用周播制（部分日播），所以综艺的时效性仅次于新闻。综艺内容创作者首先从社会中捕捉热点编写进最新的节目中，有很多网络热词和潮语基本上都是首发于年轻人聚集的网站，然后经综艺节目传播向社会更大的群体。

以"哔哩哔哩"平台的"热梗"为例，如果编剧或剪辑师能够在节目中用到哔站的最新的"梗"或者"热点"，年轻的观众一般都会很兴奋和认同，认为节目组中有"自己人"。另外一个很典型的例子就是《奔跑吧兄弟》刚刚播出的时候，李晨的"大黑牛"、郑凯的"小猎豹"等称号都是首先在网络反馈中出现并流行，最终被节目组采纳并成为嘉宾固定人设的。

4. 社会潮流性

我们前文在讨论综艺节目本质的时候曾经提到，综艺是一种高时效，低库存的陪伴性文化商品。之所以会有这样的特质也是由于综艺节目的社会潮流性决定的，综艺是一种与社会生活联系最紧密的影视艺术。它对社会热点的捕捉仅次于新闻节目，尤其是社会上娱乐热点一有风吹草动，首先反馈给大众的肯定是综艺节目。

这一点韩国的综艺节目就做得特别好，比如韩国的国民综艺《无限挑战》总是能够结合韩国社会新闻的热点事件来策划节目主题。2015年韩国航空事故频发，国民对航空行业失去信心。"无挑"节目组则适时推出了"对战A380飞机特辑"，让国民更加了解航空业的和国家航空的实力，重拾民众的信心。

当年韩剧《来自星星的你》和《太阳的后裔》等剧热播的时候，《Running Man》节目组也及时推出了"星你特辑"和"太阳特辑"都收获了非常好的反响和收视率。

所以要成为一名合格的综艺编剧，最重要的一点就是要始终保持一颗对社会热点敏感和好奇的心。能在第一时间捕捉观众感兴趣的热点，并能通过综艺的手段融入节目内容中，才能吸引观众不断地关注你所创作的节目。

5. 简单而纯粹的欢乐

简单而纯粹的欢乐是综艺节目对比电影、电视剧和纪录片等影视艺术最突出的区别。对后三者而言，批判、恐怖乃至某些略带阴暗的题材都在它们内容表达的范畴之内，甚至批判和反思一直都是纪录片观察社会和思考社会最有力的武器。电影也追求题材的丰富性，某些批判性和实验性的电影一度是各种大型电影节的宠儿。

像韩国电影《七号房的礼物》《阳光姐妹淘》《回家的路》等反应社会阴暗面，甚至有些压抑的主题都成为了韩国电影非常重要的表现内容。中国香港电影早期的"黑社会题材"、日本的"恐怖题材"等电影内容，都为电影艺术内容的多样性做出了很好的范例。

我们暂且不举国外大批经典纪录片的作品，但是国内关注弱势群体、关注社会现实的优秀作品已经足够给人震撼。比如讲述医患生态，人间悲欢离合的《人间世》；关注重庆人民生活的《最后的棒棒》；展现艾滋病患者在生与死之间挣扎的《好死不如赖活着》；每一部几乎都能带给人们心灵上的震撼。

但是这些内容统统不属于综艺表现的范畴，综艺是不会去碰阴暗的、消极的甚至是让人过度悲伤的题材，在综艺编剧功力不深的时候千万不要触碰。这样的题材其实并不是综艺所擅长，做不好反而弄巧成拙，丧失原有的综艺用户。

以前浙江卫视 2013 年左右的综艺节目《中国梦想秀》为例，节目以为普通人圆梦为核心主题，在开头的几季节目中节目选题方向的选择上还是很有技巧的，选的所有追梦人都是"历经挫折但仍开朗阳光，受尽磨难却积极向上"的乐观派。但是后期由于种种原因，各种"车祸癌症好不了"的人间悲剧就开始充斥着舞台，整个节目的调性也开始变得压抑、沉重，随着节目的收视率不断走低而最终归于沉寂。

综艺一定要给观众提供最简单纯粹的欢乐，不要有太复杂的逻辑，不要有过于压抑和悲观的主题，让观众开开心心地从你的节目中获得信心。欢乐和乐观向上才是综艺节目最应该提供给观众的心声元素，最典型的例子就是湖南卫视的《快乐大本营》和浙江的卫视的《王牌对王牌》。

第二章
编剧与综艺节目生产流程

综艺编剧的岗位职责是什么

很多人会有一个疑问:"综艺编剧"究竟是干什么的?

这个问题不但很多喜欢综艺的普通观众好奇但不甚了解,甚至不同平台和不同类型的综艺同行都有不同的说法。而对于普通的观众而言,他们的"理解"相对简单,很多观众认为综艺编剧和影视剧编剧一样都是设计故事情节和写作演员台词的。

他们认为综艺节目中的嘉宾所说出的每一句话,甚至每一个爆笑的"梗"都像影视剧一样是编剧和导演们提前设计好,演员只是机械地照着"演"出来罢了。大家不要感到意外,存在这样理解的观众不在少数。俗话说"隔行如隔山",对一个行业不熟悉从而产生误解是非常正常的现象。

但是就目前国内的整个行业而言,对"综艺编剧"的岗位设定和职责分工也不尽相同。

有些"综艺编剧"职责范围很大,从节目创意研发,到单期主题策划,到节目环节设定、嘉宾沟通,到现场拍摄、后期剪辑调整,"编剧"的权利特别大,有些几乎比韩国综艺总导演的权利还大。

但是在另外一些节目组中,"综艺编剧"职责范围则特别小。有些甚至只是刚刚入行的新人,负责把节目组每次讨论的流程或创意形成文字,做一

些帮助导演组联络"杂事"等一些边缘性的工作。

但是对大多数节目组而言,"综艺编剧"都是跟"嘉宾"的。他们负责搜集嘉宾资料,讨论该嘉宾跟节目相关的流程,把该嘉宾在节目中的表现和情况预测汇报给节目组领导。在节目录制和剪辑过程中还要负责与该嘉宾的沟通,让节目组对该嘉宾设置的"人设"贯彻到最终的节目呈现中。这一类的节目编剧我们通常称为"真人秀编剧"或者"人设编剧",这个岗位一般会出现于大型的选秀等节目中,比如《创造101》《青春有你》《乘风破浪的姐姐》等。

而同样的一批人到了《奔跑吧兄弟》和《极限挑战》里面,他们的身份又变成了"Follow PD"(跟镜导演)。他们的工作职责和"真人秀编剧"类似,负责和节目嘉宾的内容沟通。尤其是在节目录制过程中,根据总导演指令负责调度各个分现场的拍摄以及和嘉宾沟通。因为很多户外节目没有监视器的原因,他们同时肩负着节目组"耳朵"和"眼睛"的功能。

而像"跑男"和"极挑"的编剧则要求相对较高,一般而言会是较为成熟的创意性导演转编剧岗位,他们负责向节目组报主题,创意游戏环节,把控单期的故事线等,相当于韩国综艺里面的执行编剧。顺便解释一下,韩综的执行编剧又称2号编剧,在总编剧之下会设置2—4名,辅助总编剧负责单期主题的节目看点和环节设置。

之所以产生这样"混乱"的现象,其实跟我们的综艺生产行业产业化不充分有重要的关系。在引进韩国综艺之前,我国的综艺生产一般只有央视和省市级电视台在生产,属于国有体制,而一线的从业者一般统称为编导。因为那时的综艺生产形式单一,一般以演播厅综艺为主,确定主题写好节目流程后就可以邀请嘉宾和通知各技术部门了。这样的生产体量一般情况下一个节目组也就7—10人,编导策划执行加剪辑也不会有太大难度。

但是自从《爸爸去哪儿》《奔跑吧兄弟》等节目在中国大火之后,韩国电视节目生产组织形式也迅速影响了我们国家节目生产团队的构成。之前从没有出现过的综艺分工新岗位"编剧"也迅速成为各个综艺节目团队标配。但是相比而言,我们的"综艺编剧"行业有揠苗助长的现象。

众所周知,韩国的综艺编剧这一职业自20世纪80年代末起就已经初步成型。他们从业超过20年的专业综艺编剧比比皆是,而我们除了纪录片导演,在这个行业从业超过 20 年的要么去了管理岗位，要么就退居二线岗位。而对一名韩综编剧来说，他们跟平台的关系并非绝对紧密，所以不去管理岗，而选择在"综编"这个职业序列内升级打怪最终成为行业大佬，也是一条行业晋升的清晰通道。

中国目前尚未形成清晰的"综艺编剧"晋升培养通道，而且相近职业的界限要模糊得多。简言之我们目前只能叫"综艺编剧岗位"而非职业。在目前的行业现状中，除了"跨国"打工的韩国编剧外，这一"岗位"的人员来源主要分为三类。

第一类是由电视台或者制作公司的"编导""后期"等岗位转岗而来。在韩综刚刚进入中国的时候，对综艺编剧的这一岗位大家都还是比较陌生的，不知道具体做什么，有什么样的能力要求。但是由于要和韩国团队混编作战，中方团队抱着边作战边培养的方式挑选一批成熟编导直接调岗成为综艺编剧。由于之前有丰富的节目制作经验，所以转岗后一般都很快适应工作要求。但是他们的缺点是"岗位"稳定度并不是很高，今天是编剧明天可能变成导演，也有可能转岗去做艺人统筹或者是商务导演什么的，总体而言属于"泛内容侧"范畴。

第二类是由影视编剧"跨界"而来。这一类的编剧在他们自己看来跨界综艺属于一定程度上的"降维打击"。因为综艺处于影视行业"鄙视链"的底端，所以影视编剧们很大一部分是有天生的"优越感"的。但是通过实践证明，影视编剧跨界而来的确实有自己优势，最明显的就是"讲故事"的能力明显强于传统的编导，经常有故事设计上的"神来之笔"。

当然缺点也很明显，此类编剧过于"迷信"故事的设计和把控情节走向的"强干预"作用，非常容易忽略综艺节目中嘉宾的个人因素。他们喜欢剧情的"强设计"和"节目组操控"，觉得节目嘉宾应该像影视剧一样配合剧情的走向。但所幸的是影视编剧一般都会和有综艺经验的导演配合，二者相互弥补也算是互相取长补短了。

第三类是从学界"兼职"而来，也可以叫做"学院派"。高校中的电视编导专业、戏剧文学等专业教师和学生边研究边实践，也算学以致用、以知致行了。"学院派"的编剧群体有自己的优点，他们天生具有人文关怀的视角。做综艺时所选择的价值观视角和舆论话题往往比前两者更加具有深度。所以

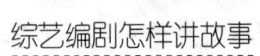

在一些人文观察类节目或者是文化类节目中，有其他两者所不具备的优势。也许是天生"清高"，学院派整体节目设计而言容易娱乐性较弱。另外一点就是业界经验不足，做节目设计时往往更加"天马行空"，落地执行上往往会遇到困难，需要不断地磨合、改进。

通过上述现状梳理，我们可以发现在目前行业里仅存在综艺编剧的"岗位"，但是并不存在真正意义上职业化的综艺节目编剧。这个岗位设立的随意性很大，职业标准也很模糊。

而造成这种"混乱"的终极原因就是因为产业化不成熟造成。所以要讨论清楚综艺编剧的岗位职责和职业标准，我们还得从产业化分工的根源去寻找原因。目前韩国的综艺生产产业化之路远比我们要走得深入。

根据与韩国节目组合作的多年经验观察，我们可以先对综艺编剧的岗位职责先做一个简单的定义性描述。

综艺编剧的岗位职责应该定义为：根据社会潮流挖掘有情感共鸣和娱乐元素的节目主题，提供具有画面感的流程脚本，并在拍摄和后期制作时协助导演完成"故事线"和"嘉宾人设"的综艺化呈现等节目创作任务。

在这个岗位职责的简述中，综艺编剧的工作分为前后两个阶段。第一个阶段就是前期策划阶段，编剧处于主导地位，负责节目的创意和策划；第二个则是节目的拍摄制作阶段，编剧处于辅助地位，主要负责节目的故事梳理和人设掌控。

综艺节目生产流程中的编剧

近代经济学之父亚当·斯密在《国富论》的开篇讨论劳动分工时指出："分工是国民财富增进的源泉。"现代社会正是一个劳动分工极其精细化的社会，而分工的核心理念正是通过提高劳动技术来推动劳动效率值的无限扩大。

而日韩的综艺编剧正是在综艺节目生产产业化分工细化的结果。在日韩电视综艺节目形式比较单一的早期，他们也是编、导不分家的。一名内容创作者加上两名摄像师就可以生产一期节目。但是随着综艺节目形式的不断丰富，规模也随之扩大，原有的"作坊式"生产再难以满足生产的需要。

于是分工就慢慢开始深化，创意文案能力强的人开始往编剧方向发展，而画面感强剪辑能力好的人渐渐往导演方向发展。这两者的发展就逐渐演化成了今天日韩综艺编剧和导演两大内容职业序列。

因为韩国综艺的产业体系相对更加成熟，而且文化基因也与我们更为相似。所以接下来我们将以韩国的综艺生产流程为蓝本，分析和梳理综艺节目的生产流程以及编剧在其中所起到的重要作用。

韩国综艺编剧的架构

一般而言，中小体量的韩综节目会配备4—5名编剧，大型的韩综节目编

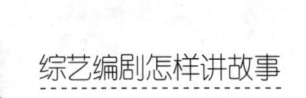

剧也一般在 8—15 名之间浮动。而编剧们的级别和分工一般也大同小异，具体可参见下表。

职务名称	职务解释	工作范畴
大编剧	创意编剧	年资一般 10 年以上，负责将 CP 或 PD 的创意变成文字大纲。
中编剧	构成编剧	入行 5 年才有资格参与节目构成，负责填充节目内容，设置游戏环节。
小编剧	细化编剧	刚入行的编剧，一般需要做 2—3 年，负责踩点考察节目可行性，并最终确认场地，也负责现场的细节工作。

根据上表所示，一档节目的大编剧（或主编剧）一般只有一名，他们负责根据节目选定的主题出具可行的大纲或者框架。他们无论从创意和经验而言都属于编剧中的"战斗机"，可以迅速锁定"主题"的核心创意看点所在。而越大型的节目主编剧的经验和能力就越重要。

而节目组的"中编剧"，或称"执行编剧""2 号编剧"之类，他们一般具备单期或者是重要"主题特辑"的创意执行能力，能够根据和主编剧形成的创意大纲细化成一期完整的剧本。而即使节目的"小编剧"也至少需要经历两三年的"学徒"生涯，才有资格以"编剧"的身份搜集资料、考察场地、联络嘉宾等。

在综艺节目的生产流程中，编剧的主要工作内容可以分为以下几个阶段。

策划阶段

节目的策划阶段分为新创节目和成熟节目。新创节目编剧所要准备的资料非常之多，从节目的社会背景，观众定位，选题范围到嘉宾背景资料和人员选取等，往往要准备非常翔实的论证资料。这也是为什么在韩国接新创节目编剧酬劳一般都要比成熟节目高一些，因为前期投入的时间成本较多。

而成熟节目的编剧团队则有责任和总导演一起选定新的"特辑主题"，"特辑主题"一般指可以维持一个时间段"总选题"，例如《无限挑战》的"歌谣祭""出国打工特辑"等。选定主题是编剧和导演共同的责任，但是细化主题则主要是编剧组的责任了。主编剧负责总体创意，需要把整体大纲设置得好玩且有延续性。而执行编剧和小编剧们则要通过资料调查、游戏选取和联络嘉宾等工作把方案细化，并随时与主编剧、总导演进行沟通。

筹备阶段

节目的筹备阶段也可以称为"可行性论证"阶段，这个阶段的"可行性论证"和节目立项前的"可行性论证"还不是一个概念。它更多的是根据实际情况调整和修改剧本的阶段。比如说剧本中写了"节目嘉宾从 A 地驾车前往 B 地用餐"。但是通过实际论证发现 A 地到 B 地虽然只有 35 公里，但全部是盘山公路，车程可能达到了两个半小时；或者是嘉宾虽然有驾照，但是从未实际开过车等与实际情况不符的事情不一而足。筹备阶段也是导演组和编剧组需要分工合作的阶段，导演要根据实际拍摄中镜头、场地、天气和费用等种种情况和编剧一起论证。最终要达到的目的是节目好看、执行不难以及经费允许这中间取三者的最优值。

综艺节目一般采用周播的方式，而一期节目的正常制作周期一般在一个月左右。通常情况下前期拍摄阶段半个月，后期剪辑阶段半个月是一个正常的轮换周期，以这种循环往复的方式不断地进行。这期间编剧要根据各种实际情况不断调整剧本，直到能适应实际情况的需要。

按照轮换周期来说，一般一名执行编剧可以在一个月时间轮到一期节目的"主担当"。但是这种惯例也会随着节目播出规律的新变化也在不断地调整变化，比如现在很多大型的网综选秀节目，播出周期和时长都在不断地延长。

拍摄阶段

节目的拍摄阶段是编剧组和导演合作最紧密的阶段。这个阶段的导演是"与天斗与地斗与人斗"，而编剧组则主要是"与人斗"。简言之，节目的拍摄阶段是以导演为主导的。总导演负责指挥调度各部门，保证节目在各种情况下都能抓到有效的戏份和镜头，确保后期阶段有充足的素材可用。

而编剧组此时所要做好的主要有三个方面的内容：

首先，是嘉宾的沟通和状态的调整，确保每位嘉宾都理解了自己在这次拍摄中所起的作用和状态。至于剧本中东西要告诉嘉宾多少也是编剧的经验和功力所在，很多不成熟的编剧要么喜欢把所有的都瞒着嘉宾，要么喜欢把所有的"梗"都告诉嘉宾，这两者都不可取。哪些东西告诉嘉宾，哪些东西不告诉嘉宾，或者告诉这个嘉宾而不告诉那个嘉宾，这些都要根据实际拍摄

中能够产生多少戏剧效果来定。以前合作跑男的时候，作为执行主编剧之一的金恩珍就曾经聊到过她主编的一期"间谍特辑"，由于跟 Running Man 的七位 MC 已经非常熟悉了，而且"间谍特辑"也玩过很多次了，规则大家都很熟悉，很难再做出新的花样来。

于是他们就在录制前分别单独告诉其中六位 MC 今天玩"间谍特辑"，你就是今天的间谍，你要努力表现，而且把这些场面偷拍下来。于是六个神经兮兮的间谍就在屏幕上出现了，观众都开始嘲笑他们六个人略带"愚蠢"的表现。而节目中那名没有被提前告知是"间谍"的嘉宾才是节目设定意义上的真正"间谍"。

其次，编剧组应该做好的就是现场的嘉宾引导和场记记录工作。我们经常可以看到韩综节目的现场那些举大字报或者做紧张文字记录的工作。这其中"大字报"就是确保现场录制情绪不中断的最好的沟通方式。很多不成熟的节目组喜欢"打断"现场录制或者是直接跑入镜头去沟通。这样做的坏处是非常破坏真人秀的"沉浸感"。让感觉自己始终在"演出"，而非沉浸到节目中来，非常不利于真人秀状态的激发。

另外，很多人认为导演组也会做场记，那编剧组再做场记是不是就多余了呢？这其实是对"编剧场记"的误解。一般而言导演或者摄像所做的场记是只记录基本的机位号或者是素材的基本内容，它是为了后期剪辑时方便素材查找和剪辑而设置的。但是编剧所记的场记直接和故事线相关，编剧需要带着策划思维去记场记。所以优秀编剧所记的场记基本上可以直接形成一篇优秀的"剪辑脚本"。

再次，基础编剧要做好现场细节的检查，这份工作是和导演岗位有部分重合。因为编剧组毕竟是剧本的创意者，很多细节的东西是否符合节目创意的初心，导演可能无法顾及到那么细。所以在韩综中很多道具单是由基础编剧去下，然后由导演和编剧共同检查完成的。

后期阶段

在韩综中导演最重要的工作其实是从后期开始的，这一点与中国不同，中国的综艺节目生产绝大多数时候导演是在做编剧的工作。所以这也就导致了我们编剧的岗位职责不是很明晰。中国的综艺生产把导演的后期剪辑工作独立出来，相当于强行割裂了前后期的联系。虽然拍摄时后期剪辑岗也会派人参与录制，在现场的话语权小是一个方面，另一方面一两名后期代表也实在难以"监控"所有的拍摄戏份。

按照韩综的生产流程，后期的粗剪阶段编剧是要和导演共同理出当期"故事线"和嘉宾"人设"的，其中编剧所记的"场记"是导演后期剪辑时非常重要的"参考资料"。而且重要的审片阶段主编剧、执行编剧等都必须参加，需对"故事情节"提出优化意见，保证最终的成片品质的。但是目前国内有很多节目组，编剧组和导演组只要把现场拍摄完成，他们就万事大吉了，反而是商务导演们跑后期的积极性更高一些。这其实是有悖于节目生产分工中的权责清晰、衔接有序的生产原则的。

综艺编剧应该具备的能力

一名编剧究竟应该具备什么样的能力，无论是业界还是学界其实都还没有十分明确的标准。不只是我们这里，日本韩国也没有硬性的标准，很多人认为编剧应该文字好或者脑洞大什么的。抑或是唯专业论，唯学历论，很多人想当然地认为综艺编剧应该差不多都是从文学系或戏剧文学专业的毕业生。

当然这些专业对成为一名编剧确实有帮助，会比其他专业更容易一些。可是韩国《无限挑战》的主编剧朱基卜女士却毕业于韩国仁荷大学的数学系；《两天一夜》《请回答1988》的编剧李有静毕业于淑明女大的贸易专业；打造过《同床异梦》《幻影歌手》《Miss Trot》的卢允编剧说自己是以美术毕业生的身份入行的；同样在打造过《花儿与少年》《妻子的浪漫旅行》和《乘风破浪的姐姐》等爆款综艺的中国文案大神吴梦知则毕业于湖南师范大学的外语系……

貌似专业与综艺编剧们最终成才的能力并不存在绝对的关系。而翻阅目前行业内对综艺编剧招聘能力标准，也大多集中在以下几条：

优秀的文字功底和写作能力
脑洞大开的创意能力
积极主动的沟通能力
强大的故事构建能力
……

上边的几条对一名综艺编剧而言当然是重要的，它们决定了你在这个行业能不能快速上手，但是细细讨论起来却又都存在一定的"误解"。

首先，"优秀的文字功底和写作能力"这一条，很多人误以为综艺编剧写出来的东西就应该文采飞扬，妙笔生花。但是综艺剧本不是诗歌也不是散文，你的文字只要能构建出具有画面感的"真人秀规定情景"就可以了，没有必要非得强调文采。如果"规定情景"不够有趣，写得再文采飞扬也没有意义。

剩下的诸如"脑洞大开的创意能力""沟通能力""故事构建能力"等，通过我多年的观察基本上都处于可以工作时边干边培养的"技术能力"。这几方面能力只要不是太差，或者只要不是生活中具有非常严重的"社恐症"，都可以通过团队作战迅速培养。

我想讨论的是综艺编剧的"天赋能力"。如果上述的几样能力决定了你入行能不能快速上手，那么下边我们要讨论的几种能力可能就决定了一个"综艺编剧"能够在这个行业达到怎样的高度。

1. 感性思维能力

关于"感性思维"这一说法，不同的讨论范畴可能有不同叫法，也有叫"艺术思维""定性思维""文科思维"等诸如此类。但是深究其背后的本质概念，其实都是指基于感性、情感、情绪直觉等对事物认知的表达方式罢了。

同时，"感性思维"是相对于"理性思维"而言的。"理性思维"强调的是可证伪的概念标准，比如"理性思维"说天下雨是因为一定条件下冷暖气流的交汇，那只要观测这些符合条件数据交汇后是否下雨就可以证明这一概念的真伪。

而这个概念如果基于感性思维的艺术创作中，那就会像孟庭苇的《风中有朵雨做的云》所唱的那样：每当心中又想起了你，风中有朵雨做的云。显而易见"想你"和"下雨"并不存在科学的联系。"想你"的时候可能下雨，也可能不下雨，但是在表达者的主观感受来看，它就是下雨的。

有人说"理性思维"就代表是科学的、进步的，而感性思维往往是不靠谱的，这结论还真的未必符合实际。就以音乐而言，从巴洛克主义、古典主义、浪漫主义、印象主义，再到后现代主义，我们可以看到音乐的"织体"虽然变得不断复杂，但是人的感觉上音乐并没有变复杂，而只会判断它好不好听，有没有击中我们，产生共鸣而已。

我之所以把"感性思维"的能力放在第一点来讨论，正是因为它对于综艺编剧而言太重要了。我们在讨论综艺节目性质的时候也曾经说过，综艺最明显的特性的就是它的"感性"特征。综艺需要不断通过情绪、画面和情感去推动情节的进展。

而相关调查显示，在产业成熟的韩国从事编剧职业的女性数量要远远高于男性。在韩国，女性编剧的比例接近90%，男女编剧比例为1∶9。如此悬殊的职业比例不是性别歧视，而是男女在思维方面的差异决定的，无论是科学测定还是我们平常的经验推定，女性在"感性思维"方面的能力都远远超过男性。我曾经在"综艺节目编剧"公众号里写过一篇叫《直男是做不好节目》的文章，讨论的正是感性思维对策划节目的重要性，感兴趣的可以再去翻一下。

2. 同理心能力

同理心（Empathy），亦译为"设身处地理解""感情移入""神入""共感""共情"，泛指心理换位、将心比心。是一种设身处地地对他人的情绪和情感的觉知、把握与理解的能力。

同理心和同情心不是一回事儿，不能混淆。同情心指的是你对某些悲苦事件的共情和悲悯，但同理心的情感范围要大得多，它几乎是可以涉及人类感情的所有方面。我们平常做节目时经常强调的"共鸣""共情"等方面的要求，指的就是让编剧在策划一期节目或者是设置一个主题的时候，可以在剧情的行进中不断调动观众的情感"共鸣"。

编剧的同理心首先来自社会潮流生活中的不同场景，你首先设身处地地理解了某些人的处境和某些事的情感元素。尤其是影视编剧，要写作不同人物角色和人物台词，同理心强的编剧写出来的台词就是能让人相信这句话就应该是这样角色说出来的。而无法正确运用同理心的人写出来的桥段和台词给人的感觉就是"假"，无法代入人物和情节。

对综艺编剧而言，更是需要基于你对社会潮流和大众心理的了解去设置综艺节目的主题。韩国综艺大神罗英石谈到《三时三餐》的节目创意的诞生时说，他在刚做完《花样爷爷》那段时间特别疲惫，就跟李有静编剧开玩笑说想去农村待上一段时间。李编剧说可能很多人都想去农村待上一段时间，就是想单纯地吃吃睡睡，不被打扰。于是后边就有了《三时三餐》的诞生。

判断一个人同理心强不强的标准也很简单，就是看这个人是不是经常与人发生冲突或者矛盾。同理心强的人非常善于把冲突和矛盾消弭在萌芽状态，当然绝对没有冲突的人生也是不正常的，只是看生活中的频率而言罢了。

3. 洞察能力

洞察能力是一名优秀的综艺编剧乃至制作人必须具备的能力。所谓洞察力（insight）指的就是深入事物或问题的能力，是通过表面现象精确判断出背后本质的能力。它与个人的先天思考能力和判断力有关，同时也跟后天的学习和积累相关。

一档优秀的综艺节目，一定是节目的主创人员深刻地洞察了某种社会潮流和趋势才能受到观众的喜爱和追捧的。在韩国的综艺制作领域最神奇的一对拍档就是罗英石PD和李有静编剧，基本上由他们撑起韩综的半壁江山。他们一起合作的综艺包括《两天一夜》《新西游记》《花样爷爷》《三时三餐》等几乎部部经典，豆瓣评分都在8分以上。

而且由李有静编剧的电视剧"请回答系列"，不但在韩国取得了巨大的成功，而且在中国和东南亚也非常受欢迎，罗英石说自己最大的能力就是发现同事身上最强的能力，而他所发现的李有静编剧身上最强的能力就是洞察力。

2018年1月23日，罗英石在韩国振兴文化院举办了主题为"洞察力出众的秘籍"的专题访谈，在演讲中，罗英石表示"因为我能快速分辨出有能力的朋友，并将他作为我的（能力）一样来用，托这个福我才爬到这个位置。我本来是个很没有自信的学生，但我在外面找到了我所没有的能力。"

罗英石表示他会从年轻后辈们所提交的选题中选出"最有兴趣的点"，然后到网络去搜索大家对这个话题的反应，如果很多人对这话题存在着浓厚的兴趣或者是激烈的争论的话他就会鼓励后辈们去大胆地做这个选题。这也正是老罗"洞察力"出色的关键体现。

罗英石表示，李有静作家的优点是通过出色的观察力将角色升华，利用琐碎的日常生活得到观众的共鸣。老罗还举例以前一起合作《两天一夜》的时候每当出现突发状况，老罗总是第一个冲上去沟通，而李作家在后边静静地观察，等沟通完毕后李有静总是能够准确地说出背后的原因是什么，接下来怎么发展会更好，而老罗按照李有静的意见来处理果然能够得到很好的戏份。

曾与李有静在《两天一夜》中合作过的崔在英（《我们小区艺体能》的主作家）也表示：

她（李有静）是比任何人都谦虚、努力的作家。《两天一夜》时期在作家室上下班时，（李有静）总是留到最后。拥有这程度的名声，在现场自然可以置身事外，但她总是亲自在现场跪着观察，真的是非常努力的作家。

洞察能力很大一部分是与生俱来的"天赋"，但是也可以随着学识和经验提升。所以要比洞察力应该先和身边的同龄人相比。如果其他条件相同的情况下，洞察能力和一个人的年龄和学识修养成正比。

4. 保持人生"有趣"的能力

在前面所讨论的三种能力中，同理心和洞察力其实是综艺导演、制作人乃至投资人都应该拥有的能力，这属于基础通用能力。它们可以帮助创作者在职场和工作中如鱼得水快速成功。但是我们接下来要讨论的保持"有趣"的能力可是对综艺编剧而言非常硬核的要求了。

人们常说"好看的皮囊千篇一律，有趣的灵魂万里挑一"。作为一名综艺编剧始终要保持自己是一个"有趣"的人，同一个主题让别人看来你的想法总是更有趣。我们在讨论综艺特性的时候曾经提到过，综艺要给人充足的娱乐性与简单纯粹的快乐。而综艺的策划，这种保持创意"有趣"的能力就很重要。

这是一种持续的能力，需要不断持续性地输出。而这种"保持"其实并不是很容易，尤其是随着年龄的增长人的好奇心和对新事物感兴趣的能力总是不断下降的。三年前行业内流传着一篇非常有"共鸣"的文章《30岁之后的节目编导都干吗去了》，就真切透露这个综艺生产这个行业创意能力维持"艰难"的现状。

在合作浙江卫视《二十四小时》的时候，韩方的执行编剧朴金珠对编剧能够在竞争激烈的综艺圈生存下来的看法是，所有能成为"大作家"的编剧几乎无一例外都保持着一颗"童心"或者"少女心"。她们通常都有着好玩的性格或者用"有趣的灵魂"来形容，如果缺乏这些性格元素很难跟下边的年轻编剧们沟通，即使韩国编剧体系等级森严也没有用。因为在编剧们看来大编剧的领导力来自于"影响力领导"而非纯粹的"权力领导"。

朴编剧所提到的"童心"或"少女心"，其实就是一种让自己的人生保持"有趣"的能力，始终会做一些让人意想不到的事。就像罗英石做完《两天一夜》后已经成家立业，39岁的他竟然"抛家弃子"独自跑到挪威去看极光，回来还写了一本叫《反正竞赛还很长》的书，让一般人无法理解。

第三章
综艺故事的创作特质

富有想象力的半成品："框架性"的故事创作

关于综艺节目是否存在"剧本",业界其实一直存在较大的争议。比如《爸爸去哪儿》的制作人谢涤葵就曾经表示真人秀很难存在剧本,有的只是台本。谢涤葵认为很多真人秀嘉宾是没有表演经历的。如果按照台本演,一方面是无法演得真实,另一方面综艺的拍摄时长也很难支撑这么多分镜脚本的拍摄。

而另一档著名节目《明星大侦探》的制作人何忱在接受采访时强调,每期节目给嘉宾们的"剧本"是类似人物小传的剧情提要,约两三万字。而且提供给每个艺人的"剧本"都不尽相同。但这也只是何导对记者提供了一部分剧本情况,而在节目组手中把这几个人的人物小传连接起来的肯定还有一份更为详尽的台本。但是这份剧本并非像我们想象中的影视剧的剧本那样,有情节冲突和台词等内容。综艺的台本跟影视剧的剧本还是有很大的不同的。

综艺台本有很大一部分是"空白"的,需要在录制过程中通过嘉宾们的推导来完成剧情的呈现,而这中间"空白"的部分,导演和编剧所要达到的效果就是无论嘉宾们如何自由发挥也能完成节目逻辑上的自洽。

无论是谢涤葵强调真人秀没有剧本,还是何忱强调的"明侦"的剧本其

实更类似于人物小传。无法否认的是，任何节目组都不可能上百号人盲目上阵去拍摄，这可是涉及巨大的投入和完整的商业链条的。大家之所以都强调自己的节目没有"剧本"，正是因为被观众误解怕了。

中国真人秀的真实度声誉向来不佳，你再向观众宣称节目有剧本，那不是自讨没趣吗？

总之，有的节目组称之为"台本"；有的节目组成称为"脚本"；还有的叫"流程"；极少数的节目组内部称为"剧本"。但是无论叫什么，其实对于讲故事的综艺节目来说，都改变不了这种拍摄脚本被称为"综艺剧本"的事实。

我们在讨论综艺节目定义的时候曾经强调过，综艺节目是一种节目嘉宾以个人身份或者个人性格到规定情境中去完成规定任务，以提供社会娱乐和社会话题为主要目的的视频化大众娱乐商品。这个概念正是强调了节目嘉宾在参演综艺中的巨大自主性和主观能动性，如果编剧不留足充分的发挥空间，整个节目就会显得"真人"成分不足，而"秀"的痕迹过重。

相比影视剧本而言，综艺剧本的想象空间是最大的，同时具体情节的缺失程度也是最多的。影视剧的故事情节是连贯详细的，而综艺剧本的故事情节则是跳跃简略的。除了特殊桥段，综艺剧本很少需要分镜脚本，不强调演员完全按照剧本的参考台词来进行"表演"。

"参考台词"也是综艺剧本完全不同于影视剧本的重要特点，对影视剧而言虽然某些"戏霸"演员也存在临场改词的情况。但是他们再改也影响不了剧情的整体走向和整体情绪。综艺就不一样了，剧本上所写的参考台词可能完全对演员是没有非常严格的"约束力"，反而众多需要嘉宾"肃穆"的场合会有嘉宾"笑场"的反效果，这也常常是节目综艺娱乐效果来源的一种。

笔者以韩国经典综艺《Running Man》EP114期节目"X-Man 特辑"的开场片段为例，反推出了这期节目的部分剧本片段，大家可以参考以下综艺节目究竟是如何通过节目"台本"推进情节发展的。

例：《Running Man》"X-Man 特辑"剧本片段：

S#1.Openning

◆地点：SBS 办公大楼前

◆服装：便装

◆道具和布景：文根英藏身的巨型蛋糕，气柱机 X4，戴耳机的移动电话一部 小型舞台一个

《进行方式》

1. 七位嘉宾站定开场，聊天中大家纷纷猜测今天又要做什么主题，会有什么嘉宾来。

2. 嘉宾讨论上期纸片竞赛特辑的相关话题，相互开玩笑。PD 引导嘉宾讨论巨型蛋糕，猜测今日嘉宾。

3. 嘉宾文根英出场，众人寒暄，引出本期主题 X-Man VS Running Man。

4. 众人通过 X-Man 开场舞的方式进行分组，上移动电话众人逐一上前听谁是 X-Man。

5. 开场斗舞分组游戏，决定嘉宾分组。

6. PD 引导换装，全员开车转场。

〈开场〉

- 七位嘉宾齐聚，聊天调侃猜测

成员们　　今天这个小的圆形舞台是干什么的？

　　　　　难道又要玩上次的纸片特辑吗？（众人调侃上期表现）

成员们　　哎，今天还有一个巨型蛋糕啊？

　　　　　今天这么大阵仗？

　　　　　上次还是朴智苑姐姐来的时候才是这样布置的

　　　　　难道这次来的嘉宾更惊喜？

- 文根英出场，众人开玩笑寒暄
- PD 宣布本期主题

　　　　　欢迎各位来到新一期的《Running Man》，

　　　　　大家还记得《X-Man》吧？

　　　　　我们今天的主题就是 X-Man VS Running Man

- PD宣布任务卡

〈X-Man规则〉

节目中共1名X-Man和7名Running Man

分成两组进行游戏对抗

胜利的标准是本期结束时团队中没有X-Man

每轮游戏结束胜利组有权更换本组中可疑队员

X-Man如果完成所有指定任务也可获胜

现在请各位依次来听取本人身份

- 嘉宾依次上前听取自己身份，抓拍表情特写。
- 众人相互调侃彼此听取任务时的反应，猜测谁是真正X-Man
- 通过X-Man开场方式斗舞，开始分组游戏
- PD指引众人换装，全员乘车转场

（以下略）

但是大家如果去看这一期节目就会发现，其实剧本的描述和最后成片其实差别还是非常大的，很多嘉宾和嘉宾，嘉宾和PD之间的相互调侃剧本上是没有的。而且在拍摄之前嘉宾是绝对不会像影视剧那样，可以拿到剧本不断地背台词，顶多会跟编剧和导演沟通一下这一期我们录制的主题和背景大致是什么。

综艺的剧本不是给演员看的，而是给节目组看的。一个节目组上百号人，节目一旦开始拍摄一定是各司其职相互配合。而且综艺又不像影视剧可以分镜头拍摄，这个镜头拍完了大家抓紧调换角度准备下一个镜头。然后通过后期再按照导演剧本形成完整的影视剧故事。而综艺节经后期剪辑后出来"故事"很可能跟前期剧本存在较大的差别。

综艺强调的是连贯性拍摄，再在保证节目素材质量的前提下尽量少打断，除了必要的转场和换道具，应尽量少沟通才能最大限度保证节目嘉宾的真人秀状态。正是因为这样的录制特性，所以综艺节目在开始录制之前节目组的各个岗位都要清楚今天的"故事情节"是要如何进行的：在什么样的场景录制？用哪些道具？需不需要灯光？有几个人需要说话（麦克风数量）？说话

第三章 综艺故事的创作特质

时的大致站位是怎样的……

综艺剧本不是节目嘉宾们"台词备忘录",而是节目"工程队"的施工图,每个工位都要按你的这份"图纸"去决定自己的技术参数和工作流程。

所以一个合格的综艺剧本首先要做到的就是提供具备画面感的拍摄流程。综艺和所有的影视艺术一样的是"所见即所得"的影像艺术,它只能表现可以被观众看到的东西,而无法表达过于抽象的概念。影视剧本要描述故事情节的画面,而是综艺则要描述拍摄流程的画面。

比如小说中这样的一句描述:

"刘在石觉得他可能要被其他嘉宾发现 X-Man 的身份了,他的内心无比的焦虑"。

如果把这句话转换到电影或者电视剧中,描述就应该是这样的:

看到嘉宾们逐渐聚集起来,刘在石额头渗出了微微的汗珠,眼珠不时地来回转着,手不安地来回搓着。

而这个情节如果放到综艺里的画面描述则应该是这样:

兄弟团开始拼凑各自拿到的线索……

编剧 TIPS:此时注意抓拍刘在石的情绪反应,给脸部、手部等微表情微动作的特写。

除了提供具备画面感的描述流程,好的综艺剧本还应该具备嘉宾们真人秀发挥的空间。尤其是对综艺经验不足的嘉宾来说,如何利用规则引导嘉宾进入真人秀状态,如何引导嘉宾之间进行互动,如何在合适的时间点内切入不同的话题……都需要编剧提前在剧本上做出"注释",在合适的时机以大字报等不同的方式提醒导演和现场嘉宾。

同时,优秀的综艺剧本还善于利用规则和道具引导节目嘉宾的好奇和兴趣,让嘉宾摸不透节目组的"套路",对每一次录制都充满新鲜感。关于这一点反面的例子就是在过去几年很多户外真人秀节目组在进行节目操作时使用千篇一律的"套路"。主题大多是某件宝物"失窃",或者是要找出不同的"间谍"。大张伟就曾经在一档节目中吐槽某些综艺节目就是到一个地方不停地找东西,而且导演会不停地催促你要去干些什么。同样的套路玩得多了,嘉宾的真人秀状态就会从兴奋变为乏味,而缺失真人秀状态的综艺节目最终呈现出的"乏味"是十分可怕的。

所以通过对比可以看得出来，韩版《Running Man》《无限挑战》等节目虽然已经录制了超过十年，很多新鲜的主题还是能让刘在石等七人非常兴奋。而到了国内同类的游戏挑战类节目，由于主题和手法沿袭韩国太多，游戏重复也多，所以才录制了两三季节目，嘉宾们已经略显"油腻"和"疲态"，其中的问题不得不引起我们深思。

粮草先行：以资料支撑的故事创作

在所有影视化品类中，综艺编剧是最难"独立成材"。如果不经过专业团队的合作培养，哪怕再有才华也很难成为合格的综艺编剧，因为综艺节目的策划本身就是一件需要团队合作的事。但是电影和电视剧不一样，如果你有足够的才华和机遇好，这个时代是为普通人成为影视剧编剧留了很多扇"窗"的。

比如流潋紫，比如南派三叔等，他们都是因为自己创作小说被改编成影视剧而成为联合编剧的。流潋紫创作的《甄嬛传》在大学时期就已经在文学网站上声名鹊起，毕业后进入杭州的一所高中任语文老师。由于出版小说后的《甄嬛传》销量不断走高，在文学榜上的热度也居高不下。于是北京电视艺术中心就联合著名导演郑小龙决定把这部小说拍成电视剧。

作为小说的原创作者流潋紫也被聘请为联合编剧。从普通高中教师到知名影视编剧这中间真的就只隔了一部成功的小说。而以"盗墓系列"闻名的南派三叔在最开始时也仅仅是一家小广告公司的美工，白天上班晚上写小说，一直到《盗墓笔记》系列小说大火才跨界成为影视编剧的。

**影视剧本创作讲究的是想象力、故事构架能力和角色创建能力，只要编剧这几方面的能力够强，一部优秀的影视剧剧本完全可以由一位编剧整体完

成。但是综艺的故事创作却不一样，综艺的剧情架构、角色创建以及情感体验是建立在"部分真实"的基础上的，它的最终故事是由编剧"出题"和嘉宾"填空"的方式共同创造的。

举一个简单的例子，在韩版 Running Man 的"刘姆斯邦德"特辑中，刘在石的身份是"水枪间谍"，他需要用水枪不断地"消灭"各个玩家。这时候节目组给刘在石的角色身份是"刘姆斯邦德"，按照电影版的角色设定应该是一个很酷的英雄式人物。但是按照刘在石以往"刘蚂蚱"的形象和电影中的英雄角色设定产生了强烈的喜剧反差。而在剧情进行中大家也都是以刘在石的真实身份和平常工作生活中的身份来对待刘在石的，并没有真的像电影那样完全代入电影角色。

这种现象在综艺节目中非常常见。而且对于看综艺的广大用户而言，他们也希望从综艺中探得种种蛛丝马迹，来发掘嘉宾真实的人物性格和嘉宾之间的真实人物关系。并乐此不疲地猜测由这种关系而产生各种八卦话题，构成综艺"社交货币"的外围传播效应。

所以对综艺故事的创作而言，"真实感"就成了综艺编剧难以逾越的重要创作特质。而综艺的"真实感"的基础是建立在节目嘉宾的"身份真实""规定情境真实"和"规定任务真实"三者之上的。

影视剧的故事可以通过提前"固定"好的镜头调度、情节推进和表演真实来带给观众戏剧的"真实感"。而综艺一般是以跟拍纪录式的方式拍摄，同时综艺很少使用"分镜头"和分场拍摄的手法，一般只按时间顺序真实记录当时当下的故事进行，所以拍摄之前对各方资料的充分掌握就成了综艺编剧"行军打仗"前的重要"粮草"。

俗话说：兵马未动，粮草先行。而综艺故事讲述所需要的资料通常情况包含以下三个方面。

1. 节目嘉宾的背景资料

我们通常习惯称综艺为"真人秀"，但是很多观众也批评中国的综艺缺乏"真"，往往只剩下"秀"。而其中缺乏"真人"元素的重要原因就是节目组对嘉宾的个人资料掌握不够，综艺节目所需要嘉宾资料的翔实程度可能远比我们想象的要多。

第三章 综艺故事的创作特质

五年前,我们第一次和韩国团队合作《奔跑吧兄弟》的时候,当时韩方向中方团队要七位MC的资料,节目组织导演搜集了七个人的资料提交给了韩方编剧团队。但是交上第一版资料后韩方的编剧组随后就表示资料太简单了,看不出节目需要的信息。

当时邓超的资料和baby的资料最厚,翻译成韩语后约在二十页左右。在随后的策划会上通过中方导演不断的补充和韩方团队的自我搜集,首期策划接近完成的时候光是七个MC的人物资料就有非常厚的一沓,也是超出了我们的想象。

通过业内经验的总结,常见的嘉宾(尤其是常驻嘉宾)的资料应该至少包含如下内容:

嘉宾简介:在怎样的演艺领域有怎样的成就?是个怎样的艺人等。

经历简介:有哪些主要经历?形成了怎样的性格?家庭和朋友关系是怎样的等。

作品情况:有哪些代表作品?早期、中期和当下的重要作品是什么?有没有被观众和网友反复讨论的表演桥段?哪些作品具有巨大"争议"等。

访谈或传记资料:该嘉宾所有时期的节目访谈或者是新闻访谈,尤其是有争议的言论和令大家非常感兴趣的点,该嘉宾有没有出版过自我传记或可以代表性格的文学作品等,都需要列得非常清楚。

社交媒体:近一年内的(或者更久)所有社交媒体所发布的内容,该嘉宾在社交媒体上的人物形象等。

粉丝群体:他的粉丝当量是什么样的?有怎样的群体特点?他的粉丝喜欢什么?讨厌什么?与其他的偶像群体有没有矛盾等。

圈内关系:他的圈内关系是怎样的?和谁互动最多?是否有绯闻对象?是否和某些群内人士有"恩怨情仇"?跟谁在一起最容易出"话题"等。

常见综艺"人设":如果该人物是其他综艺节目的常客,那他在其他综艺节目中的常用"人设"是什么?我们策划的节目有没有可能给他带来新的增量"人设"?这一点对邀请嘉宾非常重要。

采访资料:当你搜集齐了所有网上能够搜集到的资料,那某些心中的疑问就只能当面访谈了,这也是一个成熟的综艺编剧最厉害的经验和能力所在,通过短短的访谈基本上可以确定该嘉宾的"真人秀性格"到底是怎样的。

当然上述嘉宾的背景资料是我们第一次合作或者很少合作的嘉宾所需要补充的资料。如果是像罗英石和姜虎东这样的搭档关系合作，那只需要编剧组补充该嘉宾在节目选题方面的资料就足够了。

2. 故事主题的背景资料

提到节目的"故事主题"背景资料，其实在业内存在一个非常大的误解。很多业内同事认为节目的"故事主题"应该有一个非常庞大的背景资料，于是在很多节目提案的PPT上动辄就会"××政策政方针"或者"××会议精神"，又或者列举一大堆所有人都看不懂的财经调查数据。

这样的背景资料看起来很唬人，但是于节目策划而言其实用处不大。因为任何一个新创的节目主题都是因为看到了其他同行没有看到的新鲜角度，越新鲜的故事角度反而使那些"大而化之"的数据往往越显得空泛。

所以往后再看到那些动辄搬出"××文件精神"或是"GDP的××增长"等背景资料的提案节目，基本就可以在心里打一个问号了。很多时候提案者自己都不好意思说下去，会含糊其辞地说："这是一些背景资料，我们简单看一下就行了。"

而性价比高的"故事主题"背景资料应该包含如下内容：

该主题的综艺文化范畴是什么：它是属于历史的、家庭的、职场的、校园的、恋爱的、选秀的……这些主题的范畴，大到一个节目模式，小到一期节目主题，都必须非常清晰。但是对于很多失败的节目来说，这些范畴其实是不清晰的，甚至是一笔糊涂账。

分清了文化范畴还只是第一步，最重要的工作方法也是需要在故事背景资料里阐述清楚，你在这个主题中发现了怎样的"有趣的角度"。举个简单的例子，男女户外夏令营相亲属于恋爱主题的范畴，但是这其中如果加入了一位不是为爱情而是为金钱而来的"演员"，那么这档节目就成了日本综艺《别被夏天的狼君所欺骗》了，故事背景里最"有趣的角度"就是充当"渣男"角色的"狼君"。

该主题的情感共鸣是什么：你所做的主题有哪些社会情感共鸣？有没有同类型的影视或IP做基础？有没有成功的同类型的社会组织做基础？有没有产生过直击心扉的社会新闻或者社会热点？综艺是以情感激发和感性娱乐为

基础的，在你的故事背景资料里阐述"主题"的情感共鸣永远比假大空的理论和冷冰冰的数据管用得多。

该主题的人物关系是怎样的：嘉宾的人物经历和作品角色经历有没有跟故事有相关的部分？嘉宾和嘉宾之间有没有与该主题相关的真实人物故事？比如要做"同窗情感"，而陈赫和郑凯正好是同班同学。该主题还能不能邀请可以增加传播度和话题性的人物？人物故事的背景中有没有可激发普适价值的情感共鸣？比如父母的爱、情侣之间的爱、同窗之情、战友之情等。

把故事背景和人物关系的相关资料调查清楚，对综艺编剧的节目设计而言非常重要。但非常可惜的是很多编剧很喜欢拍着脑袋空想，硬拗一些非常尴尬的真人秀桥段。

3. 录制场地的相关资料（外景节目）

对户外节目而言，对录制地点的背景资料的掌握在节目执行上非常重要，业内通常称该份资料为"踩点报告"。而一份完备的"踩点报告"所能提供的信息应该包括但不限于如下内容：

与主题相关的人文资料：有没有可以直接设计到节目中的历史传说、自然人文风景、地方美食、传统游戏等。作为户外真人秀节目，并不像位于影视拍摄基地中制作的影视剧，它一切基本上都来自"真人实景"，而这些录制场地的"实景"就成了可为节目设计提供"规定情境"的重要来源。

与主题相关的人物资料：该拍摄地点中有没有特别有趣的人物或者故事？有没有可以跟嘉宾经历相关联的事件？踩点中所遇到的人和特色活动中可否在节目中进行呈现？该地区的人民整体性格是怎样的？能否用到节目设计中？这些都是编剧在踩点过程中需要重点访谈和记录的。

上边两点中最重要的一个关键词就是"与主题相关"。以往某节目中笔者曾经让实习生去搜索某地的资料，呈交上来之后发现他把该地的"百度百科"整个给拷贝下来了，包含"历史沿革""乡镇设置"和"经济发展"等，这就是缺乏资料的基本筛选能力。

与录制相关的执行资料：从上个录制地点到这里的交通信息；该场地面积详细数据、录制天气预报；该地点有几个出入口？从哪里进哪里出等；该地点的大致人流和景色特点等；该地点日出日落、电力水利等基础信息资料。

并且上述的每一项信息都最好有丰富的文字、图片、视频等信息，这些对节目组做判断和节目设计非常重要。

在韩国，大部分综艺编剧也大多是从调查资料的基础工作开始入行的，做好了这一步，也大致明白了综艺节目录制和影视剧录制的主要不同所在。

上帝视角：动态创作中的"信息差"

综艺故事的另一个创作特质就是动态创作中的"上帝视角"，这是影视剧本创作过程中不具备的特点。这个特点跟前面我们提到综艺剧本的"框架性"创作也是紧密相连的，正是因为它是"富于想象力的半成品"，才在正式拍摄过程中有了动态创作的故事特质。

"上帝视角"也称为"全知视角"或者"第三人叙述视角"，这是小说或剧本创作中非常常用的一种叙述手法。创作者像一个无所不知，无所不在的"上帝"，所有地方发生故事，所有人物之间故事他都是全知全晓的。

但是这种创作视角仅限于影视剧本的写作期间，而剧本一旦创作完成，这种"上帝视角"也就只存在于剧本叙事的故事中了。编剧、导演、演员等大部分主创人员都会知道整体故事的走向、故事的细节等，故事对所有参与创作的人员而言完全没有任何"秘密"。

但是综艺故事的创作则不同，一个好的"综艺故事"在剧本中一定是充满了各种未知的猜想和隐藏的惊喜的。对参演嘉宾来说，即将录制的这一期的综艺就像一个未曾剥开的巧克力，具体什么味道他们自己也充满了忐忑和猜想。也许真的是一颗香甜可口的巧克力，当然也有可能一颗"芥末味"的巧克力。

对所有人来说，这才是创作综艺节目的最大魅力所在。

于观众，他们看的就是嘉宾在吞入"巧克力"那一瞬间的反应和戏剧性。

于嘉宾，他们也不知道自己能在这期节目中会遇到什么，有哪些隐藏的"惊喜"。

于综艺创作者，这里面充满了各种各样的"不确定性"，或许嘉宾对"芥末"并没有想像中的那样敏感，却是一个对"甜味"过敏的嘉宾。

但是对于一名合格的综艺编剧而言，他所要追求的正是不断地掌握各种资料，确定来参加的嘉宾到底是喜欢吃"甜味"还是"芥末味"的巧克力，尽量在"预判"里缩小这种不确定性。

无论"不确定性"如何变化，综艺剧本在执行过程中的"上帝视角"都是影视剧本无法比拟的。影视剧本几乎不存在不确定性，对它们而言分镜脚本和镜头调度都已经框定了所有的情节和台词，后期剪辑也顶多是在影视语言上的精修。

对于综艺创作者而言，综艺剧本的写作格式和节目的执行流程真的一点都不复杂，任何一个新入行的新人跟上一两个节目基本很快就能掌握。但是真正考验编剧功力的却是基于节目主题和嘉宾资料之上的"上帝视角"的运用，好的编剧基于这种视角设计出来的真人秀效果往往层出不穷。

简言之，综艺编剧的"上帝视角"就是利用"编演"双方的信息不对称性来设计规则，推动情节，从而"逼出"真人秀状态，产生节目的综艺效果。从应用方式上大致可以从以下三个维度来实践应用：

1. 利用掌握的"背景资料"来设计环节，制造"惊喜"

综艺编剧的"上帝视角"来自哪里？毫无疑问是来自于他们手里所掌握的厚厚资料。这也是为什么我们用整整一个章节的内容来论述综艺故事创作资料搜集的重要性。真人秀的这个"真"字能不能做出来，也基本上取决于编剧手里掌握的资料的新鲜度和可靠度。

首先，编剧是几乎掌握了所有节目嘉宾的人物性格和日常喜好的创作者。而且也需要掌握各个嘉宾之间的人物关系和过往交集：谁是急性子，谁是慢性子，谁花钱大手大脚，谁为人吝啬……谁和谁一组更能够碰撞出火花；谁和谁做某件事一定是手忙脚乱，笑料百出等。

而这些"资料"参演节目的嘉宾是永远不可能比创编者掌握得清楚的，这种"信息差"就是综艺编剧进行节目创作的核心"武器"。

例如，在湖南卫视《花儿与少年》第二季中的许晴等人是那种"公主"式的女神角色，但她们还是希望维持表面的和气以及基本的风度；但是宁静则不一样，她属于眼睛里揉不得一点沙子的"女汉子"类型，遇到事情喜欢是非分明，不喜欢"和稀泥"。她和许晴等在一起商量事情的时候难免爆发冲突。

而且在抵达每一个旅行目的地的时候，节目嘉宾们是两眼一抹黑的，但是节目组可不是两眼一抹黑。机场到酒店有多少种交通方式，每种交通方式的运行规律是怎样的，价格会占到总体预算的多少，节目组都要掌握得清清楚楚。

包括《花少3》的南非穿越沙漠那一期，节目组的踩点资料里肯定知道车子进入沙漠前要提前降低胎压的，否则车子就会陷进沙子里，但是节目嘉宾却并不知道这一"知识"，她们车子开进沙漠后，轮胎果然"成功"地陷进了沙子里，然后众人合力把车子推出沙坑的戏份也是充满了真人秀的感动。

作为一名综艺编剧，当你面对厚厚的"背景资料"时，你首先应该想到的就是嘉宾的经历、人物关系、录制地点和录制"主题"有哪些情感共鸣的联系，哪些嘉宾不容易想得到，但是又非常容易出综艺效果的。面对整个节目，节目组是统领全局的，而节目嘉宾只能看到节目的一部分，这种利用"信息差"的提前"预设"就是编剧制造综艺故事的重要手段。

这一点浙江卫视的《王牌对王牌》就做得也很好。比如《王牌》第二季成龙当主咖时，成龙的陈家班散落江湖几十年，他自己这些人都已经找不齐了，但是愣是让《王牌》栏目组几乎全部凑齐，当这些成员从大屏幕后走出时成龙立刻抑制不住地热泪盈眶，场面令人非常感动。

2. 用规则的"空白地带"预埋爆点，统领节奏

在综艺节目的录制中通常都有一个特别有趣的现象，那就是节目嘉宾往往喜欢跟节目组"讨价还价"，或者是"争论是非"。这种现象在"跑男"和"极挑"中就更加常见，其实这也不怪嘉宾，因为他们已经被节目组"坑"怕了。如果你还记得跑男里的陈赫、李晨或者极限男人帮中的孙红雷、黄渤

等在节目中跟导演争论什么,几乎可以肯定他们是在争论节目规则。

而且往往是越玩越精,有时候甚至可以反整节目组。那么在节目中规则不是很神圣吗?不应该随便更改吧!其实只要真人秀情境足够有趣自然,观众只要相信了互动是真实的,反而会乐于接受这种双方协商的"妥协"戏份。

存在这种现象的重要原因还是因为存在"信息差",节目组在制定规则时其实是掌握了节目中所会遇到情况的全部信息的,而参演嘉宾却永远只能了解一部分"信息",而且在不了解信息的情况下他们乍一听"规则",会觉得还挺"公平公正"的,其实真的往下玩却发现处处都是"坑"。

韩国的《Running Man》E247期中做过一个很有趣的主题"Happy 光洙day",这一期其实就是编剧利用节目规则的"空白地带"预埋"爆点"的经典设计。当期的故事"明线"特别简单:大家要在各个环节的比赛中努力表现,获得最好的线索献给光洙,并征得他的青睐,光洙最终有权利选择他最心仪的人共享"大奖"。

但是节目还有另外一个"暗线"。所有人都知道李光洙是一个"背叛者"的角色,导演组其实在宣布规则之前就先给其他六位嘉宾宣布了暗线规则:即大家今天都要"串通"起来让光洙在所有的游戏环节中获胜,并走向终极的领奖台,如果光洙今天胜利了且没有在最终环节"独吞"奖品,那所有人都可以赢得奖励;如果最终光洙还是选择"背叛"同盟者,那这场游戏所有人都得不到奖励。

节目的最终结局时,李光洙在上领奖台前还是选择"撕掉"池石镇和哈哈的名牌,独吞奖品。表面上是赢得了比赛,直到节目播出前导演把剪辑版给李光洙看的时候,他才恍然大悟,知道被节目组和其他六个人共同"戏耍"了,最后的结局光洙哭笑不得的表情令人记忆深刻。

3. 用执行过程中的"信息汇总"引导情节,保证戏份

节目录制过程中主创人员的对"信息汇总"的分析处理能力,是主创人员现场执行能力的重要体现。演播厅综艺还好,大家都处于一个封闭的空间内,绝大多数的信息都是实时同步的。但是比赛比分的多少,后台嘉宾的准备情况,即将出场道具的准备情况,都能掌握在节目的主创人员手中。

尤其是负责节目流程和真人秀状态现场编剧,要有极强的现场调整和问

题捕捉能力。比如说节目过程中谁对谁做了怎样的评价，当节目中发生某些重要情节时你的当事人内心活动是怎样的，前面人晋级对你有没有压力……这诸多的信息哪些要在第一时间同步给你的嘉宾，哪些需要及时采访，你必须在第一时间做出判断，让摄像机记录下最有用的信息以备后期剪辑。

而在外景真人秀的录制中，"动态创作"就更加重要了。外景节目不像演播厅那样有监视器，有 PGM 信号可供主创人员随时掌握情况。节目指挥部的所有信息几乎都来自各组的编剧和跟镜导演，某位嘉宾进行到哪一步了，谁又拿到了什么样的线索，他拿到这个线索对情节推进有没有实质性的作用等，都需要当值编剧和总导演沟通后作出下一步的决定。

我们经常会在"跑男"和"极挑"里面看到对外公布信息的广播，而这些广播存在的意义正是利用节目组掌握的信息推动节目嘉宾作出下一步的反应，让故事不断地往前推进。比如出现了什么重要的道具，谁得到了怎样的一个线索，哪位嘉宾又被淘汰了等。

而这只是我们表面上所看到的"信息差"推动，还有很多我们看不到的呢？比如某两位嘉宾在游戏中的角色是"仇家"，但是如果 A 嘉宾正好在某个时间得到了一个非常重要的"宝贝"，而这个宝贝一定会引起双方的"激烈抢夺"。那么这个时候双方嘉宾的编剧就一定要在第一时间透露双方的线索信息，并在不破坏真人秀状态的前提下引导两位嘉宾在"合适"的时间出现在"合适"的地点。在综艺节目的录制中，绝对的公平公正并没有那么重要，真人秀状态和综艺效果的达成才是综艺创作的终极目的。

节目的主创人员和参演嘉宾就像市场上的买卖双方，俗话说"买的不如卖的精""巧买哄不住拙卖"等，就是因为卖方其实是掌握了产品的更多真实信息。而综艺编剧想办法运用好这种"信息差"，以"上帝视角"的方式掌控和推动综艺情节朝着节目组需要的方向发展，才算是真正有了编剧意识。

第四章
综艺剧本创作通用技巧

目的：单一目的，简单逻辑

在文创和设计界流传着一个名"KISS法则"的通用创意法则。这条法则最早由美国好莱坞的著名剧作家大卫·马梅提出，后逐渐流传于文创和工业设计的各个领域，被奉为创意和设计的经典法则。比如国内著名4A广告公司奥美的"文案女王"林桂枝就特别推崇"KISS法则"。她还曾经在喜马拉雅"林桂枝的创意课"里面专门开辟课时讲授这一法则。

"KISS法则"是英文短句Keep It Simple and Stupid的缩写，意为保证创意的简单和愚蠢。任何一个创意，无论你想传达多少的信息，以及思考了多少内涵，在最终传达到你用户这里的时候，他们所能get到信息永远都是最简单的"好"或者"不好"。

在信息越来越纷繁复杂的时代，受众的注意力就注定越是稀缺的。好的产品一定要在第一时间就给用户传达最核心的信息。而最核心的信息

（好莱坞著名编剧：大卫·马梅）

也一定是最简单和最重要的信息。举个最简单的例子，苹果干掉了诺基亚的功能机，引领了智能机的新时代。它做对了什么？乔布斯做得最正确的一件事就是简化了手机的操作系统，把所有的复杂化的操作都简化到一个"HOME键"上，连3岁的幼儿都可以操作"智能机系统"。

你如果学过设计或者接触过设计，你就会明白设计的最高境界就是"简约"，把所有复杂化的信息承载在一个非常简洁大方的画面上。你再去看一下那些著名品牌的logo，绝大多数都符合唯美至简的原则。

而"KISS法则"也同样是影视艺术创意的重要法则，而且影视艺术要更加重视这一法则。因为所有基于影视的艺术形式都属于"线性叙事"的艺术，它所有的叙事都需要在"有限的时间轴"上展开，而接受者的注意力决定了这根"时间轴"的长度。

好的影视艺术的创作者，都是叙事节奏和逻辑的掌控大师，牵着观众的思维往前走。这和阅读还有较大的区别，阅读的节奏是读者所能掌控的，读者的节奏可快可慢，甚至可以停下来思考做笔记等，实在有不理解的还可以就某一段反复看，或者跳跃看。

目前随着网络媒体的发展，虽然在PC端和移动端用户也可以根据网络平台提供的视频播放控制键自动掌控观看节奏。但是视频的暂停和跳跃毕竟不像纸媒图文那样方便，而且具体形象的传达也和文字描写所带来的想象力也决定了欣赏方式存在着质的区别。

我们在《综艺的的本质和特性》这章中曾经强调过，综艺是大众文化的快速消费品，同时它也是一种欣赏空间非常开放的伴随性影像艺术。观众看综艺寻求的是娱乐，需要的是开心，很多时候是社会工作压力之外的暂时逃避。在这种品类特性的框架内进行节目创作，最应该把握的就是节目设计的单纯性和轻松性。

所以，如果总结综艺剧本最应该树立的创作意识和技巧共识，多年的工作经验告诉我们：

"单一的创作目的，简单的节目逻辑"绝对是保证大家能够创作出优质综艺节目的不二法门。

这个创作意识听起来非常简单，但是要践行起来却是非常困难的，尤其是在中国目前的创作环境中。

第四章 综艺剧本创作通用技巧

在中国目前的综艺节目创作中,能够对节目创意制作提出修改意见的部门太多太多了,广告客户、广告代理、平台商务、艺人统筹、节目宣传……很多我们能够想到或者意想不到的合作部门都可能因为某些方面的诉求对节目环节提出直接或者间接的修改。

往往一个新立项的节目,由于涉及投资方的商务利益,节目制作方往往要在案子上加入很多与之不相关的环节。一个特别简单的案子,在投资方或者广告商看来总觉得不是特别踏实,感觉我投了这么多钱就制作一个这么简单的东西?心里总觉得惴惴不安。

不但新节目,很多"综N代"在面临新一季招商的时候被问及最多的问题就是,你们这一季升级的地方在哪里?于是节目制作方为了附和客户只能挖空心思在本来已经成熟的模式上画蛇添足,删简就繁。这也是为什么很多在国外做了很长时间的经典节目模式,在中国往往生命力不长久的重要原因。

对一档节目而言,节目的策划"目的"或"主题"只能有一个,而且这个"目的"越小越好,越集中越好。最好你以后的每期选题、每个特辑,甚至每年的特殊企划都能涵盖在这个设定好的"目的"中,不要策划与这个"目的"不相干甚至是背道而驰的节目主题。

举个典型的例子,日本有一档播出了25年的"长寿"综艺节目《THE!铁腕!DASH!!》。如果你没有看过这档节目,那我可以直接地告诉你,韩国的《无限挑战》《Running Man》、中国的《极限挑战》《奔跑吧兄弟》等众多特辑和策划都来自这档节目。这档节目基本上可以算作东亚户外节目的"创意库"。

这档节目有非常多的精彩策划,比如"三千步到东京""二十四小时不准笑""和有轨电车(火药、飞机)赛跑""dash村盖房子"、连续十年的"假期长途骑行和开车(堵车)哪个更快"等,这些主题或多或少都被东亚各国户外真人秀节目给"借鉴"到自己节目中了。

节目的制片人驹木纯一在介绍这档节目的策划目的的时候曾经说,这档节目其实只源于一个非常简单策划"目的":想为日本新出道的男子组合TOKIO做一档"耗体力"的户外挑战节目。而此后的二十年时间,节目组的整体策划也一直在围绕着这个最初的策划目的进行。只是这句话到了策划案上可能就变成了"展现青春热血,尝试所有可挑战的人类

极限"。

而基于这种目的所策划的幼犬回家、自行车竞速、三千日元能走多远、三千步海外旅行、百人刑警（TOKIO VS 100人の刑事）、多少块玩具车电池可以驱动有轨电车等有趣的企划都深受观众喜爱。

这样的企划目的是不是有些熟悉？那么我们再来看一下韩国王牌节目《无限挑战》的企划设定：

大韩民国[①]平均值以下的七个男人，

合体后却是天下无敌，

每周不同情境下激荡出各种不同想法。

这七个男人横冲直撞地挑战，

最真实的模样、最认真的姿态，带来大韩民国最高规格的欢笑与感动。

（摘自郑淑《韩国影视讲义2.综艺》）

《无限挑战》最初的节目创意虽然来自《THE！铁腕！DASH！！》，但是它在嘉宾人设上却做了自己特殊的设定。没有再聚焦于帅气的偶像团体，而是"七个平均值以下的男人"，这样七个人都敢于去挑战，普通人又有什么不敢的呢？

但是这两档节目长寿的一个重要原因就是他们自开播之后一直沿着设定之初的节目"目的"进行，并没有像目前很多中国的节目一样，刚做完第一季就急着进行"模式升级"之类的。

综艺节目的创作中，无论你是创作一个新的节目还是策划一期的主题，都必须学会保持"目的"的单一性，一切围绕着这个"目的"来，不要往里面加"乱七八糟"的主线，加得越多节目的主线越散，叙事逻辑越乱。

说到叙事逻辑，就牵涉节目制作的"简单逻辑"原则了。如果你的节目"目的"不单一，那节目逻辑肯定"简单"不了。但是即使你找到了你综艺剧本创作的"清晰目的"，也仍然容易陷入复杂叙事逻辑的"怪圈"里。

关于"逻辑简单"这一点我觉得所有的综艺节目都应该跟韩剧学习，我们看韩剧的时候可以发现一个特点。首先是不用动脑，跟着剧情走就行了，

---

① 该词语是韩国编剧写主题立意时非常常用的一个词，故作者在仿写时尽量保持了韩国编剧的常用文风，后同。

剧情能给你带来一个非常清晰有趣的剧情逻辑。其次是逻辑简单到你根本不用连续追着看，跳过半个小时甚至是隔个两三集不看仍然不影响你理解整个剧情。

而很多逻辑复杂的综艺，你哪怕是一个走神，之后突然就会发觉看不懂了，前面到底发生了什么？现在为什么会这样？或者最终逻辑或者规则复杂到你根本就不想接着再看下去。节目创作者是秀了智商，满足了创作欲，观众却一脸蒙圈。

而在国内的综艺节目中，关于简化节目逻辑这一点上，我个人觉得做得最好的有三档节目，有兴趣的可以多研究学习一下。

首先是湖南卫视的《快乐大本营》，节目形式无论怎么变，但始终坚持了"通过何炅为核心的主持群体，以访谈和游戏等环节深挖关于明星的社会话题"的节目内在逻辑，二十年来从未变过。总体而言就是"简单好玩的游戏"加上"热点娱乐的话题"，没有其他故作高深的节目设计，这一点值得称道。

另外一个就是浙江卫视的《王牌对王牌》，这档节目主打的逻辑就是"IP 对决"，或者说"热门王牌 IP 对决"。每期节目嘉宾按不同 IP 分为两队，通过简单的游戏和各种舞台小品表演进行对决，最终决出胜负。这档节目"懒"到连游戏都懒得换，一个"传声筒游戏"一直玩到现在。但不得不承认节目是真的好看，比那些拥有着各种"先进复杂赛制"的节目好看多了。

最后一个就是东方卫视的《欢乐喜剧人》，国内顶级的喜剧人拿自己最好笑的"段子"到这个舞台上进行对决，看到底"谁能笑到最后"。可以说这档节目的真人秀编剧连段子都不用自己写，只要每期想办法根据嘉宾的资料安排好对决顺序就会很有看点了。

好看的节目永远都是"简单又好玩的"，请各位致力于综艺创作的编导们记住这一点，千万不要把你的"目的""主题""逻辑"整得过于复杂，那样的策划不属于综艺。

规则：话里有"套"，路上有"坑"

对影视剧、话剧等艺术形式而言，"规定情境"来源于剧情的直接赋予，通过环境、人物关系和对话等情节设定，属于这个故事专有的"规定情境"马上就会呈现在观众面前。但是综艺有自己的特殊性，我们前面讨论综艺的定义的时候曾经强调过，节目嘉宾是以自己的真实身份或者真实性格来参与节目的录制的，角色身份和性格的特殊性就决定了综艺不可能有情节描绘来直接代入。

综艺的"规定情境"来源于节目的规则，节目赋予嘉宾一个"情境设定"来框定节目的"规定情境"，以及在该"规定情境"中即将进行的各种"规定任务"。任何形式的综艺节目都需要有一个"节目规则"，只不过该规则在节目是以怎样的方式存在罢了。

任务挑战这类的节目对规则的依赖性较强，所以它需要通过导演组不断宣布相关规则来推进剧情发展。此类节目"规则感"就会相对强一些，观众可以感觉到节目组对于内容的参与感还是比较强的，对节目规则的认知也会相对清晰直白。

但是对于很多观察体验类的慢综艺而言，规则的存在感则会显得非常的弱，甚至节目组都更希望隐藏在嘉宾和内容的背后。他们更愿意让观众相信这一切都是来自于嘉宾自我的驱动力。但是无论这些"规则"隐藏得有多深，只要你仔细去找，都可以发现其中的"蛛丝马迹"。

比如罗英石的生活实验类节目《林中小屋》，节目表面上是节目嘉宾带上行李独自到与世隔绝的林中小屋去度过 48 小时。但是笔记本电脑里的"幸福促进委员会"不断发来的各种实验指令不就是节目规则的另一种化身吗？

我们做上述分析是希望达成一个共识：即无论何种形式的综艺节目其实都有属于自己的节目规则，不同的是这些"规则"在节目如何体现，是直接呈现出来的，还是隐藏在节目叙事中。特别是对隐藏性的节目规则，如果能够把它们找出来并做深入的分析，那说明对于节目制作你已经是半个专业人士了。

而对"节目规则"的策划和设定，其实也有一定的规律可循，抓住这些规律再结合不同节目的独特策划角度，在节目的内容精彩度上是可以得到充分的保证的。"节目规则"的设定技巧可以总结为以下四点。

1. 设置"麦高芬"，激发原始动力

麦高芬（英文：MacGuffin）是一个借自电影剧本的专业术语。这个概念的最早提出者是我们所熟知的大导演希区柯克。它一般用来指代电影故事中各方争抢的一件"宝物"或"信物"，同时也可以指代用以推进剧情的物件、人物或目标，例如一个所有角色都在争夺的东西。至于大家为什么会去抢它，有的电影会交代，有的则不会交代。

反正就是各方人物上来一顿乱抢，至于为什么抢，抢到了又有什么用，可能他们自己都说不清楚。但是借助这个东西导演极大地激化了情节矛盾，推动了剧情发展。麦高芬的例子在影视剧中比比皆是，比如《哈利波特》中的魔法石、火焰杯、密室或者各种圣器；再比如《复仇者联盟》的无限宝石；《碟中谍》中伊森亨特在找的兔脚；《指环王》中大家拼命抢夺的至尊魔戒……

（影视剧中的"麦高芬"常见的形态）

回忆一下你所看过的电影电视剧，是否也有似曾相识的感觉？没错，几乎所有希望推动剧情发展的编剧导演们都会设置一个可能观众并不关心，但是剧中人物却在拼命抢夺的"麦高芬"。

而"麦高芬"理论同样适用于综艺规则的设置。在选秀节目中，它可能是大家都想竞争的"冠军"或"出道位"；在游戏挑战类节目中，它可能是剧情设定的某种"名号"或者是某件信物；在观察体验类节目中，它可能是人们说不清道不明但是又非常珍惜的某种"情感"；在情感相亲节目中，它可能是被更多异性认可和追逐的"心理满足感"；在旅行节目中，可能是某些与情感记忆相关的景色或者某些情愫……

在综艺节目中，如果"麦高芬"这个东西设置得好，嘉宾所激发出的真人秀情感往往比影视剧来得冲击力更大。比如《奔跑吧兄弟》黄河大合唱特辑，嘉宾们来到先辈们奋斗过的地方，看着艰苦的环境再对比今天国家的成就，一时间民族自豪感和时代责任感油然而生，每个人都激动得热泪盈眶。这种情感同时也深深地感染着每一位观众。

但是综艺节目中的"麦高芬"和影视剧还是存在差别的。影视剧的编剧可以随意设置麦高芬，随便是什么东西都可以，只要编剧最后把情节合理化就不会有任何问题。但是综艺不行，**综艺节目中的"麦高芬"一定是要经过扎实的资料调查后，设置为嘉宾真实想要达到的"目标"**。哪怕是游戏挑战类节目中的某些特辑，也要保证节目中的"麦高芬"是新鲜有趣，或者是嘉宾和观众都熟知的IP，否则很难激发嘉宾和观众的兴趣。

2. 要有引发人物关系冲突的"资源失衡"

综艺节目看的是什么？综艺节目看的就是节目嘉宾以真人秀状态在节目中进行人物关系的多重互动，通过在节目呈现出来的娱乐效果和在人物关系基础上所产生的话题来吸引观众。如果一个节目无法激发嘉宾之间的人物关系互动，那就无法激发出他们的真情实感，节目自然也无法打动观众。

如果觉得上面的话还是笼统的话，我们通过一个大家都熟悉的节目来解释这一技巧。例如湖南卫视的《花儿与少年》邀请了影视圈中从60岁到20多岁的女艺人和两个年轻男偶像结伴到国外旅行。在我们的印象中，这些明星缺钱吗？当然不缺！别说承担个人的旅行经费，就是其中的一个人把剩下所有人的旅行经费都承担了也不是什么难事。

可是节目组就是设定了一个能够让节目中"资源失衡"的规则：他们的旅行经费是限定的，而且并不充裕。在这种情况下平常花钱大手大脚，出门车接车送的明星姐姐们可能一下子就陷入了手足无措的境地。"有限的资源"到底应该怎么分配？是应该用在打车上还是用在吃饭上？大家各自都有想看的景点，但是经费不够怎么办？

如此一来，"资源失衡"马上就可以在节目中造成人物关系之间的冲突和碰撞，做出节目组想要的真人秀效果来。

"资源失衡规律"对选秀节目同样适用，在这两年很火的节目模式《创造101》体现得更为明显。来自各大经纪公司的练习生们在本公司都是佼佼者才能被派来参加这样的比赛，但是节目一上来就给他们当头一棒，绝大多数练习生在这里都要被评为B、C、D甚至F等级的，要知道他们在原经纪公司里可都属于A等级的。

甚至有一些本来可以评为更高等级的"潜力股"，节目组偏偏会把他们评低一两个等级来使用，为的就是激发练习生们的斗志，最后上演"逆风翻盘"的戏码。

"资源失衡"的节目规则设计方式在各种综艺用得非常普遍，我们几乎可以在所有类型的节目找到它的影子。比如说《两天一夜》中游戏输赢的"福不福"所带来的待遇差；比如《Running Man》中各种主题里的人物角色等级划分和积分赛制；再比如《明日之子3》中各种不同等级的"星级房"。

"资源失衡"才能引发竞争，竞争才能带来悬念，同时也更能激发真人秀状态。

但是在实际操作过程中，差别就在于你的"资源失衡"手法是否设计得太过老套，更新鲜的"资源失衡"设计才能有更好看的节目内容，这才是节目创新最核心的竞争范畴。

3. 不断出现违背预期的"反转"

综艺节目是通过不断地打破观众对生活常规状态的期待而产生娱乐效果的。比如说平时高高在上的名人，突然在游戏中"出糗"；或者在正常的人

际关系却因节目的资源竞争而产生的彼此调侃和戏谑等。这些都是人们在日常工作生活中很难达到的，但是却在特定的综艺规则中得到了实现，自然就满足了观众的娱乐需求。

一条好的综艺节目"规则"越简单越好，能引发违背预期的"反转"越多越好。而在这个技巧的运用方面，罗英石和他的团队可算得心应手，综艺效果十足。

从早期的《两天一夜》开始，"福不福"的游戏规则就贯穿了老罗旅行类节目的所有主线。"福不福"的游戏规则真的特别简单，在赢了游戏就可以有好的待遇，输掉了游戏就必须接受旅行中各种"挑战性"的惩罚。但是节目组往往只会把这个待遇差告诉嘉宾个大概，到"待遇差"真正呈现的时候才是各种综艺效果集中暴发的时候。

《三时三餐》的规则也特别简单，归结为一句话就是，**在设定的田园小舍中就地取材地解决自己及客人的一日三餐，需要当地之外的食材就必须用劳动获取的食材来换取**。节目组的规则宣布完成后，嘉宾并没有太大的反应，并不认为这是有什么困难的事情。但是到了真的辛苦一上午的劳动才换取"可怜"的一点点的肉食，那种感觉才真的是百感交集、哭笑不得。

而且节目规则呈现进度和宣布方式也是导演和编剧在操作过程中的重要技巧，就像我们这一小节题目所总结的那样，要做到"话里有套，路上有坑"。

还是以老罗的节目为例，在《花样爷爷》中担任"挑夫"角色的李瑞镇非常喜欢"少女时代"这个组合，当时老罗告诉李瑞镇他是和"少女时代"的女团成员一起出国旅游。李瑞镇在筹备期间就各种憧憬和幻想，还不时地露出害羞的表情。但是真正到了机场见面的时候，发现竟然是平均年龄超过70岁的"国民大爷"一起出游的时候，他整个人都崩溃了。

同样的例子也发生在《姜食堂》中，做完《新西游记》后老罗告诉他们准备做一档美食节目。姜虎东认为就是出去吃美食，但是和姜虎东的经纪人谈完合同发布新闻时，姜虎东才从新闻里发现是他要去当"主厨"开一家餐厅。姜虎东在节目的开头就崩溃地说，他是从新闻里才知道自己要做是一档去"开餐厅"的节目。

但是类似这样的技巧性"套路"在中国的综艺创作中很少看到。

4. 规则要具有可达成的挑战性

对综艺节目而言，嘉宾是以更多的"真人"元素参与到节目的任务中来的。他们希望通过任务的完成来获取观众更多的认可和自我形象的提升。而以此为目的所设定的一系列"节目规则"就是要通过参演嘉宾的任务完成来传达节目的价值观和娱乐效果，再加上综艺录制具有不可重复性，就需要编剧在环节设定之初保证节目按照初始策划的"初心"出现预期的效果。

规则设定的任务过于简单，则节目缺乏看点，嘉宾完成的成就感也不高，整个节目往往沦为一场没有看点的"流水账"。但是如果规则设定的任务过于困难，那嘉宾在参与节目之初可能就充满畏惧心理，完成任务的积极性也同样不高，而且最终如果无法完成的话也与大部分观众心理预期不符合。

节目任务允许失败，但是要让观众看到嘉宾通过努力有希望成功或曾经无限接近于成功，他们为了这份成功做过最大的努力才能最终激发真人秀情感，从而完成节目情感激发的终极目的。

以中国的《极限挑战》、韩国的《无限挑战》和日本的《the 铁腕 DASH》都做过的一期"三千步到××地"的主题为例。这个主题策划最早来自日本综艺《铁腕 DASH》，随后被韩国和中国的节目所借鉴。他们策划的初始灵感来自于日本的一项国民调查，说日本职场人士每天的平均行走步数为三千步，于是节目组就做了"三千步从曼谷回到东京"的主题策划。

首先这"三千步"的数量肯定是经过导演组严格测算的，正常走肯定是无法完成的，但是想些奇奇怪怪的办法是有达成目标的希望的。这样的规则下嘉宾为了完成目标所做出的各种努力以及体现出来的真人秀情感就成为了节目最大的看点。

同时在规则确定的情况下，目标任务的难度与节目嘉宾自身的水平应存在一定的"悬殊"。 跟其他艺术创作一样，目标看似越不可完成而最终完成所带来的情感激发烈度就越大，节目效果也就越好。

而演播厅节目也同样遵循这个制作规律，比如早期的《中国达人秀》《星光大道》《武林风》等选秀或绝技挑战类节目内容的，主持人往往喜欢一再渲染嘉宾要挑战的这个项目如何如何的困难，而嘉宾的形象却往平凡普通的形象上设计。在嘉宾已经达成了一个阶段的挑战，主持人还会询问是否往更高一阶段的任务进行挑战。这种设计方式也称为"反差"或者"先抑后扬"。

比如早期出道的草根明星"大衣哥"朱之文,让他穿着军绿色大衣登台唱《滚滚长江东逝水》这类美声歌曲的导演绝对深谙营销传播之道。任务越不可达成,达成之后的反转效果往往越好。但是也不能无限度地往"猎奇"方向走,而是平衡生活常识、挑战难度和嘉宾故事三者之间的关系,达到最佳的节目效果。

节奏：剧本缺节奏，后期不能救

在很多人看来，综艺节目的节奏是要靠后期剪辑出来的。剪辑师通过镜头的"蒙太奇"、音乐的铺设、悬念的制造等手法，让一堆杂乱无章的素材变成一期好看的节目。诚然，后期对综艺的品质感的打造和提升起到了一般观众难以想象的作用。

但是这不能变成编剧、导演等工作人员在策划创意阶段可以无限度"偷工减料"或"胡乱堆砌"的理由。韩国的编剧协会综艺节目研究会会长崔大雄编剧在乐正传媒2020年7月的综艺编剧讲座上评价中国综艺制作时表示：中国的综艺后期制作都很精美，但策划创意却相对缺乏。

对于上述说法，个人认为崔编剧是给参会的中国同行留了面子的，真实的现状是很多节目在前期剧本上留下的"坑"，大多都需要后期通过买素材或者"偷位"剪辑的方式来硬做一些"梗"才能保证节目的看点。但是一个综艺剧本在前期如果没有设计足够的"看点"，后期只能做"死马当作活马医"的补救，却无法做出化腐朽为神奇的结果。

一位合格的编剧，在剧本阶段就必须考虑到剧本的节奏，保证节目的整体情绪起伏才能让后期做到锦上添花，生产出优秀的节目来。当然，不同的节目节奏感的安排亦不相同，但是一些大体的原则是相同，我们在本节中做出简单的归纳。

1. 情绪节奏：嘉宾情绪节奏靠前期

不得不说，目前国内很多综艺编剧都是缺乏画面意识和剧本的节奏意识的。在他们眼中综艺录制环节被切割成一块块独立的录制环节，至于怎么衔接，编剧认为应该是导演组的事，导演组认为应该是后期的工作。反正最后到后期这里就只能摔着鼠标"骂人"。

（中国的综艺后期堪称"神奇"，一场数十台机位的大型选秀一周内可以制作上线）

这种情况不在少数，而且各种团队拼在一起生产的综艺节目这种情况往往更加明显。

首先，作为一名编剧你肯定是要描写画面的，其他内容的节奏咱们先不说，光节目的"空镜"这一项目前国内百分之八十的综艺编剧都是忽略掉的。所谓"空镜"是用来交代节目嘉宾正在或者即将到来的"故事环境"。这些镜头或以嘉宾的主观视角，或用来过渡转场，以及为即将发生的故事预埋"伏笔"。

总之，在综艺节目中，每个镜头都不是毫无意义的存在，它们都是用来讲故事的。影视剧本中对"空镜"的描写都是有专门的提示的，但是在综艺中绝大多数剧本都是忽略的。

而且由于国内的综艺空镜都是单独补拍的。这种情况下如果编剧再不加以注明，那造成的后果就是故事进行的环境和空镜拍摄的环境完全是两张皮。比如说你做明星到国外的城市去旅游，空镜组几乎拍遍了这个城市所有名胜古迹，但可笑的是嘉宾都没有去这些名胜古迹，只在城市的某个餐厅喝了下午茶就转场去了下个地点。

此时他们的下午茶时光中所需要的空镜就不是这个城市的名胜古迹，而是这个茶餐厅整洁干净的环境，墙上表示时光流转的时钟，或者茶餐厅外面街角小憩的猫咪等。如果你的剧本中没有这些方面的提示，至少也可以说明该编剧是缺乏画面节奏意识的。

当然，节目画面节奏绝不等于"空镜"拍摄这么简单，举这个例子是因为它更加典型，更有利于你去理解如何用画面讲故事，什么是画面的节奏等。

一般而言，综艺剧本遵循"先易后难，情绪递进"的原则。无论是演播厅节目还是外景节目，首先把简单的容易完成的任务放在节目的最开头，目的就是让嘉宾先对节目有初步的投入，同时也让观众先把注意力集中在嘉宾的人物关系或者人物性格上。只要是能体现人物性格的，任何简单任务都可以。

我们经常看到韩国综艺中，节目组和嘉宾或者嘉宾和嘉宾之间，往往是从一场简单的聚餐开始的，大致说明一下节目的任务，各个嘉宾先熟悉一下或者叙叙旧等。对于绝大多数的综艺而言，节目内容最开始的任务就是立人物性格，立人设，这两者被观众接受了，你的节目才算立住。

其次，一个综艺节目的环节与环节之间还是需要情绪和场景之间有较为明显的隔断的，这样更容易给观众推进感。这种"节奏"，演播厅节目一般是通过灯光舞美的变化、道具的陈设以及主持人的话术转场等带出的。

但是对于户外游戏而言，则需要在场景和游戏任务上做出调整。比如说一个大游戏之后安排一到两个小游戏打节奏；比如说喜剧节目中一个严肃主题的感人小品过后安排一个无厘头滑稽的节目调节情绪等；再比如说旅行节目中一场热闹非凡的当地庆祝活动结束后，嘉宾坐在海边看夕阳等。

这都属于节目策划环节增加节目节奏感的"小技巧"，之所以这些设计都需要在前期强调出来，其重要的原因就是节目嘉宾的情绪。**对于综艺节目而言，嘉宾的"真人秀"状态所传递给观众的情绪感应，是后期无法通过技术手段改变的，也是观众是否相信你的节目是真实的最重要判断标准。**

所以节目情绪节奏策划安排的一般原则是：

容易的、轻松的环节放在前面交代人物性格；环节与环节之间要有小情绪的"空镜"或小活动安排来进行过渡；节目最易激发情感，最耗费精力的环节最好安排在节目过二分之一到三分之二的中间，因为一般此时嘉宾的节

目投入度最高；节目的结束部分有回顾或者情感升华的那样会更加完美。

2. 空间留白：安排得太满反而不好看

在讨论剧本节奏中的"空间留白"之前，我们先下一个基于多年业界观察的结论：

所有安排得满满当当的节目录制流程背后都有一个特别不自信的节目组。

这一点真不是随口乱说，正是因为节目主创人员不知道自己策划这个东西出来之后究竟会是什么样，能不能出来各方所需要的东西。**所以用他们的话说就是：为了保底，尽量多录点。**

这一点，单凭很多户外节目"空镜录制"的方式就可以看得出来，就像我们上个话题点讨论的那样，编剧不写故事环境，导演不管环境的画面呈现，最后只能是摄像指导根据自己的理解随便拍点空镜回去。其结果就是唯美的空镜头拍了一大堆，但是能用的其实没有几个。最后只能要么补拍，要么买素材。

讨论剧本节奏的"留白"问题之所以也要从"空镜"的话题入手，重要原因也是因为这是我们最容易理解的"留白"。在户外综艺节目的场景与场景之间，一段充满抒情意味的"空镜转场"，除了起到故事连接的作用之外，最重要的作用就是为故事的行进意境作出了"留白"。

但是我们所说的剧本"空间留白"远不止这些。而是包括了嘉宾在录制过程中的"时间留白"和"情绪留白"。所谓"时间留白"就是节目组敢于基于前期资料调查和节目预判的前提下留给嘉宾自我发挥的时间段。可能由于国内综艺节目投入大、明星价格贵的缘故，很多节目组恨不得把节目的分分秒秒都给明星安排上任务，嘉宾但凡稍有哪怕一点点"空闲"的时间，导演们就赶紧上前进行"沟通交流"。

比如做旅行类节目，一整天的行程安排得严丝合缝，甚至是在什么时间需要遇到什么样的人都提前安排得"明明白白"的。明星们也不傻，他们能感觉出来哪些是真实的，哪些是被安排的。没有任何意外和惊喜，或者净遇到些观众一眼就能看明白的"假惊喜"，做出来的节目怎么会好看呢？

嘉宾的"情绪留白"与"时间留白"息息相关。编剧在策划创意的时候如果手头所掌握的资料是足够充分，经验是丰富的，那对节目的预判就是准确的。从这个意义上讲，节目的"情绪留白"就是敢于留给嘉宾自我发挥和

第四章　综艺剧本创作通用技巧

自行处置的权力，最大程度地发挥真人秀的魅力。

罗英石的编剧们是剧本"留白"的高手。以《三时三餐》为例，在这个节目之前没人知道"慢综艺"做出来究竟是什么样。可是在节目录制的第一天，两个节目嘉宾真的就只做了三顿饭，其他什么任务都没有安排。当时节目的主 MC 李瑞镇就不断地感叹"这个节目完了，这个节目完了"。

但是节目组所有的"时间留白"和"情绪留白"所需要的正是嘉宾被"做饭"中各种无聊的小事"逼疯"的真人秀状态。

而把"留白"这件事做到极致的就是《林中小屋》了，整个节目几乎是做到了最少的现场工作人员。据韩国同行介绍，节目的大部队人员都留在至少 2 公里之外的地方，除了必要的摄像几乎没有多余的工作人员去打扰这种情绪。唯一能发布节目组指令的就是那台被称作"幸福实验委员会"的笔记本电脑。

这一点我个人是有亲身经历的，2019 年制作浙江卫视的《漫游记》的时候我仔细地研究了韩国原版的《旅行者》的节目，发现这是一个节目组几乎全程"隐身"的节目。但是中国版的编剧组在设计讨论的时候仍然延续了国内综艺"满打满贯"的设计思路，一天设计了 400 公里的行程，发现在缺乏嘉宾情绪投入的情况下绝大多数环节都是走马观花的废素材，根本构不成故事。

反而是钟汉良和郭麒麟在扎达尔这个小城的海风琴广场肩靠肩看日落的"休息"镜头成了节目最精彩的"华章"，从那一期开始之后编剧组就大幅度地削减录制行程，甚至比普通游客一天所要游览的点还要少很多。

对于演播厅节目而言，节目流程为嘉宾设置"留白"空间同样非常重要。如果你熟悉《中国好声音》的话，你仔细看他的选手在上场前都会一个人单

独待在一个满是道具箱子的小房间内。选手在这个小房间内可以练声，可以发呆，可以走来走去，总之这是上场前选手最后的独处时间。压抑过后就是聚光灯下的华丽绽放！而这一点也是被清晰地写在荷兰原版《THE VOICE》的节目宝典中的。

一言蔽之，自信的综艺编剧，要敢于对节目设计和嘉宾任务进行"空间留白"。

3. 连续的笑（看）点：A4纸原则

一档成功的综艺节目，其剧本必然是带有综艺节目特有的娱乐节奏的。这种节奏来源主要有两点：一是简单明了的逻辑线，让观众看起来不累；另外一个就是瞬间连续的笑（看）点，让观众看起来开心。这两者缺一不可，它们共同构成了综艺节目叙事的节奏性。

但是当节目还处于剧本阶段的时候，很多编剧心里其实很没底。我们策划的这个主题的娱乐性到底够不够，是否符合节目连续笑（看）点的节奏，有没有自检的方法呢？方法当然是有的，虽不能做到百分百的准确，但是却可以作为重要参考。

这个判断方法就是"A4纸原则"。我们平常使用的综艺剧本格式虽然大同小异，但是基于清晰简洁的原则在字数和页数上不会有太大差别。一般在剧本格式排好的情况下，一页A4纸是可以承载400~600之间的字数。而这样的内容，一般最后对应到成片中是3~6分钟的节目时长。

按照这样的承载量，我们以户外真人秀为例来算。如果一期节目以80分钟的时长来算的话，那剧本的长度应该在10~13页左右。如果再算上"废片率"（段落性被砍掉的内容）的话也一般不会超过15页。

而演播厅节目因为要描写大量主持人台词和嘉宾参考对话，需要的页数会更多。一般情况下一页台本（剧本）所能转化的成片时长是3分钟左右，所以一期大型演播厅真人秀的详细台本往往会比户外真人秀长得多，一般而言，加上各种商务植入会在30页左右。而选秀节目会涉及各种选手的资料以及话题点，可能还要比一般的演播厅的节目稍微长一些。

观察体验类节目剧本长度和成片转化率和演播厅节目类似，一页A4纸也一般在3~5分钟之间。那一期60分钟的节目算上"废片率"，剧本的长

第四章　综艺剧本创作通用技巧

度应该在 15~20 页。

当然，这个前提是基于我们讨论的是一份合格的剧本，"废话连篇"的剧本除外。

但无论什么样的节目，我们都可以总结出一个简单的规律：

就是在综艺剧（台）本中，一页 A4 纸所成承载的成片时长是在 3~6 分钟。

有了这样的规律，我们就可以对自己的剧本进行简单的"自检"了。对观众而言"3 分钟"内是否能够出现一个"小高潮"或者"小娱乐点"是他们判断一档综艺节目笑（看）点和娱乐性是否充足的一个重要标准。

尤其是在短视频风靡的今天，5 秒给你一个笑点的强大攻击下，"3 分钟"娱乐点的时长都是基于传统综艺节目制作经验的保守估计。

按照这样的理念来换算，在你的剧本中一页"A4 纸"中应该至少存在一到两个充满想象性的"高潮看点"。这种"娱乐点"可以是编剧掌控内的"人物冲突"，可以是一段非常精彩的表演，也可以是趣味游戏中的"搞笑点"……

总之，你要不断地根据你的剧本自检，把不同的节目"娱乐点"按照大小不断的排列组合开来。每页"A4 纸"的剧本上至少存在一个"看点"，并把它们按照节目的节奏排列组合到你的剧本中来。

4. 转折点：编剧要握有"金手指"

拉动综艺剧本的剧情节奏不断向前推进的动力一方面来自节目的规则，嘉宾遵循节目规则不断地去进行人物的挑战，另一方面就来自节目组所掌握的人为设置的"转折点"了。

所谓"转折点"，简单而言就是观众不知道而编剧知道，节目嘉宾不清楚而编剧清楚的剧情预埋因素。这些"因素"处于节目规则和具体细节之间的灰色地带。它们包含我们在"节目规则"那一小节所讨论的"不断出现违背预期的反转"，但又不限于这些。

"转折点"所提供的动力推动着综艺剧情的发展，让编剧掌握故事发展的基本脉络。像火车和车轨一样，无论火车怎么跑，剧情始终在轨道。放在小说故事中，这种设置就是主角所掌握的"金手指"，确保主角在复杂的情节中始终保持胜利。

于编剧而言，这种"金手指"就是确保剧情不断有起伏的人物、道具和

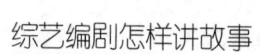

出场顺序等。

以选秀节目为例，这种"金手指"可以是连续把几个不能令导师满意，甚至是有些让导师生气的学员过后，突然把一个特别惊艳的学员安排到下一个出场，让全场情绪都为之一振的节奏提气。当然这种操作也可以通过后期实现，但是如果没有提前的安排，那就只能靠天吃饭了。

但是如果这样的素材都没有，那是"偷"也"偷"不过来的。

同时，这种"金手指"也可以是户外游戏类节目中出乎意料，但又合乎"节目规则"的特殊道具。它的出现可以给参与游戏的各方带来胜负天平的失衡，比如《Running Man》澳洲特辑中淘金小镇那一期，在最终环节出现的那个"超级星星"，佩戴上这个星星的将可以"捕杀"所有等级的"淘金者"。这样的道具就是"金手指"，它在规则之内，但是所有的人没有预料到会有这样的东西会突然出现。

同时它也可以是"情感观察类节目"中嘉宾为彼此策划的惊喜，但这份惊喜碰撞所产生的意义只有编剧掌握了全部的信息。比如说父亲为女儿准备的是童年未曾实现的梦想，而女儿为父亲准备的则是珍藏多年的记忆；在什么时间送出最感动，就需要编剧来进行策划推动。

总而言之，综艺编剧自己心里要清楚哪些地方是自己推动情节发展的"金手指"。综艺节目这么大的投入千万不能"脚踩西瓜皮，滑到哪里算哪里"。**编剧所要做的是通过嘉宾的排序、节目的道具、人物的出场信息、嘉宾的关系等信息，来不断推动情节向前发展，确保节目的娱乐节奏。**

画风：同样的节目你为什么做不过别人

对于综艺节目需要给自己的观众提供什么样的内容情绪这个问题，业界内的很多同行一直存在误解。**这种误解主要指向两个方面：第一种认为综艺节目只需要给观众提供"欢乐情绪"的内容就足够了，其他的做多了综艺也承载不了。**

另一种则认为综艺节目只提供"欢乐情绪"的内容是低级的，综艺除了娱乐还应该给观众提供安逸、感动、思辨、竞猜甚至是小恐怖、小悬疑等多种不同层面的情绪内容。这些情绪内容的存在才使得综艺节目的题材范畴显得更加多样化，满足不同观众对节目的多样化需求。

当然，在综艺节目发展的早期形态中，为观众提供"欢乐情绪"的娱乐内容是综艺最原始化的形态。这一点无论是欧美还是日韩都是沿着同样的内容轨迹走过来的。后来随着综艺节目与其他影视形式不断的融合才产生了更多样化的"情绪内容"。

但是无论综艺怎么变化，"欢乐情绪"的内容都是综艺节目最主流的选题方向。这一点从日韩综艺节目中那些大量存在的搞笑艺人就可见一斑。即使一些类似于"租房""恋爱""装修"等生活服务类节目中，他们也喜欢使用搞笑艺人来当节目的常驻嘉宾，就是希望能够更多地给观众提供更多"欢

乐情绪"的内容。

但如果是这样的话，类似于《超级女声》《创造101》《明日之子》这样的选秀类节目给观众提供的流行音乐审美却也不太归属于"欢乐情绪"的范畴。这种偶像选拔的文化反而更多了"励志"和"养成"等方面的内容。而类似于《非常6+1》《最强大脑》这些益智类或者达人类节目，观众所观看的又是知识竞猜和达人猎奇等方面的内容。

《非诚勿扰》《心动的信号》等"恋爱类"节目，当然也有综艺欢乐的部分，但是它们更多的是婚恋价值观的争论和适龄男女及其亲友"对象化"的代入感来突出节目的看点。

面对综艺节目应该给观众提供怎样的审美情绪这个问题，涉及深层次的美学问题，我们不做过多赘述。而且综艺类型不同，也不可能制定统一的标准。虽无统一标准，但是却有基础原则。

这个基础原则是：作为综艺节目，大部分应该是以"欢乐情绪"为主，但是却需根据不同类型的节目追求不同审美情绪的极致性。

我们举例说明：

如果你做的是一档户外游戏类节目，例如《无限挑战》《Running Man》等节目，那你这档节目就是以提供"欢乐情绪"为主的搞笑类节目。此时节目最重要目的就是逗笑观众，那没有什么好疑惑的，在法律和道德可以接受的范围内怎么搞笑怎么来，把欢乐的情绪做到极致才是吸引观众最重要的砝码。

但是如果节目是像《三时三餐》那样的"乡村田园风"的类型，那此时给人们提供"安逸幸福"的氛围就应该是你节目最重要的基调，此时娱乐搞笑的综艺感可以有，但这些不应该是主流。即使有欢乐搞笑，它们也应该是节目中的"配菜"，而不应该喧宾夺主。

就怕有些节目一方面想追寻"安逸幸福感"，另一方面又拼命地往里面加各种综艺游戏来追求"娱乐爆笑感"。最终是哪方面的情绪都没有做好。

以罗英石的《林中小屋》为例，这个节目就是一个完全摒弃了绝大多数综艺节目所追求的"综艺感"，而是把寂静的幸福感做到了极致。在这个节目中没有游戏，没有互动，甚至连对话都没有。虽然也是男女嘉宾，但是之间是没有交集的，只是各自在林中小屋里进行自己的生活。

而类似《创造101》《明日之子》等选秀类节目，不同选手"偶像风格"的极致碰撞，以及紧张充满悬念的选秀赛制等，给观众带来的音乐舞台秀的审美和晋级悬念，新创赛制所带来的新鲜仪式感，都是把这类节目的情绪推到极致的重要体现。

《心动的信号》《我家那闺女》《做家务的男人》这一类的观察体验类节目所体现的审美情绪又有所不同。这类节目需要挖掘生活中真实的"小暧昧""小温暖"和基于真实关系互动的情感共鸣。同样也不能把"综艺搞笑"作为这类节目的唯一评判标准。

一言以蔽之，不怕你的节目做得不够娱乐，就怕你的节目情绪不够极致。 在同类型的节目中把该类节目所需的情绪做到极致，那节目带给观众的冲击肯定不一般。

但是让很多业内同行困惑的是，"情绪极致"这一策划要求先不说做到有多难，就算是做到了跟同类节目持平甚至是略胜一筹的水平。节目在观众中的反响可能仍未达到预期水平。

这就涉及综艺节目创作中的另外一个策略了：保持独特的画风。

作为影视艺术，"画风"是一个综艺节目呈现给观众的总体画面风格。好的综艺节目一定是具有其他综艺无法"同框"的特点的。提起这档节目大家一定会第一时间想到它的代表性画面、主题音乐、嘉宾、包装甚至是独特游戏环节等。

比如五年前一提到《奔跑吧兄弟》这档节目，大家脑海肯定首先想到的撕名牌的环节，搞笑的游戏，甚至陈赫出场时搞笑的个人主题音乐等。在"跑男"推出之前的综艺竞争中，当时还是"达人秀""好声音"等演播厅节目大行其道的时候。而"跑男"一经推出，独特的"画风"一下就吸引了大批年轻的粉丝。

"跑男"火了以后，随后就出现了一大批户外游戏类综艺。各方都想在这个品类内抢占一席之地，遗憾的是由于这个"画风"的节目已经被"跑男"抢占了，其他的节目哪怕做得水平相当，也很难在观众中留下更为深刻的印象。

在户外游戏类节目的竞争中，只有《极限挑战》算是在"跑男"之后的户外游戏类节目中立稳了脚跟，做出了自己的风格。与"跑男"不同的是，

"极挑"走的是"益智剧情"的风格,它更强调不同嘉宾在一起通过"智斗型"的游戏来决出最终的胜者,而且它的游戏相对"跑男"而言也更加"烧脑"。

而且"极限三傻"和"极限三精"的人设树立得也相当成功,在这种情况下它的"画风"已经跟"跑男"做出了区别。

在户外游戏类节目的同质化竞争中,湖南卫视随后推出的《向往的生活》则随后开启了新的综艺"画风"。这股反都市化浪潮的"乡村田园风",从韩国的综艺圈刮出,同样兴盛于中国的综艺荧屏中。

在"向往"这档节目中,蘑菇屋、土地、农作物、家禽宠物、明星自食其力;被弱化的导演和规则;同时田园相聚的轻松和愉悦;迅速在国内开启了一股慢综艺的风潮。

其实单论综艺搞笑,论节目悬念,《向往的生活》和"跑男""极挑"这类娱乐性更强的节目相比还有较大的一段差距。但是它胜就胜在整体的综艺环境中"画风"太不一样了,加上何炅、黄磊两位阅历丰富、情商高的聊天能力,观众就是迅速地被这种新鲜的节目形式所吸引。

而一旦《向往的生活》"慢综艺"的"画风"在观众里形成固定的观赏印象后,其他同类型的节目想再次在同类"画风"的节目站稳脚跟,所需达到的可能是前者的两倍甚至三倍的成本和精力投入方能实现目标。除非它可以找到明显区别于前者的"新画风"。

就算同为选秀类节目,它们的赛制、舞美和仪式感的不同也造就了"画风"方面的强烈反差。以中国选秀节目的鼻祖《超级女声》而言,"画风"和之前专业的"青歌赛"相比就存在着很大的区别,"超女"的参赛者完全是从普通的年轻女孩中去选取的,真正做到了比赛初期所宣传的"0门槛"承诺。

选秀节目的内核就是一个"金字塔"式的晋级之路,这类节目模式的更新就在于不同方向及赛制所形成的更为新鲜的"画风"。以《创造101》为例,这档节目的选手定位为经纪公司的"练习生"。相对于20年前的"超女"而言,这档节目的所有选手都是专业的。如果说"超女"比赛的初选是"菜鸟互啄"的话,那"创造"绝对可以称得上"神仙打架"了。

"创造101"一开始就是残酷的"才艺评级",说实话能成为娱乐公司的练习生本身就已经达到了专业水平,而能被经纪公司派来参加比赛很大概率上也是优中选优。而杨超越是个例外,她可能一开始是被放在节目中负责调节气氛的"鲶鱼",只是谁也没想到她最终能走这么远。

一档节目有一档节目的独特"画风",对节目中不同的特辑或者单期主题而言同样需要给观众带去常看常新的"画风"。比如"无挑"每年的"无限歌谣祭",除了保持"无挑"欢乐的画风之外,还多了一些音乐选秀的仪式感和竞争性的内容。

最后用一小段话对这节的内容做个小结:

做综艺节目首先分清节目的"情绪"类型,是搞笑的还是温馨的,是燃情的还是炫酷的,是怀旧的还是潮流的……只要分清了这些,是"快综艺"你就拼命娱乐,让观众开心;是"慢综艺"你就给观众温馨,让观众在你的界面中得到温暖和安逸。

同时,一个成功的节目一定能让观众牢牢记住它的"画风",它有属于自己的画面、音乐和角色。只要一提起这档节目观众的脑海里就会浮现专属于这档节目上述"画风"。成功的节目模式是如此,成功的特辑和主题策划亦是如此。

总结为一句话就是:情绪极致,画风独特。

第五章
综艺节目嘉宾

节目嘉宾：综艺故事成败的关键因素

综艺节目嘉宾，指的是在综艺节目中遵循节目组创作意图，以个人真实身份或真实的性格来完成节目规则所赋予"规定任务"的节目参与者的统称。

狭义上说，节目嘉宾一般指在这个节目中充当主要角色或主要记录对象的节目参与者。有的节目组叫"常驻嘉宾"，有的则跟随日韩的叫法称之为"MC"（司仪 主持 Emcee 的缩写）。而在常驻嘉宾中也有"主咖"和"副咖"之分，用以区分嘉宾在节目中所担任的不同的功能。

而广义上的节目嘉宾则包含了一切在节目中出现的人物角色等，只要在节目中有一定的戏份和台词都可以算作节目嘉宾的人员范畴。比如说在很多综艺节目中 NPC（非玩家角色）也应该算作节目嘉宾的范畴，因为他们以自身性格参与到了节目进程中，对节目整体综艺效果产生了影响。

比如说早期 Running Man 节目中的高东万 PD，总是在节目中扮演各种各样的 NPC 角色，他的出现也大大增强了节目的综艺效果。而我们所讨论的节目嘉宾的定义是基于广义的概念而并非局限于狭义。

在综艺节目的"嘉宾""规则""情境"这三个要素中，"嘉宾"作为"人"

的要素占据着非常重要意义。人们常常把影视剧演员对编剧和导演意图的实现称为"二度创作"。但是对于综艺节目而言，嘉宾和导演编剧的合作甚至不能称为"二度创作"，他们参与的创作应该归于"首度创作"的范畴。

对于综艺节目而言，真正的"二度创作"在后期制作流程中，这个我们在后面的章节再详细讨论。

首先，对于综艺节目而言，嘉宾的气质决定了节目的气质，嘉宾的性格赋予了节目以性格。

这一点是韩国"跑男"引进到国内时韩国的编剧团队反复强调的。当初在传出浙江卫视要引进韩国的"跑男"这档经典模式时，很多国内的"跑男粉"在网上呼吁求"放过"。他们反对的最主要理由就是国内找不出七个与原版节目性格组合契合度高的节目嘉宾。

当时韩国的编剧团队提议人物性格不必逐一对应，但是角色功能却需小异大同。也正是在这样的指导思想下组合出了当时的"跑男阵容"，节目架构相似，但是中国的整体节目气质却还是与韩国保持了相当不同。与韩国原版相比，中国"跑男"的阵容更加时尚和年轻，整体气质也偏"电影范"。

一档综艺的创意策划过程中编剧首先需要考虑的就是嘉宾与这档节目的整体契合度。在平常的综艺节目创意中，一旦节目的创意主框架成形，最先列出的就应该是嘉宾的阵容组合。**在传统的工作方法中，编剧组一般都会列出A、B、C三种不同的组合方案，优先级依次递减。如果是素人节目的话，那挑选的余地还是会更加大，往往会联络相关的行业协会或者是网络群体寻求合作。**

但是真正的嘉宾阵容确定后节目方案一定会根据嘉宾的实际资料调查进行相应的调整。这种的调整主要基于嘉宾的性格、作品、经历、人物关系与节目流程之间关联而做出的。

如果你在创作剧本的过程发现上述要素中与嘉宾关联的程度越高，你脑海里浮现的预判综艺点越多，越说明你选的嘉宾越合适。尤其是排在第一位的嘉宾性格，这个要素在极大程度上决定了节目综艺感的丰富程度，同时也决定了这档综艺"真人秀"因素"真人"程度的高低。

在日韩很多看似严肃的综艺节目主题，他们却能做得综艺感十足，其中非常重要的原因就是这两个国家存在大量以综艺为生的艺人，会用自己的性格和娱乐天赋让整个节目充满综艺感。但是在中国在综艺嘉宾的挖掘和培养上还有很长的路要走。

其次，综艺主创团队要根据节目嘉宾的性格和形成的人物关系不断地调整节目的方向。

我们在讨论综艺故事的创作特性的时候曾经提到一个特点，综艺剧本的创作属于"框架性"的创作。也就是说综艺节目在策划之初就只有一个大的"框架"说明，大致描述这个节目要干什么，怎么做，大致有哪方面的选题等，具体到每一期的详细主题其实是很难做到跟成片呈现完全一致的。

这一点跟影视剧本有很大的差异，大多数影视剧本在开拍之前故事情节甚至包括详细的台词都已经完全地敲定。导演、演员和各职能部门只要按这样的故事情节准备就行，故事走向很少有大的改动。即使是边写边拍的韩国电视剧，在开拍之前每期的分集大纲也都是在播出部门备案了，如果不做到这些其实电视台是不敢出资投拍的。

但是综艺节目只要能有节目模式的详细描述，只写出个两三期的剧本就会被立项拍摄了。为什么不像电视剧那样把后边的主题和分集大纲都确定了再开拍呢？一方面原因是综艺节目的时效性，它需要结合社会热点来创作。另一个原因就是因为综艺嘉宾在节目中的性格和人物关系立住了之后，编剧组是需要以这些内容为基础创造新的主题和内容策划。

感兴趣的话你可以去看看韩版的"跑男"和"无挑"，诸如"背叛者联盟""星期天情侣""你的名字"等特辑。要么是基于当时的热点新闻和热门 IP 做出来的，要么就是根据嘉宾的近期热搜和人物关系做出来的。在综艺节目中，嘉宾的个人性格和彼此之间的人物关系是节目内容的重要来源之一。

甚至很多我们以为"嘉宾元素"与节目内容关联不大的选秀类节目，其实更受这些因素的制约和影响。选秀节目在选手确定前摆在节目组面前的只有一个空荡荡的"赛制"。只有等到人物确定之后谁与谁竞争，以怎样的形式竞争，以及这中间哪几位导师的团队之间之前有过怎样的"恩怨情仇"，用这些东西才能策划出接下来的剧本，否则一切都空谈。

第三，节目粉丝因嘉宾而对节目产生持续的关注，嘉宾角色立住了节目才算立住。

综艺节目是因"人"（嘉宾）的因素才立起来的，所以一档成功的综艺节目首先要做的事就是立起大家可以记住这档综艺所需要的"人设"。最明显的例子就是播出了二十多年的《快乐大本营》，以何炅为核心的"快乐家族"主持群体迎来送往地成为一代又一代人的青春回忆。"快本"的节目形式换过很多次，但是快乐家族却是基本稳定的。

因为综艺节目的选题要紧扣时代的，基本上内容需要常换常新。但是这些新的内容却需要观众所熟悉的角色让他们快速代入节目内容。而且每个嘉宾在节目中的人设和形象经过磨合基本上已经固定下来了，观众一看到他就知道这个人是什么性格，在节目中主要承担什么角色，进而就会对他下一步的表现产生强烈期待。比如韩综《Running Man》中由李光洙、池石镇和哈哈组成的"背叛者联盟"，观众只要看到他们三个人就会期待接下来即将上演的"背叛"戏码。

这些嘉宾通过"人设"形象的不断累积，会让观众对他们接下来的表现产生持续的关注，从而为节目带来持续的热度。

在这里要特别提醒一点，我们一般把节目的第一期(或头三期)称之为"立人设"的重要阶段。在这个阶段观众看的主要是嘉宾的性格和各个人物之间产生的初步关系，所以此阶段的节目任务要设置得比常规的节目尽量轻巧或易于完成。多策划些容易在嘉宾之间发生互动或有利于促进人物关系，展现人物性格的内容。切不可为了盲目追求内容的丰富性，让节目初期的策划目的产生了偏差。

一般情况下综艺节目第一阶段的嘉宾人物角色立住了，后边的策划即使不那么精彩，观众也会因为这几位嘉宾的存在而对节目产生持续的关注。

最后，因嘉宾个性特征而创意节目已经成了综艺节目研发中的主流。

我们在讨论综艺剧本创作特质的时候曾经提到，综艺节目的故事创作是以资料为支撑的"框架性"故事创作。这些资料中最重要的就是有关节目嘉宾的个人资料，在嘉宾"个人资料"的基础上与场地资料、故事背景资料相结合从而创作出观众喜爱的综艺节目。

所以一个新的节目模式是否能移植到另一个地方的非常重要的一个考察因素就是嘉宾的角色契合度是否够高。笔者在2018年的时候曾经在个人公众号发表的《模式借鉴的关键是什么：九成节目失败在这一步》文章中就曾强调，

第五章　综艺节目嘉宾

我们在借鉴韩国节目时往往不注重分析原模式中人物嘉宾的性格和彼此之间原有的人物关系，而强硬地把一些明星组合到一起。他们在一起本来就不熟，还要按照韩综原来的设计进行环节设置，结果导致节目尴尬无比。

而以罗英石导演为代表的韩国综艺圈近年来开始兴起了一股因嘉宾而设节目的风潮：像因"两天一夜男团"组合而创意的《新西游记》；《中餐厅》的韩版原模式是因尹淑珍和李瑞镇的私人关系而设的《尹食堂》；因姜虎东的玩笑而设的《姜食堂》；包括2020年因李秀根而设的《李食堂》等。

除了"餐厅系列"，还有因李孝利和她的"丑老公"李尚顺而设的《孝利家的民宿》；因安宰贤和具惠善而设的《新婚日记》；因都喜欢咖啡而聚在一起柳演锡、孙浩俊等人设置的《咖啡之友》等这样的节目研发方式，这些基于人物关系而研发综艺节目，中国的综艺同行们如果不认真研究人物关系，单纯靠模式照搬，是很难有原节目味道的。

幽默的罗PD在一次采访中说："我们的节目真的不贵，如果买正版的话，还可以透露细节处理的TIPS，直接照抄其实会更累。"而这些细节的"TIPS"其实最多就是嘉宾人设的树立和人物关系之间的互动说明。

如果抛开节目嘉宾去单纯地模仿节目模式，那这档节目最终做出来也很可能会"尴尬"无比，这样的节目例子在网上有很多，用心去找你会发现一大堆。

专业演艺型嘉宾甄选技巧

综艺节目的专业演艺型嘉宾通常是指那些在大众娱乐行业中以演艺娱乐事业为主业，且在大众中有一定知名度的嘉宾群体。对于整个娱乐市场而言，综艺节目的专业演艺型嘉宾尤其是认知度很高的艺人嘉宾，到底扮演着怎样的角色和功能？要想说明白这个问题，我想我们需要把综艺节目的存在的场景简单化和原始化。

我们把时间倒退至工业文明之前的社会，倒退至那个没有大众传媒的农业社会时代。人们在日出而作、日落而息的小村落里的时候，最重要的社交和娱乐活动其实就是三五成群地聚集在一起，彼此讨论与自家关系不大却能引起大家极大兴趣的村里公众人物之"家长里短"。

《人类简史》曾经提出过一个非常有意思的观点。这种观点认为人类之所以能够从众多的生物群体中脱颖而出的重要原因就是"想象力"和"八卦能力"。不要小看"想象力"，从早期的"部落"，到现在的"国家""民族"等一系列概念都是靠人们想象出来的。举个简单的例子，狮子可以看到眼前的猎物，但是它们永远想象不出食物制作精美的宴会。

同样，也不要小看"八卦能力"，它是凝聚人类从小群体到大社会的重要功能。你可以随便回想一下，你为什么跟某个人关系好？最重要的原因就是你们之间可以分享很多共同的"秘密",没有共同的"秘密"是成不了亲密朋友的。

但是人类的脚步进入工业化社会以后,人们的聚集方式和生活方式发生了巨大的变化。小村落逐渐变成了大都市,农业生产也逐渐被新的职业所取代。与传统的农业社会相比,人们的生活圈子和工作圈子逐渐被分割开来。

在工作中除了"咖啡角"和"抽烟室",同事之间彼此交换"八卦"的时间和空间其实是极其有限的,更何况工业社会的利益关系比农业社会复杂得多,更不可能随便分享。而在生活中一个小区住了上万人,彼此之间由于陌生,即使住得再近彼此之间也很少会分享私密信息。

而此时由大众传媒所带来的各种娱乐八卦就为人们提供了绝佳的"社交货币",充分满足了人类自古就有的"八卦心理"。而在农业社会的村头街角大家讨论的是村里的"公众人物"。当城市化进程来临之后,人们就需要讨论我们所熟知的明星艺人了。

所以这也是为什么越是发达的现代社会越需要"公众人物"的本质原因,歌曲、影视剧等文艺产品是产生"公众人物"的市场手段,而综艺节目则是供人们消费公众人物和产生"社交货币"的大众方式。这也是为什么综艺节目非常依赖公众人物的根本原因。

从上述可知,虽然社会在发展、人类在进步,但是人们的社会关系的最基础组织形式和交往关系的底层逻辑并无变化。从这一点来看,综艺节目使用专业演艺型嘉宾来创作内容,其底层逻辑就是把当今都市社会里所发生各种具备"公众话题"潜质的事件以综艺的手法呈现出来。

分析清楚了综艺节目的运行本质,以及专业演艺型嘉宾和综艺真人秀之间的真实关系之后,其实综艺节目在选择专业演艺型嘉宾上还是有一定的规律可循的。我们简单地总结规律如下,以供各位在未来工作中参考。

1. 嘉宾艺能度>知名度

我们在前文中曾经讨论过,综艺节目相较于影视剧等形式最主要的差别就是介于虚构和真实之间。它具有强烈的时效性,这种时效性的表现就在于把当下社会生活中有话题讨论度的"时效"主题以综艺的手段表现到节目当中。这一点是综艺节目话题的最重要来源,而另外一个重要来源就是嘉宾自

身所带有的话题点。这些"公众人物"天生就可以给节目带来话题和关注度。

不但在综艺节目中，在国内影视剧对于明星的依赖程度有过之而无不及。可以说一部没有明星的电影，在院线的排片率都是非常惨淡的。但是综艺和电影又有所不同，电影只要观众买了票，对于出品方而言这部电影在经济利益上的使命就已经完成了。

电视剧虽然没有电影这样"霸道"的属性，但是只要明星能把观众吸引进故事情节，剩下的事就是故事和剧情的事了。

综艺在这个属性上是天然吃亏的，因为综艺的内容进行方式是"主题式"或"特辑式"的。综艺和社会生活结合非常之紧密，它需要不断地在当下生活中提炼主题和营造话题。往往"主题"与"主题"之间，"特辑"和"特辑"之间也不存在特别紧密的联系。

而这些"主题"和"特辑"就需要嘉宾以综艺特有的方式呈现出来。这些艺人呈现综艺感的方式我们称之为"艺能感"。

韩国资深编剧郑淑女士在其专著《韩国影视讲义2：综艺》中以一个章节的篇幅专门讲述"综艺节目故事的四大元素"。这四大元素分别是"说话形成的故事""肢体形成的故事""角色形成的故事"和"情境形成的故事"。其中的三大元素其实都属于嘉宾的"艺能度"的范畴，综艺节目需嘉宾艺能提供源源不断的综艺元素。

长期活跃在日韩两国综艺荧屏上的艺人都是以专职的综艺人为主，业内习惯称他们为"嘎嘎们"（Gag Man）。他们把上综艺当做养家糊口的谋生手段，而且他们非常了解综艺的运行规律和观众的嗨点，知道每个环节编导想要什么样的效果。

但是目前国内的综艺却刚好相反，对于出品方而言，由于有资本的加持，所以多大的咖位综艺都敢请。只要嘉宾的知名度足够，有没有艺能度无所谓，只要凭借这些嘉宾的名气把观众吸引过来就行了。

我们不可否认，嘉宾的知名度对前期节目的宣传和引流具有非常重要的作用。但是对节目的持久度和生命力却是有着非常不利的一面。因为知名度高的明星把观众吸引过来只是第一步，后面更重要的留存度就需要靠节目的策划创意能力和嘉宾的艺能功力了。

同时，这一点也可以解释为什么很多经典的综艺模式在日韩可以播十年甚至二十年,但在中国往往播出两季之后就开始呈现疲态。甚至很多节目头三期由于把原模式中最精彩的主题拿来做,嘉宾阵容又新鲜,出来的效果往往是"炸裂"的,但是后面的节目内容由于创意缺乏就慢慢变得乏善可陈了。

对于综艺制作人而言,如果想让节目有生命力和获得持续的关注度,选一个艺能度高的专业演艺型嘉宾远比选知名度高的嘉宾有用得多,当然如果两者可以兼得是最完美的。即使不能兼得,高命名度的演员可以请,但是请不要忘了同时加入艺能感高的艺人。判断明星艺能度的标准也很简单,就是把他以往的节目都翻出来进行笑点的统计。他本身在一档节目中能够创造的非节目组策划的笑点越多,越能说明他的艺能度高。

2. 嘉宾话题度＞自身成就

一个好的综艺节目嘉宾首先应该具备的就是充沛的艺能度。艺能度越高给节目带来的娱乐性就越大。其次,好的综艺节目嘉宾最好是自带话题度,即看这档节目的观众对该明星的好奇程度很高。

这也是为什么很多观察类综艺必须要用明星或者至少要加入明星的重要原因。即使是素人类的观察类节目,要想获得好的收视也必须加入具有话题度的明星艺人。节目相当大的一部分看点来自专业演艺型嘉宾对这个话题怎么看,以及他们自身有没有类似经历。一般把这种看点称之为观众的"窥私欲"。

在我们日常选择嘉宾的时候经常会陷入一种误区,即嘉宾的自身成就越大,咖位越高其自身的话题度也就越高。所以在请专业演艺型嘉宾的时候很多节目组很喜欢扎堆在一线二线的大咖艺人中做选择。

但是艺人自身的咖位和话题度并不总是成正比的。很多明星虽然已经达到了一线甚至是超一线的咖位,但是他们的团队出于人设维护或者形象公关的考虑,其话题度却长时间内处于不温不火的状态。这个时候我们再去邀请他出演某档节目其实性价比非常低,而且配合度往往也很低。

所以在邀请明星艺人来参加一档节目时,首先应该看的一点就是确定他是不是处于上升期。这是经过很多综艺节目播出效果充分验证的结果。处于上升期的艺人在整个节目中的整体状态也是不一样的,很多细微镜头细节都可以向我们传递这一点。而且处于上升期的艺人顾虑少,敢于表现。但是处

于瓶颈期或下降期艺人在镜头中往往充满了各种犹豫和顾虑。

处于上升期的艺人其本身的话题度也非常高,观众对他们的方方面面都在热切的关心和讨论中。话题度高的明星在业内习惯称之为"热搜体"或"流量体"。当然由于经纪公司运营和粉丝组织的逐渐成熟,很多艺人也存在人造的"假热搜",需要注意甄别。

判断一个专业演艺型嘉宾的话题度是不是真实的流量,最简单的方式还是看作品。看他近期是否有比较成功的作品上市,这些作品是不是在热烈的讨论中等。有了这些基本的判断,选出有话题度并且适合节目的嘉宾并不难。

对于综艺制作而言当同一个嘉宾身上其实很难兼具艺能感和话题度,如果有那真是一档综艺节目莫大的幸运。所以最常见的做法是常驻嘉宾更强调艺能感,因为要保证节目的持续性,就像韩国的刘在石和姜虎东。而飞行嘉宾则更强调话题度,能够请来那些正处在上升期嘉宾可以为节目带来新的流量。

同时,几位常驻嘉宾也可以按艺能担当和话题度担当的方式进行分配。这一点组合得最好的是浙江卫视的《王牌对王牌》的常驻嘉宾,比如沈腾、贾玲和欧阳娜娜、华晨宇等组合方式,有兴趣的读者可以再去仔细研究一下。

3. 嘉宾自身性格＞演技

我们再把话题说回到综艺嘉宾最重要的能力——艺能感上。综艺嘉宾的艺能感来源于哪里?最常见的看法是来源于长期的综艺节目训练和嘉宾自身不断练习等。如韩国的刘在石和姜虎东早期的主持风格都还非常的青涩,艺能感略显稚嫩。但是当节目主持得多了之后,整个控场的能力,造梗和接梗的能力都有了非常明显的提升。

但是通过经验的总结我们发现,艺人的艺能感很大一部分来源于其自身的性格。尤其是对一名综艺新人而言,在综艺节目经验不是很丰富的时候自身性格所带来的艺能优势其实是其他方面的能力无法比拟的。

影视剧所需要的能力跟综艺相似,但是也有很大不同。比如对于影视剧演员而言,判断他们是否是好演员的唯一标准就是演技。角色诠释能力和情感传达能力决定一名好的演员所能抵达的高度。但好的演员未必适合出演综艺,很多韩国顶级的电影演员就从来不出演综艺节目。

第五章　综艺节目嘉宾

中国的情况也类似，就像演员胡歌形象好气质佳，而且话题度和演技也是一流，在各种影视剧中塑造了非常多的经典角色。但是他本人却从来不出演综艺节目，以往的很多综艺节目中也尝试过邀请胡歌，但是得到其经纪团队的答复是：胡歌自身的性格不太适合上综艺，为了保护他的个人形象我们也不上综艺。

这一点胡歌的经纪团队确实做得很明智，一个明星艺人在自身的艺能风格还没有确定的情况下判断能不能上综艺的最直接标准就是性格。综艺节目本身就是嘉宾以个人身份或个人真实性格到规定情境中去完成规定任务。在长时间的镜头记录下真实性格其实多少都会暴露在观众面前。

所以影视剧挑演员看演技，但是综艺挑选嘉宾则需要扎扎实实的看真实性格是否有趣。尤其是当一个明星从没有参加过综艺的时候，判断他能否胜任一个综艺咖的最重要标准就是看他生活中的真实性格。

典型的例子就是《奔跑吧兄弟》中的嘉宾陈赫和Angelababy。这两位明星就是性格有趣程度大于演技的典型代表。有人可能说，不是啊！陈赫的演技很好啊，你看《爱情公寓》里的曾小贤演得多好。不是说陈赫的演技不好，而是他自身的性格特征太鲜明，以至于演技被个人性格所掩盖。无论是《爱情公寓》里的曾小贤还是《极品家丁》里的林晚荣都充满了陈赫本身的性格特点。而Angelababy在综艺中所展现的真性情仍然让她吸粉颇多。

当然，不同的节目对嘉宾性格的要求也各不相同，就像《三时三餐》里的李瑞镇，那种婆婆妈妈的性格也正好适合这种休闲类的轻综艺。而在老罗另外的一档实验性综艺《林中小屋》里，沉默寡言的大叔苏志燮则成为节目的最佳人选。

所以兵无常势水无常形，运用之妙存乎一心。在创作的基本规律掌握后，就要在实际的操作中不断地实践和创新了。

素人真人秀嘉宾甄选技巧

素人，在汉语的语义中为平常人、普通人等。在真人秀等综艺节目的制作中，素人嘉宾的概念一般专指那些不以演艺或者表演创作为生，因节目内容需要而参与到节目录制当中的节目嘉宾。

在欧美的真人秀中往往素人的才是节目主流。西方的真人秀特别喜好设置巨额奖金，然后设置残酷的节目环节，看普通人在奖金和节目规则的刺激下所展现出的真实的人性对决。

比如说初创于荷兰并风靡欧美各大国家的经典模式《老大哥》。这档节目是欧美生存真人秀的鼻祖，节目会设置一个与世隔绝的房子或者庄园，"老大哥"是节目规则的制定者和推动者，每个参与的人员都需要按照已下达的任务完成自己在节目中的生存目标，否则就要淘汰。

而最终的幸存下来的人将获得巨额的奖金。节目中的合作、结盟或者背叛等各种策略，都为节目带来了极大的看点。但是这些看点在东方文化体系中价值观判断而言很多可能是无法接受。

所以在亚洲尤其是以中日韩为代表的东亚文化圈里，残酷的生存式真人秀并不是特别流行。以中国"儒家文化"为中心的道德观中更讲究中庸、平和以及内敛的人际关系相处模式。所以发展较早的日韩素人真人秀方面即使是以素人为主观察视角的节目，近年来也往往喜欢加上明星的观察、讨论和竞猜等元素。

我曾经在公众号里写过一篇名为《素人真人秀"法则"：合适价值观框架内的大尺度冲突》的文章。在这篇文章中我曾经分析了一个叫"认知期待"的概念，即观众对某一作品的期待程度是与自己过往对此作品相关的人和事物认知程度成正比，也就是说这个作品里我熟悉的元素越多对作品的期待程度就越高。

当然，期待的程度也是有边际效应的，太熟悉了也难以激起人们的兴趣。但是如果全部是陌生的元素那肯定更加激不起兴趣了。

总体而言，无论是欧美还是东亚，人们之所以降低对人物的"认知期待"来看素人综艺节目，所要看的就是节目那些价值观争论和冲突所带来的极致故事感。一档素人节目做不出价值观话题输出，做不出极致的故事感，那这档节目在娱乐化内容极其丰富的当下社会是几乎不可能生存下去的。《变形计》看的是命运安排和子女教育的价值观冲突所带来的极致故事感，而《Heart singnal》看的则是年轻男女在恋爱择偶价值观冲突所带来的极致故事感。

对于不同的素人综艺节目而言，选择嘉宾的标准也不尽相同，但是就素人真人秀节目的实操经验而言，以下几条标准可供大家在不同类型的素人节目中侧重不同方向进行参考使用。

1. 真实性（真诚度）

真实性是对所有素人真人秀类嘉宾甄要求的首位标准。我们在前文讲到，素人节目最能吸引观众的因素就是极致的故事感。极致故事感最重要的来源就是我们真实而滚烫的生活。我们对一档素人节目最真心和通俗的一句褒奖就是：这样的故事让编剧编都编不出来啊。是的，很多精彩的素人故事是编剧的脑洞想象不出来的，这就是源于社会万象的素人节目的最大魅力所在。当然，素人节目的真实性也建立在节目组不主动造假的基本职业操守上的，那属于职业道德的范畴，我们在此不做展开讨论。

前文中我们提到过的《守护解放西》就是一档把素人真实性做到极致的纪实娱乐类节目。这档节目2019年在哔哩哔哩网上线，以长沙坡子街派出所民警真实的出警任务为故事内容。大量真实警务工作"炫酷"内容和解放西这条长沙市最繁华街道上发生的"人间奇事"为这档节目带来了极致故事感。让众多哔站的网友感叹"比造假的综艺节目好看太多了"。

此节目与以往警务类纪录片最大的区别就是它把过去"要案回顾"式的"过去式"讲述方式,变成了以综艺娱乐化的手法呈现的"现在进行时"。所有的警务人员都是真人出镜,所有的当事人都是真人事实。节目组就跟随着这个派出所的警务人员实时跟拍,采集了大量素材故事之后再进行综艺化的后期制作。**真实化的素人嘉宾,极致化的素人故事,再加上综艺化的时尚制作手法是这档素人节目是能够脱颖而出的重要因素。**

素人嘉宾的真实性也和其真诚度关联度较大。真诚度跟嘉宾的性格、身份和成长经历息息相关。我们在日常生活中评价某个人很真实的时候,大致的含义是指这个人的性格和为人真诚、真性情,不伪装也不矫揉造作。或者从另一个侧面来说明就是这个人是否在日常生活和镜头下不会给别人造成疏离感和刻意感。我们日常生活中评价某些人"端架子""讲场面话""装"等词其实就是对其在社交中缺乏真诚度所做出的负面评价。

我们可以通过一个不是十分恰当的例子来进行理解。我国游泳世界冠军傅园慧在2016年里约奥运会游泳项目的赛后以一段非常真性情的"洪荒之力"的采访迅速让全国观众记住了这位真性情的浙江姑娘。这段采访之所以能够走红,很大原因就是她在采访中所表现出的那种真性情,没有刻意去压抑她的兴奋和开心。并不是说其他的运动员不真诚,而是傅园慧的真实的个性太突出了,给人的印象太深刻了。这是一个便于大家理解的比较典型的例子。后边我们要谈到的"性格化"的元素也跟真实性相辅相成。

2. 偶像化

在嘉宾的选择上另一个"半公开"的秘密就是偶像化。所谓素人甄选偶像化指的是在素人嘉宾选择时以嘉宾的长相、气质、性格和人格魅力为重要的考量标准的甄选方式。在业内同行通俗把它称之为"观众缘"。这一点不但是素人类的综艺,在明星综艺中也基本上遵循这一原则,即节目要选择能够让年轻的观众在看到嘉宾的第一时间就会因他们的容貌或人格魅力而产生好感的人。

就好像影视剧中漂亮或者帅气的主角在遭受挫折或者磨难的时候,我们非常自然而然地就站他们这一边,希望胜利的天平朝他们这边倾斜是一样的。在综艺节目中选择素人嘉宾的原理也是一样的,必须让观众看第一眼就能对这位嘉宾产生好感,并有兴趣关注他接下来要进行的任务。

近年的素人真人秀模式中,选人"偶像化"这条标准执行得最为典型的

第五章 综艺节目嘉宾

应该是《Heart Signal》这个节目模式。以腾讯视频的《心动信号》为例，从几个素人嘉宾的挨个亮相就可以看得出节目组没少下功夫。

首先，角色的选择上不能简单以"帅气"或者"漂亮"来定义素人嘉宾的长相。因为是电视上的相亲节目，所以观众很自然地就会怀疑到节目组会不会请演员来进行身份造假，从而影响到整个节目的真诚度。嘉宾身份造假放在十年前有节目组这样做，但是在信息如此透明的今天所带来的负面效应是得不偿失的。

但是怀疑是人的天性，所以素人类的节目所选的"偶像化"的标准与影视明星还略有不同。首先，长相上是必须拒绝"网红脸"或者"整容脸"的，这一类人观众一看就是来赶通告的，真诚度缺失。尤其是"心动的信号"这类节目嘉宾首先漂亮得要让人舒服，就好像你在商场或者健身房遇到那种好看又清新自然的美女或帅哥。而且你可以用心观察在《心动的信号》出场的男女嘉宾，他们画的一般都是生活妆，衣服都是以商务休闲为主。一切都是为了让你相信这些角色都是生活中随处可见的邻家美女或街头帅哥。

素人真人秀中素人嘉宾的选择上"偶像化"到底有多重要，我们其实还可以通过韩综的一系列节目来强化对这一概念的认知。

比如韩国的《幻影歌手》《超级乐队》《Miss Trot》和《Mr Trot》这几档在韩国很火的素人选秀类节目，几乎都是用"偶像化"的素人来重塑某一类音乐表演艺术。《幻影歌手》抛弃人们对美声歌曲都是由帕瓦罗蒂式的胖大叔来演唱的传统印象，找了一批长得很帅的帅哥来比拼，《超级乐队》走的是同样的道路。

（《Miss Trot》相当于青春靓丽的美女来唱民族经典老歌）

而由韩国传统的民谣"TROT"音乐所引发的《Miss Trot》和《Mr Trot》热潮,更是摆脱这些歌曲只有中老年在演唱的刻板印象,全部寻找的韩国各行各业长得最帅或者最美的年轻人来演唱这些歌曲,一下子让这一类型的民族音乐受到了全民的追捧,更是破了韩国保持多年的收视纪录。

"偶像化"的嘉宾选择标准在业内也是存在些许争议的。比如很多人可能会说我做选秀或相亲节目的时候可以用偶像化的标准来筛选嘉宾,但是生活服务类节目、专业性强的知识类节目、真实感更强的纪实娱乐类节目也按这个标准来选择吗?那岂不是会和节目制作初心理念相冲突?

这个就属于见仁见智的实际操作问题了。我个人的建议是结合你的受众、平台以及你想要给节目赋予的气质来做平衡选择。这就好比武术练习中的招式套路在实战中应用一样,你在开始练习的时候要一招一式地做好基本功,但是一旦到了实战就应该扬弃所有的招式和套路以技击胜利为第一目的。专业性较强或者是纪实类节目的嘉宾选择中,当偶像化因素与其他因素相悖时,专业能力和身份背书肯定是第一位的,不可能为了嘉宾的偶像气质来牺牲节目的真实性和专业度。但是如果你就想做一档时尚养眼的素人节目,那么牺牲部分专业性来满足偶像化的标准也是不同制作人的风格选择。

3. 性格化

性格化,是素人节目嘉宾甄选的另一重要选择标准。对于综艺节目而言,角色的性格不是像影视编剧那样可以凭空塑造的。影视剧角色只要情节和台词设计好,那角色的性格很快就能够在剧情中凸显出来。但是综艺节目嘉宾性格是由嘉宾自带的,尤其是对于没有多少表演经验的素人而言,其本身所带有的性格的真实程度和烈度就已经决定了节目后续的故事框架的丰富程度。

通常而言综艺节目所需要的嘉宾性格是开朗的、外向的;绝大多数都要在节目中传达开心娱乐的正向能量。这也是为什么很多日韩专业的综艺咖,都是那种性格很开朗,很滑稽,甚至是有些夸张的性格角色。对于素人而言由于缺乏演艺经验,考虑到他们在镜头至少可能会往内收敛等因素,素人性格的嘉宾选择要更加极致化和典型化。

以芒果台播了十多年的《变形计》而言,节目组对来自城市孩子的性格选择与成长环境的对比一定是非常极致的,往往都无比叛逆。而来自农村的孩子在贫穷环境中反而形成了无比懂事的性格。这两方的性格都要极致化，要非常典型。由此而引发的戏剧感、命运感才能引发极致的故事感。同时这些典型的性格也能让观众迅速对应到生活中自己所熟知的角色，从而引发节目的价值观争论。

但同时需要说明的是，性格化并不简单地等同于外向或乐观的性格。它指的是该类性格的极致和典型化的呈现。人们日常生活中的性格有千差万别，并无绝对的好坏之分。各种不同的性格才形成了丰富多彩的人情社会。

嘉宾选择的性格化恰恰指的是某种性格的极致化，比如说某位嘉宾是内向性格，那她就沉默到极致，沉默到极致的内向也算是有性格。以《红楼梦》里的林黛玉举例，她为人偏执刻薄。但是如果她是相亲节目中的某位女嘉宾，她这种性格在节目中也是令人印象深刻的。再结合其他女嘉宾的各种性格组合在一起，那就形成一期非常精彩的节目了。

一般而言，对素人真人秀嘉宾的选择，嘉宾性格没有中间值，我们选出的一定要是这类性格的最典型的代表。

4. 对象化

"对象化"是构建一个素人综艺故事完整性的另外一个选择标准。我们都知道对于一部好看的电视剧或者电影剧本而言，关于这个故事的角色类型越丰富，代表故事中不同阶层的人物越完整越好。

而综艺节目也是一样，观众希望在这个节目中看到什么我们就要尽力在节目中呈现什么；观众在日常生活中越向往什么我们就越需要往节目中添加什么。总之用观众不同的向往"对象"来满足观众对故事的向往。

以《心动的信号1》为例，这档节目其实就是综艺版的"偶像言情剧"，讲的王子和公主的故事。而这里面的王子和公主就是那些带有真实身份的各种嘉宾。比如说男嘉宾周游，人长得帅气还具备艺术气息，个人更是知名设计公司的CEO，更多了几分女孩子们幻想中的"年轻总裁"的意味。而模特出身的江铭亮（Oscar）和刘泽煊则是阳光男孩和运动达人的代表，模特和赛车手的身份也让女性观众对他们充满好奇和向往。而女嘉宾中向天歌是美国哥伦比亚大学的高材生，整个人在开朗之余也散发着一丝丝的知性美。胡金铭和李君婕则属于清新美女邻家女孩的代表，英文教师和表演系学生的身份

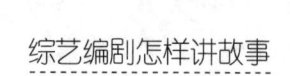

也带来了不少的亲和力。

更值得一提的是，这些男女嘉宾中从头至尾都特别强调他们在生活中的形象，也着重展示他们在真实生活中各种暧昧小细节。这些细节的呈现让这档节目的粉丝不知不觉地代入心动小屋的剧情中来，就像看影视剧把自己也代入影视剧情的浪漫剧情一样。这也就是我们做节目时一直在强调的"共情"。

素人嘉宾的选择过程中的"对象化"有两个层次的含义：第一层是给予观众所期待向往的人物形象和角色；第二层是给予观众在日常生活中所熟悉的且渴望产生联系的嘉宾类型。对象化最重要原因是让观众产生观赏时的代入感，这一点和我们看"爽文"小说时的主角代入感的观赏动力大致相同。

本节的最后仍然需要强调两点：第一，上述所有标准中真实性永远是排在是第一位的，任何影响了这一点的其他元素都可以舍弃，如果你在真实性的基础上做出了素人节目的极致故事感，那其他缺憾都可以忽略不计。第二，在节目的实际操作过程中，如果上述元素不能兼得的时候，宁肯选择上述标准中某一标准特别突出的嘉宾，也不要选择那些上述各方面标准都有点符合，但是又都不是特别突出的"平庸"嘉宾。

综艺嘉宾常见角色类型及运用技巧

综艺节目的类型千变万化，对节目嘉宾的要求也不一而足，很难用一篇文章涵盖所有的综艺嘉宾类型。但是我们仍然可以通过一些规律性的总结，来发现一些综艺节目嘉宾的常见类型。这些类型是在综艺中最常出现的，而且会对节目的娱乐和话题效果起到非常积极的影响。

但是需要提前说明的是，下面所列举的综艺节目嘉宾类型完全是出于便于读者理解的角度而做出的归纳总结。在实际的应用中，很难有嘉宾真的完全对得上这些角色的标准，实际操作中往往是某个嘉宾并不是完全对应这个角色，还需其他角色的补充，或者是这个人同时适应好几个角色的担当，但需要明确他在现有节目中的角色担当。

1.老大哥（队长）担当

"老大哥担当"是综艺节目中最常见的综艺人设。这类人设在综艺节目中一般起着"定海神针"的作用。有此类角色的综艺一般在流程上理得清，在节奏上压得住。这类角色一般由出道多年的主持人、演员或歌手担当，他们在流量上虽然已经无法跟年轻的演员相比，但是却在娱乐圈内拥有强大的号召力和重要的江湖地位。

最典型的"老大哥担当"就要属韩国的刘在石和姜虎东了，在韩国的观

众心目中有这两位 MC 的综艺就意味着综艺点和娱乐性的保证。以刘在石为例，除了江湖地位受来参加节目的各位嘉宾的尊重外，他在节目中对节目逻辑和节奏把控经验也是相当到位的。

刘在石主持的节目，他不会刻意地强调自己，而总是有意地烘托嘉宾。尽可能地用自己和蔼幽默的态度把每位嘉宾的戏份都恰如其分地展现出来。刘在石具备非常强烈的节目把控意识，比如在《Running Man》中其他嘉宾都全情地投入节目游戏中的时候，只有他一个人是非常清醒的。他总是以观众的视角来告诉观众各个目前的节目环节和各嘉宾情况是怎样的，非常有串联节目逻辑的主持人意识。

相比节目流程的串联，他貌似并不是特别关心自己游戏的输赢，总能在恰当的时候给予导演后期剪辑想要的故事串联话语和嘉宾话题。比如说在韩国"跑男"的撕名牌环节，其他嘉宾都在很认真地找线索，但是这个时候刘在石一般都是嘴里"碎碎念"（实则在解说）地去跟各个嘉宾发生互动，并不时地评论着各个嘉宾的表现。他这么做其实就是在以观众的视角串起整个故事。只是很多主持人做得很刻意，但刘大神却把这些做得无比自然。

而在国内的综艺节目中，《奔跑吧兄弟》中的邓超，《极限挑战》中的孙红雷、黄磊等角色，这些都属于综艺嘉宾中最常见的"老大哥"角色。"老大哥"除了串流程还起到镇场的作用，比如在《我是歌手》的第三季中，孙楠突然提出退赛，汪涵现场发挥的一段救场词在这场节目危机中就起到了扭转乾坤的作用。

另外，我们也不能机械的理解"老大哥"的角色，比如他并非一定要年纪很大的男性艺人才能担任，也需要区分节目类型的。比如在《创造101》中担任导师的黄子韬，虽然年纪并没有很大，但是相对选秀节目来说他的资历已经足够资深，也相当于我们常说的"老大哥"（队长）的人设。

再比如在《花儿与少年》中的郑佩佩、张凯丽、许晴、宁静等人也相当于在节目中充当了"老大姐"的角色。这样的角色如果"江湖地位"足够资深的话，是足以可以震慑那些在娱乐圈的刚出道的年轻艺人的。

总而言之，在综艺节目中设置"老大哥"的角色可以起到强化节目的整体气质和平衡成员间的相互关系的作用，必要时候还可以利用综艺经验来进行控场，是非常实用的综艺人设。

2. 猪八戒（受气包）担当

在综艺节目中，另一个起到重要作用的角色就是"猪八戒"担当，也称之为"受气包"担当。用一个不那么贴切的比喻就是相声中的"捧哏"的，他总是被"逗哏"的欺负和调侃。在综艺中也需要像"捧哏"演员一样的角色，他们通过被其他的节目嘉宾调侃甚至戏谑来产生综艺效果。

"猪八戒"担当的特点也正像《西游记》中的猪八戒一样，他们本身被调侃的原因来自其性格的某些喜剧天赋。他们或者会故意装傻给观众带来笑点，又或者会故意制造某些综艺梗去给其他的嘉宾调侃。

总而言之，他们之所以被调侃是来自他们本身愿意去展现日常生活不好意思放弃的"自尊"或"偶像包袱"。让观众看到这人竟然愿意这样"出丑"或者"耍宝"，他这样略带"蠢气"的人都活得这样快乐，我们还有什么好抱怨的呢？所以"猪八戒"担当在很多节目也被称之为"受气包"担当。不夸张地说，每个能成为现象级综艺的节目几乎都可以在里面找到类似"猪八戒"担当的嘉宾。

比如说韩国《Running Man》里"猪八戒"担当是"背叛者联盟"中的李光洙和"王鼻子"池石镇；而中国版"跑男"则是早期的王祖蓝。《极限挑战》中"受气包"担当则是"极限三傻"之一的王迅。湖南卫视"快乐家族"中的"受气包"担当则毫无疑问的非杜海涛莫属。《向往的生活》中的刘宪华则非常明确地被观众冠以了"猪八戒"的爱称。

从 2018 年开始，以"综艺开心果"著称的杨迪开始走红。尤其是近两年杨迪几乎是以每年 30 档以上的综艺节目，成为炙手可热的综艺宠儿。杨迪其实就是综艺节目中最常见的"猪八戒"担当的艺人。他几乎没有任何偶像包袱，在节目中无论怎样扮丑搞怪乃至被调侃都不会生气，还总是不遗余力地为节目创造笑点。

从杨迪等人的走红就可以看出，综艺节目是多么需要这样类型的嘉宾。这类"人设"一般都是以杨迪或者杜海涛这样的长相喜感甚至略微有点"丑帅"的综艺嘉宾为主，当然也不乏刘宪华这样因为语言或者性格原因被塑造为这类人设的。但总体来说有这类角色担当的节目一般都不会缺乏笑点，是节目综艺娱乐效果的重要保证。

3. 鲶鱼（吐槽者）担当

"鲶鱼效应"是管理学中十分著名的管理策略。它主要是指为了保持团队的整体活力，增强全体员工的积极性，而不断在团队里引入不安分的新鲜血液的管理策略。在综艺节目中最怕的就是所有成员之间都彼此客客气气，始终维持在日常生活中的普通社交状态。

如果整个嘉宾团队始终担当在这样的状态中，那节目将变得索然无味。所以在节目成员中加入像鲶鱼一样的"吐槽者"的角色，一方面"吐槽者"将站在观众的视角第一时间戳破所有嘉宾的"偶像包袱"，快速地把社交距离拉近；另一方面其他节目成员也会因为具有"吐槽"属性嘉宾的存在而改变自己在整个节目中的社交策略，从而让嘉宾之间的社交关系产生微妙的化学反应。

韩国综艺中近几年有一个非常火爆的嘉宾叫李瑞镇，就是非常典型的"吐槽者"人设的嘉宾。可以说在罗英石 PD 发掘的所有常驻 MC 中，被网友亲切地称为"美大"的李瑞镇令人非常印象深刻。他从来不给罗 PD 和编剧们一点面子，直接就在镜头前大力地吐槽各种内心的不满。

而且李瑞镇对嘉宾也都充满了"怨妇"般的吐槽，无论来的嘉宾是流量小花还是娱乐圈的泰斗级人物，都经不住李瑞镇的絮絮叨叨。同时也正是在这种"拉家常"式的唠叨中嘉宾往往能放下偶像包袱，表露出自己的真情实感。

在中国的综艺圈内宁静是属于典型的"鲶鱼"型的人设。尤其是在《花儿与少年》中，宁静式的吐槽几乎让节目里几位想维持大家表面"和平"的女明星们无力反击。而且对节目组的某些看似"不合理"的安排，宁静也是最勇于反击的。她的这些直爽的"吐槽"为节目带来了很多综艺点。

如在《乘风破浪的姐姐》中宁静面对节目组要求自我介绍的要求是就是直怼：还要告诉大家我是谁，那这三十年白干了！在众多的男艺人中，陈赫也属于典型的"鲶鱼"人设，在每个节目中都可以找到他可以吐槽的点，用自己的幽默为节目带来娱乐效果。

总之此类"人设"的加入最主要的作用就是让嘉宾卸下"偶像包袱"，加速团队成员之间的相互熟悉，并增加节目真人秀娱乐效果的作用。

4. 体力（流量）担当

在综艺节目中，体力担当是一个比较虚化的说法，并不意味着体力担当

第五章 综艺节目嘉宾

非得干活。这个角色跟"猪八戒"担当有重合部分也有些许区别。他更多的是从年龄、资历和角色作用划分出来的一个角色类型。通常而言这个角色类型的名称主要有三个层次的含义：

（1）年轻，进入娱乐圈的时间短，在圈内的资历较浅。所以当节目中有一些跑腿性或者需要耗费体力的活动一般都是需要后辈出马的，而这些新进入娱乐圈的后辈艺人一般都会成为各大综艺中的体力担当。即使是节目不需要去干什么活的时候，当节目中有比较资深的娱乐圈前辈时，某些鞍前马后的任务也一般是需要由新人来担任。

（2）既然能够跟娱乐圈的前辈一起出现在一档节目上，那最重要的原因肯定是因为这个年轻人目前正处在娱乐圈的上升通道中。他们在节目中的最重要作用就是吸引年轻群体对他们的持续关注并为节目带来源源不断的话题。从这个意义上来讲，年轻的体力担当同时也是担任着节目流量担当的角色。

（3）体力担当的第三层含义就是青春的体力和年轻的力量。所以体力担当也负责为整个节目带来青春气息的作用，把年轻人的潮流文化和年轻人的观点透过节目传达到节目当中。体力担当们一般综艺经验不足，他们身上的主要综艺点就是因为经验不足和青涩的态度所带来的年轻观众所喜欢的娱乐点。

像早期《Running Man》中的宋仲基，《奔跑吧兄弟》里面的鹿晗，《这就是街舞》中的易烊千玺和《极限挑战》中的张艺兴，在节目的策划之初都属于"体力（流量）"担当的范畴。

5.颜值（吸引力）担当

"颜值担当"和"体力担当"其实这二者在实操过程中的差别不大，但是在操作技巧方面却有不同的思考方向。首先二者在节目中的作用都是"流量"担当层面。正如我们前面所说，好看的颜值一般都正处在青春的韶华中，都是那些刚刚进入演艺圈的流量小生和小花们。

他们的存在是为节目带来浓厚的青春气质，让节目更加符合年轻人的口味。在表述上，体力担当更加偏重于新出道的年轻男性，而颜值担当则更加偏重于娱乐圈里的年轻女性艺人。一般情况下，先不管节目做得怎么样，单就嘉宾阵容来看这些青春靓丽的女性的存在就足以让整个节目的画面显得非常养眼。

另外，如果这样的颜值女孩如果投入一群男性嘉宾中使用，自然而然地

就引起男性嘉宾之间的相互竞争,从而引起荷尔蒙式的化学反应。反之,若是长相特别出众的男性投入女性嘉宾之中,女嘉宾之间的关系则会变得比男性更加微妙。这一点也是我们前面说到的"资源失衡"技巧的实际运用。

当然,也有专门主打颜值才艺担当类的节目,比如说少女时代的团综,韩国的《MISS TROT》《MR TROT》等节目都是通过漂亮女孩或者帅气的男生之间的竞争来吸引观众的关注度。好的综艺节目要么非常搞笑,要么就充满时尚的偶像气质,才能吸引年轻人的关注。

所以在节目的嘉宾中设置"颜值担当",同时兼顾着节目的流量转化的功能,在日常的节目制作中是非常讨巧的做法。

上述对于综艺嘉宾常见角色类型的总结归纳并不能涵盖所有的分类,但却是我们日常的节目制作中最容易出效果的嘉宾角色类型。这些角色类型是大多数综艺最常用且最好用的。当你不知道一个综艺节目嘉宾如何挑选的时候,上述几点建议肯定会对你有所帮助。

本节最后还是我最常强调的理念:**所有的学习,都是为了最终突破他人和突破自我的扬弃**。任何理论学"死"了还不如不学,正所谓"兵无常势,水无常形,运用之妙,存乎一心"。在实际运用中,你可以把某一类或者某几类角色集中起来使用,或者一种角色加上几种角色类型,不同的角色组合会带来不一样的综艺效果。有些角色类型就好像我们平常做饭时最常用的油盐酱醋一样的常见,加少了没味道,加多了没法吃。尤其是"猪八戒(受气包)担当"和"鲶鱼(吐槽者)担当",用得好绝对为节目加分不少,价格不贵但却能为节目带来很多额外惊喜。

第六章
任务挑战类真人秀
创作方法

任务挑战类真人秀定义及特点

电视媒介从诞生之日起就在寻求现实生活和虚拟想象之间的最佳结合点。这一点从电视节目的早期播出内容就可以看得出来。早期的电视节目一般是以重大新闻和重要赛事的现场直播作为主要播出题材的。由于技术方面的限制，虚拟想象方面的节目一开始只能把影院电影直接放到电视上播放，再到后来可以利用演播厅设备逐步地制作并播放综艺娱乐类节目。

可以说电视节目的每一次进步不只是人们创意的迸发，更重要的是技术的进步。以新闻和赛事的直播而言，早期的电视直播因为设备都非常笨重，而且很多机器需要现场有供电设备。而机身小巧的摄录设备记录的时间又过短，只能用于影视剧分镜头方式拍摄。所以一旦有直播任务，需要直播车提前赶到，提前架设好机位以备直播。体育赛事的直播尤为如此。

即使是碰上重大的突发新闻事件，笨重的摄像机也需要提前架设好

（早期的摄影机笨重且不便于操作）

固定机位甚至轨道等设备进行拍摄。在电视直播的早期,即使是必须用到临时的移动机位,也需有身体健壮的摄影师轮流肩扛才能完成最终的直播任务,普通人根本吃不消。

随着摄录技术的不断进步,直到出现小型的肩扛或手持式摄像机,再加上摄像机稳定器等辅助设备的出现,才让节目的户外实景录制逐渐有了新的发展。户外实景录制的真人秀也首先在欧美等发达国家兴起。

(早期的胶片式摄像机,摄录时长非常有限,且需要频繁更换胶片)

与亚洲尤其是东亚文化不同的是,欧美更强调个人的英雄主义和挑战自然的英雄精神,所以欧美的任务挑战类真人秀往往以专业性素人为主。如欧美很火的《老大哥》《极速前进》《跟着贝尔去冒险》等节目,他们更加强调素人之间的残酷竞争以及和恶劣自然环境的斗争,胜出的人可以获得巨额的奖金。

但是由于亚洲很多国家受到中国儒家文化的影响,所以情感表达比欧美含蓄得多,同时也不像欧美那样赞成在公开场合直接展现尔虞我诈的"人性之恶"。以日韩为代表的任务挑战类实景真人秀在东亚文化圈内走出了自己的路子。

以对标欧美《跟着贝尔去冒险》的韩国同类节目《金炳万的丛林法则》来说,两者虽然都是生存挑战类节目。但是前者相比而言更加注重人对恶劣自然环境的挑战,强调人在自然环境中的生存技能;而后者则更加强调人到奇特自然环境中的猎奇性,以及各种有趣的生存技能。简言之,前者看的是生存挑战,而后者看的是搞笑艺人的趣味挑战。

但是无论有多少区别,都无法掩盖这一类节目的共同特点,我们可以通过简单的"任务挑战类真人秀"的定义来做简单的归纳。

任务挑战类真人秀是通过节目嘉宾挑战人们在日常生活中难以挑战或者不便于挑战的任务来满足观众的好奇心和趣味性的真人实景性娱乐节目。

它满足三个方面的需求:

第一是纪实性,它必须是嘉宾在真人实景下完成的纪实挑战。虽然部分主题和故事背景的设置带有虚拟特点,但是嘉宾在此背景下的动机和反应却是由自我而发。它不会像影视剧一样由编剧和导演给定台词和情节,一切都是嘉宾在既定故事背景下的真实反应记录。后期剪辑也是真实素材记录下的故事架构的重新梳理,后期制作以不改变故事主要框架和结果为基本准则。

第二是节目规则下的冲突性,此类节目以节目嘉宾代替观众去挑战节目规则赋予的难以挑战或不便于挑战的任务为主要的看点。它的冲突性就在于嘉宾有限的能力以及有限的条件之下将要如何完成任务的难度冲突,和嘉宾之间谁先完成任务或将形成怎样的人物关系冲突等一系列看点。

第三是趣味性或游戏性,任务挑战类真人秀属于纪实类娱乐节目,这点本质要搞清楚。节目进行所有挑战的目的都是在于要通过嘉宾的一系列挑战来满足观众的好奇心和娱乐性。帮助观众从繁杂的现实生活中暂时地解脱出来,激发人们最基础的娱乐情绪。

当然,好的节目是需要更进一步的情感共鸣激发的,但趣味性和娱乐性是基础。节目只有最基础的情绪激发做到了,观众才有进一步看下去的兴趣,节目才有可能进一步进行深层次的情感共鸣的激发。

最后,我们来解读一下"日常生活中难以挑战或不便于挑战任务"的具体含义。

简言之,"任务挑战类真人秀"是现实生活和虚拟想象世界的结合点。它不是真实的生活,却要以真实生活的讲述手法来完成一个虚拟化的故事架构。以欧美最经典的《老大哥》为例,这档节目完全虚拟了一个看似真实的小社会,它几乎保留了现实社会中所有的人际关系规则和社会运行规则。但

是为了节目便于运行，它只是把这些社会规则进行必要的简单化。

所有参与这档节目的人员都在被压缩的社会规则下做出"利己"（底层人性）的选择，最后节目剪辑出来就是人们在日常生活中所能遇到的各种竞争和人际关系难题的缩影，只是节目的剧情比真实的生活更加的快速，通过剪辑故事也变得更加有趣和有冲突性。

但是这一切人们在日常的生活中只能看到"故事"的一个片面，而且只有自己的视角，根本不可能有节目中的这种"上帝视角"。这就是典型的在日常生活难以挑战和参与。

再比如，以中国的《奔跑吧兄弟》和《极限挑战》为例，"奔跑吧兄弟"这档节目其实通过各种游戏还原了人们日常生活所触及过的各种生活场景和过往回忆，人们对这些游戏有着深刻的记忆。但是成年之后，由于社会规则和工作生活场景不允许人们用这些曾经熟悉的游戏进行解压。而"跑男"的各种游戏挑战恰恰代替你完成了这种解压。

《极限挑战》有一期非常经典的节目叫《漫步人生路》，它把人从出生到变老的一生都通过游戏挑战的方式呈现了出来：出生烦恼、升学压力、家庭琐事、老年生活等都是一个个虚拟的游戏。

尤其是最后，嘉宾画老年妆在街头真实感受老年生活的桥段，每个人都会幻想自己老了之后会怎样。但是在普通人的生活环境中这样的测试和挑战几乎无法进行，所以在任务挑战类真人秀的节目语境中，这些挑战都会变得顺理成章。

日本的"任务挑战类真人秀"是把这一概念玩得登峰造极的节目，一句话总结就是：用最一本正经态度做最无聊之挑战。比如日本的《全员逃走中》就是把"猫捉老鼠"的游戏玩到了极致，谁最后被抓到谁的奖金就最高。《整人大赏》是把日常生活中的恶作剧做到了极致。

这些与日本的职场文化以及工作氛围都有关系，节目中所呈现的这些"挑战"在等级森严和生活严肃的普通日本人的生活中想都不敢想，所以在综艺节目中就一度被做到了极致。

一言以蔽之，"任务挑战类真人秀"就是要在真实生活和虚拟想象之间搭建一座桥梁，寻找一个结合点，呈现给人们娱乐性极强的综艺节目。只要理解了这一理念，做出优秀的"任务挑战类真人秀"节目并不困难。

中日韩任务挑战类真人秀创作特征

我们在上节分析任务挑战类真人秀的定义及特征的时候曾经提到，与欧美等残酷生存性的挑战真人秀不同，东亚文化圈内的挑战类真人秀更加强调趣味性、娱乐性。尤其是以中日韩三个国家为代表，更加强调艺能度高的艺人通过完成趣味性的任务挑战来吸引观众观看。

东亚文化圈内的任务挑战类节目最先起源于日本，其中以日本的《THE 铁腕 DASH》最具代表性。然后逐渐兴盛于韩国，出现了诸如《两天一夜》《无限挑战》《Running Man》《男人的资格》等优秀作品。2014 年浙江卫视引进韩国 SBS《Running Man》的版权制作了《奔跑吧兄弟》之后，先后涌现出了《极限挑战》《青春环游记》《真正的男子汉》等一系列优秀的节目，但是相比日韩，中国此类节目的原创能力仍然非常滞后。

从创作层面来分析这类真人秀的创作特征非常明显，掌握关键的特征后进行节目创作会更加游刃有余。经简单归纳，我们日常熟知的任务挑战类真人秀创作特征主要可分为如下几点。

1. 精神内核

对于东亚文化圈内的任务挑战类真人秀而言，其模式的灵活性非常之大。有时候甚至会让人怀疑中日韩这三个国家的此类节目到底有没有固定的模式

和节目规则。但是同类型的欧美节目，节目规则制定一般都非常清晰且固定。

比如美国著名的任务挑战类真人秀《极速前进》（The Amazing Race），它的节目规则非常清晰。节目规则就是比竞速，谁能在最短的时间内完成所有路程上的挑战最先抵达终点，谁就是这期节目的最终赢家。这档节目虽然做了很多季但这个核心规则一直就没变。

但是诸如《THE 铁腕 DASH》《无限挑战》《Running Man》等日韩节目而言，几乎每期都在更换主题和规则。除了常驻嘉宾之外其他东西好像都在随时更换中。

但是这也正是东亚文化体系里任务挑战类真人秀创作的最主要特征，即在同一"精神内核"的节目原则下让嘉宾不断地去尝试更加新鲜的任务挑战。

"精神内核"是中日韩任务挑战类真人秀最重要的模式特征。比如任务挑战类节目的鼻祖《THE 铁腕 DASH》，它的模式"精神内核"就是"趁着年轻挑战天下所有最有趣的事情"，在这个内核下各种主题都可以尝试，让真实生活中的奇思妙想都转化成有趣的节目创意。

再比如说《Running Man》，它的"精神内核"就是"趁着年轻要全力奔跑"，所以它的众多主题任务的设计都和"奔跑"相关，最经典的游戏"撕名牌"也是基于追逐和奔跑的主要特征。而《两天一夜》的"精神内核"则是"真实体验野生，走遍韩国美丽地方"。在这个内核下任何野生环境、任何主题任务都可以设计，只要把搞笑的任务挑战设计到精神内核的框架里就行了。

所以在东亚文化语境中，**找到区别于竞品节目的"精神内核"是研发此类节目的第一步。**这一步如果不想清楚很可能节目做着做着就跟别人的一样了。比如同为任务挑战类节目，《Running Man》强调"欢乐奔跑"，而《无限挑战》则强调"趣味挑战"，除非在竞速特辑中，否则你很难在"无挑"里面发现那么多的跟赛跑有关的游戏项目。

2. 故事性主题

故事性主题是中日韩挑战类节目的另一个主要特征。由于受日韩同类节目的影响较深，中国的任务挑战类真人秀也非常喜欢把节目主题放到类似影视故事的背景中。**给节目加故事性主题是有好处的，一方面节目可以借用观众熟悉的 IP，另一方面也可以让嘉宾迅速地代入不同的角色身份，从而迅速理清楚嘉宾之间的人物关系。**

比如说"跑男"中的"白雪公主特辑""澳洲淘金小镇特辑""间谍水枪特辑""福尔摩斯特辑"等都脱胎于经典故事IP。再比如韩国"无挑"中的"无人岛特辑""介丑朋特辑""拿着钱箱跑""无限商社八周年"等特辑,无一不是在韩国观众非常熟悉的故事背景下赋予嘉宾新的角色身份,从而展开更有趣的任务挑战。

故事性主题的另一个好处就是保持嘉宾对节目的新鲜感,因为成功的综艺节目一般都要录制很多年。如果节目组用同样的节目规则和故事背景太久,让嘉宾摸清楚了节目组的套路,他们也会失去新鲜感。嘉宾一旦失去了对节目的新鲜感,那他们索然无味的情绪将会在节目中展现得淋漓尽致,这对任何一档节目来说都是非常致命的。

节目的主题就是掌握在节目组手中的巧克力盒,永远不要让你的嘉宾和观众猜到你的下一颗巧克力是什么味道。

3. 时效性主题

首先,时效性是所有综艺节目共有的特征。但是其他品类的综艺节目在主题的灵活性上却和任务挑战类节目相差甚远。因为很多节目其实有自己统一的大主题和主框架,很多时候这些框架之间的逻辑是相对严密的。比如选秀类节目,它有自己固定的赛程和赛制,每个阶段的主题内容是固定的。

选秀类节目要实现时效性无非就是选取当下最流行的作品,请当下最流行的嘉宾,以及加入当下最流行的讨论话题等。但是日韩的任务挑战类节目由于内容的灵活性却可以随时加入时效性很强的故事主题。

这一点韩国做得非常到位,以韩国的此类节目而言,任务挑战类节目非常喜欢和热播的电视剧、电影、热点事件等结合在一起。以《Running Man》为例,当《来自星星的你》热播时节目组就推出了"星你"特辑,还特地请来了幼年千颂伊的扮演者金贤秀。当《太阳的后裔》热播时就适时地推出了同名特辑,当时参演的也是"跑男"的老成员宋仲基。

日本的"铁腕DASH"也是时时和日本民众关心的热点新闻绑定在一起,比如每到全国假期由于堵车严重,他们就推出了骑行挑战特辑,当天铁腕团的成员们挑战骑行150公里看和拥堵严重的汽车哪个更先抵达。

但是相比较而言,中国的"任务挑战类真人秀"却往往显得很被动,大部分以借鉴日韩已有的经典主题为主,就时效性而言要差很多。除非有比较

重要的政治宣传任务，中国的任务挑战类节目才会与时效新闻结合得比较紧密。比如《奔跑吧兄弟》黄河大合唱特辑，以及《极限挑战》宝藏行特辑等。

其实策划能力如果足够强的话，能够增加时效性的内容对此类节目的策划真的非常有益处。因为综艺节目就是要不断地创作话题性的，能跟热门的IP绑定在一起自然就会有话题。热点IP已经摆在那里了，难道蹭热度和蹭话题还不会吗？

4. 强规则

强规则是任务挑战类真人秀区别其他类型综艺节目的又一个重要特征。尤其是与很多观察体验类的"慢综艺"相比，日韩的任务挑战类真人秀每一步的节目推进几乎都要靠导演组所给出的节目规则来划分节目环节。比较常见的形式有任务卡和PD OFF（导演总结），用以说明任务和通知下一步节目流程。

与欧美的同类节目相比，日韩的综艺节目更喜欢用大大小小的规则来完成节目的架构和推进情节。很多欧美的任务挑战类节目都比较容易总结出"宝典"（Bible），因为节目规则相对简练，而且任务关系相对固定，一个"节目宝典"就可以把所有的节目规则总结出来。不同的期数所用到的节目规则几乎是固定的，比如美国的《极速前进》（The Amazing Race）：用最短的时间完成，然后赶往下一个地点。

但是日韩的任务挑战类真人秀每期都有自己的主题规则，甚至每个游戏的规则也不尽相同，而且中间还要加入相互智斗的"暗线"来丰富故事内容。

与观察体验类等"慢综艺"相比强规则的特征更加明显。"慢综艺"体现创作功力的差别在于节目人为干预的痕迹越轻越好，节目规则出现得越少越好。让观众觉得这一切都是相对自然发生的。

而日韩的任务挑战类真人秀所需要营造的是快节奏和强娱乐性，所以设定相对新鲜有趣的节目规则会更加快速地推进节奏和保证节目的综艺点。这一点我们在后面的创作技巧中会继续详细讨论，也需要大家在优秀的同类节目中不断地总结规律并加以应用。

5. 导演组人设

赋予"导演组人设"的创作特征在韩国和中国的节目中较为常用，在中韩的任务挑战类真人秀中导演组不再是一个完全隐藏在节目背后的存在。它成了一个掌控着整个节目大局和设置所有节目任务的"全知上帝"的角色所在。

像节目中所提到的节目规则、胜负判定、嘉宾分组和即时反应等都有导演组代替观众在节目中直接呈现。而且节目嘉宾也因为节目内容上的细节阐释都会在节目中与导演组随时沟通。甚至嘉宾与导演组的"讨价还价"也成了节目综艺点的重要来源。

而欧美的任务挑战类真人秀则更喜欢用一个实体的主持人或者虚拟角色直接充当节目的"推动者"。外景主持人将会在节目中扮演导演组的角色，成为节目中不参与节目游戏竞争的 NPC 角色，以"裁判"的身份来掌控节目的流程。

而流行"导演组人设"的东亚真人秀制作手法也捧红了一大批节目导演。最著名的莫过于因《两天一夜》走红的罗英石，罗 PD 常常在《两天一夜》和《新西游记》等节目中不断出面协调嘉宾之间的各种冲突。老罗还与嘉宾进行打赌，甚至以节目拍摄为赌注，有一次赌输了就真的关机不拍了，只剩下墙上的摄像头来记录接下来发生的事。

像《Running Man》的总导演曹孝震、《无限挑战》的总导演金泰浩也都会频繁出镜在节目中扮演着重要的角色。而在中国《青春环游记》的总导演吴彤和《极限挑战》的前总导演严敏也都已经随着节目走红而变成观众所熟知的"网红导演"。

"导演组人设"存在的重要意义就是让节目的"出题人"变得更加鲜活和人性化。与欧美真人秀正式的主持人相比，这种创作手法更加灵活多变。导演组可以随时切换讲述视角，即可以变成客观的观察者视角，也可以适当参与节目成为"局中人"。但是原则保持应有的公信力，既不能喧宾夺主，也不会放任自流。

6. 流行男艺人出演任务

男艺人出演是日韩任务挑战类真人秀创作中的另外一个重要特征。关于这一特点韩国泰斗级综艺编剧郑淑分析说：

……（韩国男艺人）个性比起一般上班族更加自由奔放，身形比坐办公室的人更强而有力，情感比在组织里打转的人更丰沛且具有存在感，他们让现代人在忙碌工作之余可以感受到不同于所处的社会共同体的价值，看着男艺人完成任务的过程中的汗水与辛劳，似乎可以得到不同于工作的满足，即

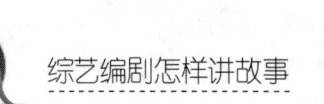

使不是亲身体验也无所谓。（郑淑，《韩国影视讲义2.综艺》P50）

从郑淑的这段话里我们也可以印证观众观看任务挑战类综艺的初衷。就像我们在讨论任务挑战类真人的定义时所说的那样，嘉宾要挑战观众日常生活中难以挑战或者不便于去挑战任务来满足观众的好奇心和娱乐性。节目所涉及的很多任务可能在日常生活中看起来是极其奇怪甚至是有些脑洞大开的。

比如说日本综艺《全员逃走中》，每期都有不同故事背景的黑衣人来追逐被放出笼子的嘉宾。这样的游戏其实每个人童年时代里都玩过。但是成年之后面对高压力的都市生活和严肃的职场环境，谁还来再陪你玩这些小时候的无聊游戏？

再比如韩综《无限挑战》中，男嘉宾们要挑战变成女装完成指定的街道穿越任务而不被路人发现，或者是跟飞机进行一百米赛跑，再或者是挑战高空擦玻璃等一系列看起来非常无聊但又需要一些体力智力难度的事情给观众带来娱乐。

这些任务很多都是需要扮丑甚至是扮傻的，而且很多任务也是需要大量的体力付出甚至是毅力付出的。在东亚的儒家文化体系内嘲笑男性是要比嘲笑女性更符合我们的道德观念。而且男女在体力方面也存在巨大差异，这些差异也决定了竞争的激烈程度。显而易见，男性要比女性更加适应此类节目的要求。

除了"无挑"和"跑男"，像韩综中的《两天一夜》《男人的资格》《真正的男子汉》《丛林法则》等众多此类真人秀的嘉宾绝大多数都是由男嘉宾构成的。当然我们在此类节目中也会看到女性嘉宾的身影，但是此类女嘉宾也一般具有部分"女汉子"的特点，比如说《Running Man》里面的宋智孝等。但是女嘉宾的存在更多的是调节男嘉宾之间的人际关系，起到激发荷尔蒙的作用。

上述所总结的创作特征中，相对而言比较重要的是找准节目的"精神内核"，"精神内核"是区别于同类节目的重要指标。比如《两天一夜》和《新西游记》两个节目在环节设置上几乎完全相同，但是前者更加强调"韩国本土风景和野生任务挑战"，而后者更加注重"嘉宾国外旅途上的自我精神救赎和老友重聚出游"的概念。

把握准了"精神内核"，再加上其他特征的加持，才能做出比同类节目更加优秀的节目来。

任务挑战类真人秀剧本设计技巧

相比而言，任务挑战类真人秀是编剧发挥创作空间最大，也是娱乐性最强的节目类型之一。在众多的节目类型中，任务挑战类真人秀的选题范围是最灵活多变的一个品类。只要节目组的嗅觉足够的灵敏，几乎所有选题都可以成为此类节目可以设置的主题。

创作此类节目的技巧从大原则方面而言主要集中在两点。

第一就是搭配好嘉宾的阵容，固定好彼此的角色类型。因为任务挑战类节目的主题是千变万化的，所有嘉宾的人设特征必须是固定的，不能上一个主题这个嘉宾是这样的性格，到下一个主题他又换了一个性格特征，这样很容易造成观众的认知混乱。而且任务挑战类综艺由于缺乏固定的节目环节，MC是节目为数不多的固定元素之一。从某种意义上来说，此类节目有一定养成类节目的特征，如果嘉宾换来换去这个节目注定很难长寿。**前期选好嘉宾，控制好成本，慢慢养成是这类综艺能够长期盈利的不二法门**。中国的任务挑战类综艺恨不得每一季都对嘉宾进行"大换血"，以换取投资方的新鲜感，再好的节目模式也撑不住这样"折腾"。

第二就是尽量用任务设计去保证节目的娱乐效果的基本分。所谓保证娱乐效果的基本分意思就是无论是谁来玩这套游戏规则，或者无论嘉宾当天的发挥水平如何都能保证60分的娱乐效果。举个简单的例子，在浙江卫视的《王牌对王牌》中有个叫"传声筒"的游戏一直被用了很多年。有很多观众表示不理解，为什么这个游戏用了这么久还不换，难道节目没有创意了吗？其实还真不是，最重要的是这个游戏不挑人，谁玩都可以保证基本的娱乐效果。

《王牌对王牌》的嘉宾咖位和年龄跨度都很大，找到一款这样的游戏太不容易了。同理而言，《Running Man》的"撕名牌"也具备同样的游戏效果，所以也被很好地保留下来成了标志性的游戏。

在上述的两个大原则中对有关综艺嘉宾的选择和搭配的技巧，我们已经在"综艺嘉宾篇"中做了非常详细的阐述，在此就不再重复。本节我们主要讨论在主题设计和任务设计层面的所能用到的技巧做简单的分享，供大家参考。

1. 搭好虚拟和现实之间的桥梁

这个标题大家可能不好理解，任务挑战类节目不是真人秀吗？真人秀最基础的不是应该保证真实吗？为什么要强调"虚拟"呢？我们在讨论任务挑战类真人秀的定义和特征时就曾经说过，"任务挑战类真人秀"是现实生活和虚拟想象世界的结合点。它不是真实的生活，却要以真实生活的讲述手法来完成一个虚拟化的故事架构。

综艺节目毕竟不是新闻纪实节目或者纪录片，他只是基于人们社会真实生活虚拟化的娱乐节目。而我们日常的生活大多是以平稳运行和利益平衡为基本原则的，人们在日常的工作中是不可能以嬉戏打闹的态度进行的，否则整个世界就会乱成一团。

以《极限挑战》的"漫步人生路"这一期的主题为例，它讲述了一个人从出生到老年各个阶段的喜怒哀乐。按说人的一辈子很长，想用短短的一期节目来讲述，做不好就容易成为道德说教。但是这一期节目"虚拟"和"现实"就结合得特别好。节目分别采用不同的情景游戏来模拟人生的各个阶段。

比如说用"滑滑梯抢资源"来模拟人的降生和童年，又用了"独木桥游戏"来模拟人的升学和就业压力，还用了家庭情景剧的方式来模拟遇到的中年危机，最后用了街头化妆伪装的方式来模拟人的老年生活。整个一期做得特别有趣而且最后还有感动点。但是如果真的严肃地讨论人生之路那将变得非常无趣。

"无挑""跑男"等任务挑战类节目也有非常多将现实生活虚拟化的特辑，比如说最常见的"职场挑战""情侣特辑""打工特辑"和"穿越特辑"等。无非就是在人们日常的真实生活和想象之间做"虚拟"的桥梁，用游戏化的方式把人们在日常生活中的幻想呈现出来。

所以作为综艺的编剧，最重要的想象力就在于如何把人们日常生活中最常见、最普通、最有共鸣性的现象用虚拟的手段提炼出来。在保证这些东西日常特征的前提下让它们变得有趣、好玩。

2. "童心"，游戏设计的基础理念

对于任务挑战类真人秀来说，绝大多数的"任务"都具有体力或智力游戏的特征。这是因为，一方面就我们文化体系内的综艺节目而言，节目的娱乐性要占其所有功能中的最主要部分。在嫁接"虚拟"和"现实"的这座桥梁中，游戏成了最好用的手段，同时也能带来最令人满意的效果。

对于任务挑战类节目而言，对过程精彩程度的要求是远远大于节目结果的。观众需要看的是嘉宾在完成节目任务过程中所遭遇的啼笑皆非的状况或者拼搏过程中所产生的感动。而游戏设计一方面保证了节目过程的趣味性，另一方面直击人们感性神经，很容易激发情感共鸣。

之所以说它感性，很重要的原因就是很多基于"童心"和"童趣"设计出来的游戏任务绕开了成人世界复杂的理智情感，而专注于感性情感的激发。我们都知道，人越长大烦恼越多，最单纯快乐的时光永远停留在以感性世界为主的童年时代。

成人在长大之后要面对很多既成规则的社会和生活压力，需要控制自己的情绪，压抑自己的情感。而很多公司的团建也很喜欢选择小孩子才玩的游戏，让团队里面的人绕开理智的藩篱，直击童年感性情绪的快乐。

如果你仔细观察日韩的任务挑战类真人秀的话就会发现，他们的很多游戏其实都来源于童年游戏的各种改编版本。比如说经典的"撕名牌"，其实就是"老鹰捉小鸡"游戏的变种。而类似"老狼几点了"和"木兰花开"则是直接把韩国乡村里的儿童游戏拿过来用。

《The 铁腕 DASH》里面的"多少节 5 号电池可以驱动有轨电车"和"与烟花赛跑"等特辑，则是童年好奇心理的放大版。而《全员逃走中》则是利用"猫捉老鼠"的游戏内核套上各种不同的故事背景罢了。

而韩国更是把童年经典游戏做成一个叫《PLAYER》的节目模式，节目以"憋笑"为核心任务要求，让张东民、河俊秀等人挑战各种看起来只有小孩子才会去玩的各种脑洞游戏。成年人和小孩子过家家般幼稚的游戏环节形成了强烈反差，再加上这些综艺嘉宾拼命搞笑，让整个节目充满了娱乐性。

同时，利用"童心"和"童趣"也是最能激发人们怀旧情怀的一种方式，当观众看到童年时期的游戏再次出现在电视上时，也会不由得想起自己童年的欢乐时光，从而达到激发情感共鸣的目的。

所以当你在策划此类节目没有灵感时，最有用的方法就是把注意力转移到孩子的天真可爱和曾经的童年游戏上。这也是日韩此类节目原创游戏的最常用的手法。其实哪有什么原创，不过是同一个游戏原型的不同变种罢了。

3. 学会"双线"，增加故事张力

双故事线进行，是韩综学习了日本综艺之后发展出又一个增加故事张力的综艺创作手段之一。要想了解这一点，我们还得简单地回顾一下韩国任务挑战类真人秀简单的发展脉络。

1997 年左右韩国经历了一场非常严重的金融危机，这就是 1998 年的亚洲金融风暴。由于金融危机的影响，以制造业为主的韩国经济遭受了重创，整个国家处于破产的边缘。韩国总统金大中上台后致力于发展韩国经济和文化的软实力，尤其是把文化产业作为国家重要经济支柱来发展，让韩国的娱乐产业获得了极大的发展。

其中就包含韩国的娱乐业重要组成部分的综艺节目，当时韩国的国营电视台 SBS 和 KBS 的制作人员跑到日本的酒店里把日本的重要综艺节目录下来带回去挨个研究。最开始模仿制作的是日本的棚内节目，但是由于日本文化的特殊性，很多棚内节目的尺度韩国观众根本无法接受。

可是单纯的简单棚内游戏娱乐韩国各大电视台又都在做，于是韩国的 SBS 在 2003 年推出了第一部"双线故事"进行的综艺《X-Man》。《X-Man》可以说是韩国里程碑式的综艺，在这档节目之前韩国综艺的故事背景和故事

性都非常简单,就是明星分几队大家一起玩游戏。在各个环节中赢得了次数越多就积分越多,最后获胜的概率也就越大。

但是《X-Man》不一样,大家在努力玩游戏的同时还要找到隐藏在本队的"间谍"是谁。"间谍"的作用就是帮助对方的队伍获胜,如果对方的队伍获胜了,"间谍"同时获胜。但是"间谍"所在的队伍如果获胜,"间谍"反而会受惩罚。

在没有这个创意之前,综艺节目整期的悬念和互动性其实是很弱的。原来观众只能看不能跟着猜,而且看完一个环节很容易换台,但是现在会像破案一样地去猜测到底谁才是真正的"间谍",增加互动性的同时也加大了节目悬念。

自此之后,韩国在户外任务挑战类真人秀也逐渐开始使用"双线进行"的故事手法。以《Running Man》最为典型,像刘在石的"水枪特辑""间谍特辑""眼色游戏特辑"等经典特辑中往往喜欢加入嘉宾之间互相不知道的"隐藏信息"来增加节目的悬念,调动观众参与的互动性。

同样在《无限挑战》中,"隐藏摄像机"也是"双线"进行的重要手段。某队(个)嘉宾在其他嘉宾并不知情的情况下去让该(队)嘉宾做出或者说出指定的话语,由于对被"整蛊"的嘉宾是隐瞒拍摄任务的,所产生的综艺效果与单纯的游戏相比是双倍的。

在"双线"进行的节目创意中,观众一般都是有部分"上帝视角"的,他们会随着节目的剪辑去为某些嘉宾还不知道的信息而产生关注或者着急,从而想知道这样的悬念一旦解开双方会有怎样的反应,等等,这些都是任务挑战类真人秀营造悬念的重要手法。

值得指出是,"双线"故事进行的方法我们一般称之为"明线"和"暗线"。这两者既要有相互交织的部分,又必须有各自的独立性。很多节目在使用"暗线"的时候非常容易把所有的注意力都集中在"暗线"上,从而"明线"故事开始变得非常鸡肋。

合格的"双线"设置是在后期剪辑的时候你即使剪掉故事的"暗线","明线"依然可以支撑起一个完整的综艺故事,只是故事张力没有那么强罢了。

4. 借IP,蹭热点,保证话题热度

在所有的综艺节目中,娱乐播报类节目除外,再没有哪个节目类型能像

任务挑战类真人秀这样和娱乐热点结合得如此紧密了。很多国内的同行跟我吐槽说选题难找，很多选题好像投资商都不满意，只好拿一些不痛不痒的选题凑数。

如果其他类型的综艺苦恼选题难找那还情有可原，但是做任务挑战类真人秀的主创们实在是不应该。关于这个问题我曾向原《无限挑战》的主编剧朱基卜老师请教过，她当时的反应很惊讶。她的话翻译过来大致意思是你怎么会担心有没有选题的问题，应该担心的是做哪个选题更好。

她说作为一名编剧最重要的一个习惯就是要去看最新的热点和娱乐新闻。看看最近大家在看什么电视剧，在讨论什么电影，或者在关心谁和谁之间的恋情，娱乐新闻都在播报什么之类的。编剧们把这些选题全部都列在黑板上，找到最适合的主题进行综艺改编的就好了。只是存在哪个是最优选择，而不存在找不到选题的情况。

她认为《无限挑战》的选题是最自由和宽泛的，甚至是同行的其他类型的节目只要够火爆都应该成为节目的选题。比如说以"无挑"里面经典的"歌谣祭"为例，其实早期的灵感就来自于韩国歌手们的街头路演，嘉宾们的装扮灵感则来自于韩国比较火热的综艺节目《搞笑演唱会》等节目。

《Running Man》也有同样的选题习惯，比如当年007系列电影热播时编剧组就做出了"刘姆斯邦德"系列特辑；《黑客帝国》热播时节目就推出了"黑客帝国"的游戏特辑；美剧《越狱》在韩国热播时编剧组就推出了"越狱"特辑。不但是电影，当某部韩剧热播时节目组也同样会推出该剧的同名特辑，这样的例子很多，我们就不一一赘述了。

总而言之，其他类型的综艺蹭热点的方式可能还只能停留在请该事件相关的嘉宾，或者是在节目中加入相关的话题，但是任务挑战类真人秀由于选题的自由度，真的可以直接拷贝的，切不可浪费。

这一点原《Running Man》的执行主编剧金恩珍也在闲聊中透露，其实中国综艺一直照抄韩国的选题也不好，因为很多选题都是结合了韩国社会热点来的，这些选题再移植到中国来其实已经失去了原有的热点作用。而中国社会也正在发生新的社会热点，为什么不按照中国的社会热点来做选题呢？这是我们行业工作中需要改进的部分。

任务挑战类剧本虚拟创作实例

作者按：该剧本是我个人以早期韩国《Running Man》这档节目为例，为大家创作出的虚拟简略版剧本，现实中并不存在这样一期节目。这期剧本由于是虚拟剧本，所以整个故事逻辑和游戏设置都没有经过严格的论证和实验，其中肯定存在逻辑错误和不足之处，仅供各位学习参考使用。

《Running Man》古堡骑士特辑

*参演嘉宾：刘在石、池石镇、金钟国、河东勋、宋智孝、姜熙建、李光洙、宋仲基等

*拍摄时间：永远不会拍摄

*播出时间：永远不会播出

*拍摄地点：欢迎大家推荐

S#O. The story background

1. 故事背景：公元11世纪，罗马教廷组织十字军东征，与奥斯曼土耳其帝国展开大战。百年战争后，地中海地区仅剩下"罗德骑士团"（P.S.：以法国贵族为首，欧洲9国组成的"骑士联军"，享有独立国家的政治权利，

目前是联合国最小的国家主权实体"马耳他骑士团")在古堡上建立起坚固的骑士城堡与奥斯曼帝国对抗。1533年,统治罗得岛两百多年的"罗得骑士团"面临奥斯曼帝国10万水陆大军的重重包围,而罗得骑士团总兵力不足7000。在苦苦支撑了6个月后,奥斯曼帝国伤亡5万余人仍然未拿下该城,但是同时"骑士团"弹尽粮绝,不得不弃城突围。骑士团大公(国王)与8名骑士团长临走前把他们积攒200多年的大批宝物秘密埋藏在一个地方。引起后世各方觊觎……

2.角色设定:三队不同身份的团队抢夺当年骑士团国王留下的宝藏,他们分别是:国际盗窃团伙、考古学家和国际刑警。

3.任务设定:三队分别接到线人情报和任务卡,情报显示他们已经知道彼此的存在,他们将在任务开始时领到进入古老宝藏门禁钥匙——若干张流传至今的"扑克牌",但是要集齐四个花色才能生效。他们的任务就是打败对方,集齐所有花色。

4.扑克牌花色设定:选择牌面数字"2-Q"的九张扑克牌,花色分布为:红桃三张;方片三张;梅花三张;另外会在后面的环节中作为暗线埋伏一张黑桃K,在最终环节出现并代替其中的一张牌。

• 三个团队各自乘坐游艇驶向古堡海岛,并在闲聊中讨论此次任务期待(内容待定)

• 在船上接到线人发来的情报(任务卡)

据查,当年"罗德骑士团"留下的宝藏确实就在骑士城堡附近,但是另外两个队伍(国际盗窃团伙和考古学家)也已经盯上这个宝藏,请找到先到古堡广场找到"先知",拿到解开宝藏秘密的关键钥匙)——扑克牌。在关键线索未出现前请各位先不要向他人透露自己的职业身份。

(P.S.:任务卡一式三份,各个团队称呼不同。)

• 游艇在具有R标志的码头停靠,大家下船看到"先知"装扮的PD。

• PD(扮作神秘的"先知"装扮)宣布:

感谢大家来到,我这有九张扑克牌,是各位的上岛签证,请各位先来抽取。

九个人依次抽取扑克牌,抓拍各人的反应。

第六章 任务挑战类真人秀创作方法

S#1. 第一项任务［物资（当地特产）运送大赛］

◆ 地点：古堡广场

◆ 服装：先知服装 其他待定

◆ 道具和布景：9张扑克牌，50斤以上的物资，小背篓3个，装橄榄的筐子若干个，40×50cm宽的木板，下面装有4个万向轮，2米的粗绳子一条，各种障碍物。

◆ 检查事项：

进行方式

1. PD宣布规则：城堡是一个中世纪由骑士修建的战斗堡垒，在骑士的战斗中，战斗物资的运送将关系着战争的成败，接下来这项任务，将会考验大家能否齐心协力地运送物资。三个人，一个充当运输车，一个充当驾驶员，一个充当拉车人。游戏开始后，"运输车"背着小背篓，两手撑在木板上，"驾驶员"两手分别架起"运输车"的两条腿，而"拉车人"则拉起牵着木板车的绳子跑向物资存放处，运输的路途上会用挡板挡出各种弯道，增加难度。在规定时间内，运送更多物资的队伍获胜。

2. 游戏开始：成员商量如何做，成员表示准备好了，PD计时开始，成员做任务。

3. 游戏初步定进行三轮，视效果而定现场控制。

4. 第一项任务通过后，PD宣布胜的队伍有权抽取一张输的队伍的牌，看完后决定是否与其调换。

5. PD发任务卡指引下一关方向，全员转场。

成员们，这些奇怪的板子和筐子是干什么用的？

● PD发任务卡

（第一项任务——物资运送大赛）

请在规定的时间内运送物资。三个人，一个充当运输车，一个充当驾驶员，一个充当拉车人。游戏开始后，"运输车"背着小背篓，两手撑在木板上，"驾驶员"两手分别架起"运输车"的两条腿，而"拉车人"则拉起牵着木板车的绳子跑向"物资存放处"，同样时间内运送最多物资的队伍获胜。

● 本轮游戏结束后，赢家有权利抽输家的一张牌决定是否交换，第一名换第二名；第二名换第三名。

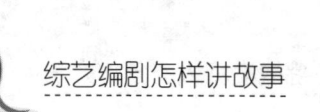

● PD 发任务卡：

请前往阿波罗神庙和古奥林匹克运动场集合

● PD 指引方向，全员跑向下一处

S#2. 第二项任务〈障碍接力赛〉

◆ 地点：古奥林匹克运动场

◆ 服装：运动装

◆ 道具和布景：可以贴名牌的"墙"一面、潜水用大脚蹼 3 双、眼罩 3 个、各人名牌、气球 200 个、跨栏的栏杆。

◆ 检查事项：

进行方式

1. PD 宣布规则：第一棒先拿着名牌穿着大脚蹼空跑；把名牌传递给第二棒，第二棒蒙上眼罩背上第一棒，并在第一棒的指挥下绕过各种障碍物，把名牌递给第三棒；第三棒浑身绑满气球开始奔跑，跑到终点前要把自己的身上的气球全部戳破，并把自己队友的名牌贴到"名牌墙"上。

2. 如上依次轮换，直到本队队员的三张名牌全部贴到墙上。

3. 每贴一张名牌就单独计时，最后每队三张名牌合计用时最短的队伍获胜。

4. 另一种规则是：三组同时出发比拼，但每次"名牌墙上"只能一张名牌，哪个队伍先贴上哪个队伍就赢得本轮的胜利。比如 A 队已经把自己队员的名牌贴到墙上了，则 B 队和 C 队在这轮游戏中失败。按成功的先后顺序决定名次。

● 本轮游戏结束后，赢家仍然有权利抽输家的一张牌决定是否交换，第一名换第二名；第二名换第三名。

● 任务全部结束，PD 发指引任务卡

请前往骑士城堡集合

● PD 指引方向，全员开车出发

S#3. 第三项任务〈城堡攻守战〉

◆ 地点：骑士城堡内城与外城中间

◆ 服装：运动装

◆ 道具和布景：仿古代战争中的投石器3个；水装"炮弹"150发；儿童充气式城堡一个

◆ 检查事项：

进行方式

1. PD宣布规则：三队进行城堡的攻守战。每轮游戏需两队攻一队守，攻城的队伍要6个人齐心协力用投石机向充气城堡内投掷软质"炮弹"。而守城的队伍则需要用头或者身体的其他部位（除了手和脚之外）把炸弹顶出城外。落在城堡内的炸弹越少越好。

2. 每轮游戏3-5分钟，城堡内落的炸弹少的队伍获胜。

3. 初步预计进行3轮游戏，视现场情况看是否增加或者减少。

● 本轮游戏结束后，会再进行一次轮换牌游戏。

● 换牌结束后，PD要求各队把手里的牌分配到个人保管，每个人分到一张牌。

● PD指方向骑士城的某房间前集合（房间地点待定）。

● 房间前，PD颁布任务卡。

请进入房间向古镜询问以下问题：

"古镜、古镜请告诉我，我的底牌到底是什么"

S#4. 第四项任务〈魔法古镜〉

◆ 地点：骑士王宫外的某房间

◆ 服装：运动装

◆ 道具和布景：古典家具置景；一个古老的西欧式样的铜镜

◆ 检查事项：

进行方式

1. 众人依次持牌向古镜询问上述问题。

2. 古镜对普通人的回答是："你的底牌是XX（按他手里的实际牌来说），你的任务就是和队友一起战胜其他人，集齐四个花色，就能解开国王宝藏的秘密。但是去战斗吧！勇敢的骑士！"然后队员会被吸入古镜中进入骑士王宫。

3. 当"黑桃K"的角色来到古镜前时，古镜会闪现异样的光芒，同时"黑桃K"手持的牌也会变成"黑桃K"的样子。回答是：恭喜你！勇敢的骑士，你拿到了唯一的一张"黑桃K"！你的任务就是淘汰所有人，独自占有所有的宝物。如果你要淘汰一个人，请告诉对方："你会永远和宝藏在一起的。"（剪辑时倒剪）。

S#5.〈最终任务——骑士撕名牌大战〉

◆ 地点：骑士王宫

◆ 服装：骑士装，其中一套衣领下面有魔术贴

◆ 道具和布景：揭示黑桃K身份的羊皮卷 代表个人花色的魔术贴（分别为：红桃3张、方片3张、梅花3张、黑桃1张）

◆ 检查事项：

进行方式

1. 九人分布在王宫的各个角落，各人的背后开始贴代表个人花色的牌面魔术贴，贴在大名牌里面，其中"黑桃K"拥有两张：一张是他前面游戏时获得的那张牌的花色，这张贴在大名牌后面；另一张"黑桃K"贴在衣领下面。（剪辑时放到合适的叙事位置）

2. PD广播开始发布任务：现在撕名牌游戏开始，各队撕下对方名牌后可以拥有对方的花色。集齐所有花色的队伍胜利。同时王宫各处同时也隐藏着各种可以获得胜利的线索，找到它们有助于你取得胜利。

3. 针对"黑桃K"，可以在王宫中隐藏以下若干个羊皮卷提示：

①"稀缺的才是最珍贵的，有些你所需要的，其实就是都在争夺的唯一！"

②"一路走来，你所有寻找的正是你未曾见过的。"

③"你与拥有者，曾经无数次地擦肩而过。"

④"'唯一'永远会选择独来独往，即使他看起来跟你们在一起。"

⑤"'领袖'最基本的含义，其实就像衣领和袖子一样容易引人注目。"

⑥"你会永远和宝藏在一起的。"

4. 若游戏进行期间，"黑桃K"第一张名牌被撕，则撕下他名牌的那个人OUT，被黑衣人带走。同时，工作人员把黑桃K的名牌贴好后，向全员广播："黑桃K，已经出现，黑桃K已经出现"，若"黑桃K"再次被撕，则"黑

桃 K"的花色被淘汰他的那个人夺取，成为新的"黑桃 K"拥有者。

- 撕名牌大战开始。

S#5. ENDING

◆ 地点：待定

◆ 服装：骑士装

◆ 道具和布景：RIO、金条

◆ 检查事项：

进行方式

胜利者把四张花色的牌放在一个古董上面，古董发光，某个小隔间自动打开，里面出现盒子，盒子里面装着纯金钥匙和藏宝图。

- PD 宣布奖励。

恭喜你（们）战胜了其他人（队），将获得国王留下的大批宝藏。

众人庆贺！

第七章
观察体验类节目的创作方法

观察体验类节目定义及特点

观察体验类节目其实是一个非常大的概念，包括我们后边可能要分析到的情感交友、美食旅行、文化体验等一系列综艺节目其实都可以归类到观察体验类节目中。从广义概念的角度来说，观察体验类节目也是涵盖于户外真人秀的大品类之下的。

在写作本书之初就曾经强调过，相比于理论性，我可能更强调对实践的指导意义。所以在概念分类和理论探讨的时候不如很多学术著作那么严谨。就像观察体验类节目的分类和定义，我会尽量把广义的概念和狭义的概念讨论清楚，然后再着力于实操方法的提炼。

从广义角度来说，观察体验类节目的概念可以做如下的描述：

观察体验类节目是指节目组以观察者和记录者的身份来讲述嘉宾在某种价值观的基础上，以真实身份和主动意志的去完成节目组赋予的具有真实社会生活特征、任务的观察记录性节目。

从概念的本身来看，观察体验类真人秀跟纪录片特别相似，都是创作者以观察者的角色去讲述被记录对象的某个阶段的真实生活状态。这么认为其实也不算完全错误，毕竟观察体验类节目就是娱乐综艺和纪录片所结合的产物。所以经常有业内同行指出，近年来国内综艺有纪录片的倾向。

但是观察体验类节目虽然借鉴了纪录片讲故事的手法,却在内容气质上与纪录片存在很大的区别。

首先,在创作目的上,纪录片是在观察真实的社会,它所关注内容也是被记录者最真实的生活,希望借助自己的观察引起观看者的深度思考。从这个意义上说,纪录片的思辨意义是要远远大于娱乐意义。但是观察体验类节目的创作目的却主要是提供娱乐性,让观众通过观看节目满足娱乐感。

其次,在创作表现上,纪录片更强调客观观察,而观察体验类节目更强调主动体验。纪录片的导演更希望观众看到的方向是创作者发现了一个有意义的社会存在,导演通过记录这种存在给观众带来一定的思辨和鉴赏意义。**观察体验类节目的导演希望呈现给观众的是嘉宾通过体验娱乐性较强任务来表达某种价值观以及娱乐性。**

最后,在创作手法上,纪录片要比观察体验类节目更加灵活多变。与影视剧的创作手法类似,纪录片的故事讲述方式并不单纯止步于记录,而是包含了资料陈列、情景再现、时空交叉等一系列手段来表达创作者的观点。而观察体验类节目则更强调人物在某种任务中的真实体验状态,强调的是嘉宾在固定空间和固定时间内真实情感的表达和呈现。

固定空间和固定时间的要求让观察体验类综艺在叙事的"时空"和"顺序"方面就存在较大的不同。纪录片的叙事时空非常广阔,历史类的纪录片时空跨度可以穿越古今,而且频繁地使用"倒叙""插叙"等一些叙述手法。人物类的纪录片也往往会几段时空交叉在一起叙述来制造悬念,强化节奏。

比如同为美食类节目,《舌尖上的中国》一段食材的描述可以从冬讲到夏、从西藏讲到云南。而《野生厨房》则只能记录一到两天时间内明星对某个地区的食材的探索和体验。一个纪录片制作周期可以长达数月甚至数年,但是一个观察体验类节目三到五个月的时间必须全部完成。

在近年来的观察体验类节目中,白钟元的高分综艺《街头美食斗士》其实是最接近纪录片的创作方式的,或者说它就是一部美食纪录片也无可厚非。白钟元在某个城市进行体验的时候,他所讲述的美食背后的知识节目组会运用大量的资料影像,以插叙和倒叙等方式把美食背后的文化讲清楚。但是该节目的整体叙事逻辑还是白钟元在某个城市以一天时间来体验当地的美食。

第七章 观察体验类节目的创作方法

所以从概念设定上来说它仍然属于观察体验类综艺的范畴。

明白上述几点其实非常重要，我们在日常的研发中经常可以看到有些年轻的导演提出了非常不错的观察体验类节目创意。但是经不起仔细推敲，很多问题就是出在观察体验类节目的讲述方式上。他们不明白很多看似很好的观察体验类节目，其实是需要大量的纪录片方式的讲述手法才能呈现他们想要的故事气质，但是在创作手法和制作周期都有限制的前提下几乎不太可能做到。

在讨论清楚了观察体验类节目的定义之后，我们再来分析此类节目所具备的主要特点。

首先，观察体验类节目的节目组是具备一定的人格属性的，往往以观察者和记录者的身份出现。你可以回忆一下你看过的观察体验类综艺里面嘉宾的来表达主观感受或想交流时，倾诉对象一般有两个：一个是对着摄像机前的观众，另一个就是对着摄像机之外的节目组人员。

很多观察体验类节目第一个场景往往是和节目的主创人员一起吃饭，在吃饭的过程中大家一起把节目的大致过程聊好以后，基本就算是嘉宾的任务发布了。而自此节目组的身份既是发起者、观察者；同时也是监督者和检验者。此种方式最先被罗英石运用在自己的观察体验类节目中，后来逐渐风靡于其他类型的综艺节目中。

其次，节目一定是基于某种向往感的价值观基础上而展开的嘉宾体验。虽然每个节目都是输出价值观的，但是观察体验类节目的价值观的输出却会更加明显。我们在讨论综艺的特性时曾经强调过，综艺节目是不碰过于"灰暗"的选题的，即使要触碰负面的选题也一定是往积极的方向做。

所以在此特性的基础上，观察体验类综艺所要输出的价值观一定是正向的，具有向往感以及幸福感的。

《三时三餐》的价值观可以总结为"田园相聚，自食其力"，他是"反都市化"和向往田园生活的。

《孝利家的民宿》是讲述"褪去光环平凡婚姻生活甜蜜的"，有一个爱着的人，有一所面朝大海的房子，怎么能不让人感到向往呢？

《爸爸去哪儿》和《超人归来》都是讲述爸爸回归家庭"父子亲情"的，有这么可爱的孩子和帅气养眼的爸爸是特别能吸引年轻的女性观众的。

《花样爷爷》和《花样姐姐》都是告诉人们即使青春不再仍然可以发现生活中的精彩，不必为枯燥生活琐事所困。

对于观察体验类节目而言，你一定要选择一个能让人产生向往感和幸福感的价值观才算打好节目最核心的基石，而且这个价值观的角度还是其他节目没有深度触及过的才更容易成功。

第三，需要强调的是嘉宾的"真实身份和主动意志"这个特点。**与其他综艺节目不同的是，观察体验类综艺节目是"我"和"任务"之间的生活化互动关系**。在其他综艺节目中，有的则未必会要求嘉宾的"真实身份"。以《明星大侦探》为例，每期嘉宾都会代入不同的角色身份，在"角色身份"利用个人真实的性格进行游戏的任务挑战。

再比如在演播厅泛综艺中，由于录制主题的广泛性和环节集中性，嘉宾往往需要参与"仪式性"的环节来完成节目组所设定的任务。在此类节目录制中的嘉宾大多数时候都要以明星的姿态"端起来"，所以无法看到真实生活状态和主动意志。

虽然与纪录片相比，嘉宾的体验任务是节目组赋予的，属于"命题作文"。但是就如我们在前面分析综艺节目的创作特征所说的那样，**综艺节目的创作是以资料支撑的故事创作**。节目组对嘉宾的"命题"，一定是基于嘉宾生活本身的资料调查的基础上所做的内容设定。

如果观察体验类节目所设定的体验任务是任何一个嘉宾都适合的，那么大多数情况下这个节目对于观众来说是也是最没有吸引力的一类节目。好的节目一定是只适合某一小部分嘉宾的，甚至在日韩的观察体验类节目设定中都已经开始了针对嘉宾的"私人定制"模式。

罗英石的《孝利家的民宿》《新婚日记》《咖啡之友》《姜食堂》《李食堂》等一系列节目都是在根据嘉宾在真实生活中的性格来设定节目内容。所以此类节目在制作国内版的时候，选人真的比节目本身的策划要重要很多。

观察体验类节目的最后一个特点，就是"具有真实社会生活特征的任务"的内容表述了。很多人可能认为这是一句正确的"废话"。然而判断是不是正确的"废话"最重要就在于是否提供了"一针见血"的可执行方案。

做这类节目最简单明了的执行方案就是：

首先，你要把这些生活的任务设计得非常"日常"，在观众看来好像没有经过节目组的"设计"似的；其次，你要让"日常"的任务体验的过程非常"不平常"，即保证这些任务完成的过程中确定会发生的一些状况。

说句实话，这样的节目做起来要比"任务挑战类节目"难做得多。

举个非常典型的例子，2017年在韩国非常火爆的节目《同床异梦》中有这样一个桥段：韩国演员秋瓷炫和中国演员于晓光回家看望具有阿尔兹海默症早期症状的婆婆，秋瓷炫的婆婆只记得于晓光小时候的事情。但是秋瓷炫嫁入于家后她却记住了秋瓷炫喜欢吃中国的饺子，但是又记不住食谱。每次秋瓷炫来了她总是为秋做饺子，却又总是出错。

在设计这样桥段的时候其实并不需要告诉嘉宾们怎么做，只要把这一日程安排进去就可以了，前期筹备的编剧可以适当"提醒"，但不可硬性干涉。

这也就是观察体验类节目最大的魅力所在：编剧安排了一切，观众却沉浸在"顺其自然"的真实情感体验中。

观察体验类节目的创作与策划

从以往的工作经验来看，观察体验类节目策划的方法和经验应该是所有的综艺类型中最难总结和简单复制的。因为此类节目的变化种类实在是太多，几乎生活中的每一个角度选好合适的嘉宾都可以制作一档生活观察类节目。

韩国的卢允编剧说，每次录节目内心最忐忑的就是观察体验类节目，因为太多的东西不控制在编剧的手中。因此在所有的节目类型中，录制成片比悬殊最大的也是观察体验类节目。以笔者参与过的《漫游记》为例，两三天的录制周期往往只能剪出60到80分钟的节目。

而任务挑战类节目往往一天8个小时的录制时长内也可以剪出将近90分钟的节目。而演播厅泛综艺则更具性价比，或许3到6个小时的绝对录制时长就可以剪辑出一到两期60到80分钟的节目。

正因如此，往往艺人们在接节目通告时会问清楚是什么类型的节目，是棚内还是户外的，才会开出合适的通告价格。比如在北京录制的某演播厅节目往往要比去西藏录制的户外观察类节目通告费"优惠"很多。如果以美食比喻不同类型的节目，那任务挑战类、演播厅泛综艺类可能更像爆炒或者烧烤；而观察体验类节目则更像是"佛跳墙"，需要文火慢煮方能出滋味。

之所以在这节内容的开头花这么多篇幅来分析观察体验类节目的录制成

片比，最关键的原因就是让大家有个最基础的认识：**做观察体验类节目最基础的原则就是不可心急，要为节目内容和艺人发挥留足空间，只有这样才能做出节奏舒服的观察体验类节目。**

除了上述节目策划最基础的原则外，接下来的几点就是见仁见智的工作经验总结了，梳理出来供大家在日后的同类工作中参考。

1. 选好"化学反应方程式"

说观察体验类节目像"化学反应方程式"的最重要的原因就在于"反应过程"的自主性。它不需要像其他节目类型一样过多地强化节目组的主观意图。观众要看的就是嘉宾情感在观察过程中的自然反应。其他节目类型往往需要节目组不断地以"裁判"的角色推动节目进行，但观察类节目则不需要，表现得越自然越好。

策划观察体验类节目最实用的方法就是把它们当成"化学反应方程式"来考虑。最好"化学元素要常见"，为观众添加亲近感和共鸣感。但是"反应过程"要足够有"噱头"，而且能够出现观众预期的一些"反应现象"。

在这种思维的指导下任何日常生活中的现象都能成为你创意此类节目的源头，比如说"衣食住行"中的"食"："不会做饭的男人"+"不熟悉的乡村"+"完全自食其力的三餐"=？这是不是罗英石团队创意的《三时三餐》？

"自己都糊里糊涂的小伙"+"三个女人一台戏的姐姐们"+"有限经费的国外旅游"是不是就等于《花样姐姐》？把里面的嘉宾元素替换一下是不是就成了《花样爷爷》？**总之各种"不稳定"的元素凑在一起就容易引起观察体验类节目的"化学反应"过程。**

有人可能会说你这都是事后总结的，不具备实践意义。但是我想说的是，这些都是便于你理解而举的非常成熟的例子，真正的节目可行性的论证过程远比这个复杂得多。再随便举个例子，比如说我们要以"友情"为切入点策划一档观察体验类的节目，我们可以以"闺蜜"为关键词。而相关的社会热点如"所有女生都会担心闺蜜会抢自己的男朋友"。

那列成"化学方程式"就是："女生观察"+"男友和闺蜜出行"=女性友情考察度。这算是一个观察体验类的方程式，里面有具备了"不稳定"的情感元素。但在实际论证中却还要考虑道德观、社会伦理度等一系列元素，

才能创造出一个让人看着舒服的观察体验类节目。

2. 把嘉宾放入适合的"反应"环境

在观察体验类节目的创作中,对节目录制环境的重要性其实是要高过其他节目的。以演播厅类泛综艺而言,只要你的舞美设计足够好,在北京的演播厅或者是上海的演播厅录制对节目的内容影响是不大的,唯一不同的可能是制片方的各项成本不同。同是户外节目的任务挑战类节目也没有什么非某个地方不可的要求,好的游戏创意一般情况下只要环境大致相同即可。

但观察体验类节目的环境往往是决定一个节目整体气质的最重要元素,其他节目或许不需要"实地踩点"就可以出剧本,但是观察体验类节目一定是等到实地考察等一系列环境元素都掌握后才能完成最终的剧本。

以韩综《三时三餐》为例,最终的任务流程一定是在考察完了这是一个怎样的院子,院子周边有些什么样的农作物,院子的炊具和厨具是有哪些使用技巧等之后,才能最终编写剧本的流程,不然就是凭空想象。

但是不同观察体验类节目对环境的应用技巧也是不尽相同的,总结起来无非以下三种模式:

第一,节目所涉及的体验环境是嘉宾陌生同时观众也较为陌生的。此类节目往往以新奇人生和新鲜生活的体验为主,嘉宾在自己不熟悉的环境中更容易触发真人秀状态,同时也会给观众带来不一样的画风感受。

以罗 PD 的《花样爷爷》为例,已过古稀之年的老演员去往大多数观众都不熟悉的欧洲等地旅游,失去自己熟悉的生活环境总有各种意想不到的状况发生。同时观众也大多是没有出过国的,他们对国外的环境也同样充满期待,这样的环境就为创作者在接下来的任务设计带来了很大的便利,只要寻找符合观众期待的新奇事物安排节目看点就不会缺乏。

第二,节目所涉及的环境是嘉宾陌生但观众非常熟悉的。但是此种设计方法的前提是节目的嘉宾为明星或者名人。即在普通观众的认知中,名人的生存环境一般是比较优越的,他们所从事的职业和日常生活也是非常豪华令人向往的。**此类操作方法就是把专业演艺型嘉宾"下放"到普通人的环境中去进行真实的体验,利用专业演艺型嘉宾的身份与环境形成的反差带来观众期待的综艺效果。**

例如韩综中的《Workman》就是韩国艺人张圣圭以明星的身份到各行各业去体会不同职业所带来的新鲜感，体验过程中产生的各种综艺效果往往既出乎观众的意料，又处于日常生活的情理之中。国内的综艺中《哈哈哈哈哈》也是利用这样的环境使用来进行节目设计，让邓超、陈赫、鹿晗等人一路靠打工去体验普通人旅途上的方方面面。

第三种比较常用的就是嘉宾很熟悉但是观众却非常陌生的观察环境，此类节目主要满足的就是观众窥私欲。这一类节目最大的看点就是带着观众去看嘉宾的生活，这种生活往往有一定的私密性。而且此类节目往往也是邀请名人、明星等作为嘉宾，比如韩国前几年的《超人归来》《同床异梦》等都是利用嘉宾回归到自己的日常生活中把自己真实的生活展现给观众看。

而芒果tv这几年的《我家那闺女》《我家那小子》《女儿们的恋爱》等都是展现的嘉宾熟悉的生活环境来给观众看，展现了明星深度情感关系的同时也满足了观众的窥私欲。

3. 要把"惰性反应"催化给观众看

国内很多观众习惯称观察体验类的综艺为"下饭综艺"。最主要的原因就是此类综艺的整体节奏偏舒缓，既没有过于激烈的游戏对抗，也较少那种让忍俊不禁的喷饭笑点。它们提供的更多的是有趣而温暖的综艺点，非常便于给压力巨大的都市年轻人解压。

而且观察体验类的综艺做得也非常的"日常化"，给观众的感觉好像一切都是自然发生的一样。这就给很多刚入行的年轻人一个错觉，认为观察体验类的综艺就是要如实地记录嘉宾的真实生活，把这些真实呈现给观众看就足够了。

不但年轻导演，甚至很多资深导演**非常容易走两个极端：一个是过度干预，一个就是放任自流**。当然"过度干预"的人居多，录半小时不出"戏剧冲突"导演们就忍不住要上前沟通，这种方式的缺点就是容易给观众看起来"假"。但另外一种就是"放任自流"，反正一切都有后期剪辑，录个两三天总能剪一点东西出来。

其实无论是艺人还是普通人，日常的生活都是枯燥而乏味的，纵使你把两三天的时段截取给观众看。你所想要的内容也未必会全部都出现在你的录

制时段内，尤其是那些"主题性"很强的综艺，它们都是日常生活中的"惰性反应"，很多都需要在漫长的生活中慢慢地体现出来。

所以一名编剧想做好观察体验类综艺，一方面是自己要有足够的生活阅历或者主题类似的丰富经验，另一方面要通过节目录制节奏的掌控把日常生活中的"惰性反应"催化给观众看。以韩综《做家务的男人们》为例，该节目所选的这些嘉宾绝大多数都是平常不怎么做家务的男人。他们所要接收到的"家务活"往往都是节目组和家人充分调查过后被安排进日程的。

而且与其他类型节目的节目组"颁发"任务不同，"家务男"所收到的任务都是家人的嘱托或者是日常的生活清单。这些"清单"通常有两个方面的特点：一是可以展现他生活中不为人知的"小秘密"，满足观众的好奇心；二是这个事情在大概率上他是做不好或者会手忙脚乱的，能产生让观众爱看的综艺点。

总而言之，就是从嘉宾比较缓慢的日常生活中提取出最符合主题的内容，在节目进行过程中想办法"催化"给观众看。这就是综艺节目编剧在节目创作中最重要的作用。那具体的方法就涉及我们接下来要讲到的"催化剂"了。

4. 掌握尽可能多的"催化剂"

观察体验类节目录制的"催化剂"是什么？简单的总结就是在节目组的安排下依次登场的"人和事"的系列组合。 有人可能会质疑你不是不赞成去"操控"节目的进程吗？现在怎样又要在节目中加强使用"催化剂"了呢？这样做出的真人秀会不会显得很假呢？

这其实并不矛盾，我们所主张的不过多干涉节目的进程意思是不要频繁去干涉嘉宾的主观意志和关键选择。因为他有自己的性格和节目人设，所有最终的选择都需要前面一系列情绪表现做支撑，盲目地去人为干涉，在后期剪辑的时候会圆不了节目的逻辑线。

而节目中使用"催化剂"不同，它是根据正常的情感规律和人物性格的预判来进行节目安排的创作方法。比如家庭关系观察类综艺《我家那小子》《我家那闺女》《女儿们的恋爱》等此类节目，主要从长辈的视角来观察正处在事业成长期的明星儿女。此类节目的"催化剂"就是父母最关心子女的系列"话题"。

比如到底有没有找男女朋友；平常有没有按时吃饭；天冷有没有注意添加衣物；工作忙不忙累不累；他们的择偶观是不是跟父辈的一致等。而编剧所要做的就是在前期尽量把这些父母们最关心的"话题"调查清楚，然后结合嘉宾近期的日程巧妙地让这一切都非常"自然"地发生。

当然录制的这段时间要做哪些事，要见哪些人都是要经过节目组根据主题进行非常详细的安排。但是节目组不能安排的是嘉宾在做这件事过程中所要做的选择和所使用的方法，他们所要见的人也要根据他们的真实关系让彼此最自然地发生。

以芒果TV的《我家那小子》为例，当拍摄独居的钱枫时他所点的夜宵，深夜所接的电话，以及朋友的突然登门拜访等，都是在节目组的掌控之中所发生的日常流程。但是节目组的创作在于在此期间尽量安排同龄"女闺蜜"来跟钱枫进行接触，以营造"到底是不是找了女朋友"的悬念。因为这毕竟是到了这个年纪的父母最关心的事。

上述我们所提到的一系列"日程安排"，其实就是节目录制过程中的"催化剂"。同时我们在剧本的节奏那一节也曾经提到，在录制进程中根据节目的成片体量要不断地使用"催化剂"来保证节目的节奏，想办法"催化"综艺的趣味性和共鸣。

5. 设立"高默契"的主规则

对于观察体验类综艺节目而言，几乎所有的节目组都极力让观众相信自己的节目是没有剧本的。而且几乎所有的"慢综艺"都把无脚本、纯自然流作为自己节目的主要卖点。其实这样宣传也没有什么错。因为相比其他综艺类型而言，观察体验类的"慢综艺"算是节目嘉宾主动性较高的一类节目。

但是对于节目的策划制作而言，这样的观念就真的只能说给观众听听了。我们以中国的传统武术来打个比喻，如果任务挑战类综艺是大开大合、刚猛见长的外家拳的话，那观察体验类综艺就应该是形气合一、柔中带刚的内家拳。外家拳讲究外练筋骨皮，而内家拳则更讲究内练一口气。

所以观察体验类综艺在内容策划中最重要的事就要找到贯穿节目主线的"气"。这种"气"不能看作节目中旗帜鲜明的"节目规则"，而更多的应该是一种节目组、嘉宾和观众之间所建立的高度默契的"主规则"。

以韩综《三时三餐》为例，节目的主规则只在第一季的首期节目中出现过。在刚到农村院子里的时候，罗PD在嘉宾开始做饭的时候说以后在这里所有的饭菜都需要就地取材自己动手完成，当地之外的食材需要用自己的劳动换取。在后边的期数中几乎没有再提及这条规则，甚至后边几季节目换了嘉宾，大家也都默认这条规则的存在。

但是就是这条形成默契的规则，几乎主导了这档节目所有综艺情节的发展，所有的资源分配都围绕着这一规则来。

《三时三餐》的规则还算是非常明显，有很多观察体验类的综艺节目中是一点也不会提及的。直到节目嘉宾都按照节目组设定的流程规则出演完了，观众还会认为这一切都是非常自然而然发生的事，几乎不存在节目的什么事一样。

最典型的就是2018年非常火爆的韩国综艺《同床异梦2：你是我的命运》。这档节目也是由韩国现象级综艺作家卢允作为主编剧的。它分别观察了韩国市长李在明夫妇、于晓光秋瓷炫夫妇和笑星金秀龙夫妇几位不同年龄段夫妻的家庭生活相处之道。

节目在表面上确实是没有向各对夫妇宣布任何的节目规则，但是却在台前幕后做了大量的节目采访和幕后观察。其实在这类节目的创作中，节目的主规则已经非常明显地在主导内容的运行了。

这条主规则是：

请按照节目组所列的"夫妻相处问题"安排两位录制阶段的日程，并真实地展现有关这些问题的真实反馈和表现。

通过这条制作经验的总结我们可以看出，一个成功的观察体验类节目最主要的创作难点是你能不能发现基于嘉宾真实关系的共鸣性"问题"。

再以《同床异梦2》为例，每期其实就是一个主题：家里的日常谁照顾？夫妻的经济权利如何分配？婆媳关系如何处理？出差时会给对方带来关怀吗等诸如此类的问题，都是普通夫妻日常生活中会碰到的，他们也会好奇明星夫妻如何处理。

通过这个例子以及等量代换的原则，我可以得出所有不在节目中宣布相关规则的观察体验类节目制作的原则性技巧：

请列出有关此节目主题最具共鸣性的所有话题，然后选择与节目嘉宾契

第七章 观察体验类节目的创作方法

合度最高的若干条，想办法内化到嘉宾录制的日程内容中去，最后节目的成片很大概率上是可以获得观众认可的。

观察体验类节目是一个非常广阔的节目类型，几乎可以涵盖日常生活的方方面面。而且此类节目非常考验编剧的生活阅历和知识积累。这也是为什么在韩国，任务挑战类节目和音乐类等节目的编剧和导演可以年轻和热血，但是一个好的观察体验类节目的导演和编剧往往得具备非常丰富的生活阅历和行业经验。

任务挑战类等节奏快的综艺，讲究的是大开大合的刚猛之道，而观察体验类节目则讲究的是以柔克刚的内力之劲。

观察体验类节目拍摄及执行要点

我们在前边分析过，观察类节目在所有的节目中看起来是最好做的，但是想做好了却是最难的。国内大量"平庸"的同类节目已经充分证明了这一点。

与其他类型节目不同的是：如果其他类型节目剧本完成节目就已经完成一半的话，那此类节目剧本完成时顶多算是完成了三分之一。观察类节目在录制执行阶段好的制作团队和差的制作团队，即使是同一个剧本执行出来的节目也会天差地别。

说到节目的"执行"那可能会偏离编剧的话题讨论范畴，但是我们至少可以从编剧角度来讨论一下节目策划执行侧应该注意的事项。

1. 剧本的开篇综述：让团队明白策划目的

如前所述，观察类节目的制作与很多节目不同，它没有明确的环节，也缺乏硬性的任务。很多内容往往还是由"主人公"自己来安排的。观察类节目的制作团队更像是节目"作战"中的"野战军"，每个小分队的"战场"有时候也不尽相同。

而且有时候还像是秘密的"特种作战"，需要把自己伪装起来，尽可能地不去"主人公"正常的生活。在这种情况下，各"兵种"之间的协调作战就显得很重要。

打一个比方：比如一支特种部队要攻占一个山头，但是鉴于是秘密作战，他们之间不可能大规模地行动，需要分开来各自行动。彼此之间虽然有联系，但是并不能准确地得知各自的具体战场情况。

最简单的命令方式就是告诉士兵你的预定作战目标是什么，比如早上10点前攻占X高地。有了这个作战目的，各个团队乃至各个士兵即使是部队打散了，他们也明白自己的作战目标是什么。

为了便于大家理解，笔者以罗英石导演的《花样爷爷》第一季的首期节目为例，根据节目故事和韩综剧本风格"仿写"了部分剧本故事，可能与真实剧本有所差别，但是并不影响我们学习研究。这是一个"国民爷爷人生尽头穷游欧洲"的故事。他们旅游的方式是自助游，而且要自主控制经费和交通食宿。我们主要通过这个案例来学习综艺剧本故事预设和执行准备之间的关系。

例：韩国TVN《花样爷爷1》EP01（开头部分）

导演：罗英石

编剧：李有静

EP01：夕阳下的巴黎城

△故事主题：老骥伏枥，为梦想出发！

大韩民国4位平均年龄超过75周岁的"国民爷爷"，创造了无数经典影视形象，且4位友情超过50年的亲密老友，一辈子的时光都奉献给了那些镌刻在里程碑式的经典故事中。在夕阳落山之前，他们准备来一次回首青春的出国旅行。当然也可能是唯一且最后一次出国旅行！经费限定，时间限定，而相伴只有一名年龄差在40岁以上且同样没有旅行经验的"挑夫"，要命的是这位可能是比家里老伴还要唠叨的后辈。

他们将如何安排行程？年轻的挑夫究竟是会"挑担"或还是个"负担"？

风格迥异的5人，还没出发可能就吵成一团，迷茫的未来，他们能否顺利完成这次欧洲之行……

△本期重点：

- 故事开篇（人物性格铺陈，故事基调欢乐温暖）
- 人物介绍＆采访
- 旅行规则制定与调整
- 人物"人设"提炼与梳理

- 预置后续悬念
- 预设事件点和人物关系

△ 本期日程：

- 8月15日—8月17日首尔：四位爷爷聚餐采访
- 8月18日首尔："挑夫"李瑞镇"隐藏摄像机"拍摄[①]
- 8月20日首尔：①拍摄出行前的准备 ②拍摄出行前背采
- 8月21日 Day1：14:00 仁川机场集合，16:30 仁川——法国巴黎
①抵达巴黎 ②入住酒店 ③夜间安顿休息
- 8月22日 Day2：①标志性地点（卢浮宫等） ②午餐

△ 本期逻辑：

- 出发之前：①梦想讲述，人物关系梳理 ②李瑞镇"隐藏摄像机"预埋 ③收拾行李
- 机场集合：①出发期待，炫耀告别 ②机场见面，"挑夫"出场 ③面对"爷爷"们的窘况
- 抵达巴黎：①异国陌生机场状态 ②自行解决交通 ③入住酒店
- 巴黎首日：旅行开始，首日安排，唠叨"挑夫"和"烦躁"爷爷的故事

在上述剧本节选中我们可以看出，对节目的"大目的"，主要进行方式、任务线、人物线、单集故事线等都在剧本开头的大纲中简明扼要地叙述出来了。各个导演组和各个技术工种也都能一目了然地知道节目要做什么，需要什么样的内容。

这样做对观察类节目非常重要，它不像演播厅节目，大家往往在一个小范围内录制，有什么情况可以第一时间进行沟通，实在不行还能暂停录制，大家一起商量好再重新开始录制。而很多观察类节目的内容都是"主人公"正在进行中的生活，无法"暂停"或者"重来"。

而有了开篇综述式的"目的"叙述，节目组所有的成员都会知道你想呈现的节目是什么样的。哪怕节目有再多的"分线"出去，他们遇到突发情况

[①] "隐藏摄像机"是一种综艺拍摄手法，指的是对全部或部分嘉宾隐瞒拍摄的真正目的，以达到意想不到的综艺效果，例如在本环节中节目组在拍摄时告诉李瑞镇和他一起出游的是女团成员，李瑞镇异常期待，直到机场见面时才发现一起出游的是一群爷爷。

也会基于节目的"主目的"为你做出最佳的处理方式。

2. 环境调查和人物调查比其他节目更严苛

观察类节目讲的就是"某人和某种生活"的故事。正是由于故事的所有取材都基于人的真实身份和正常生活，所以此类节目前期资料调查就不单单是"背景资料"的调查，而是"故事框架"本身资料的调查。

首先，"环境调查"行业术语一般称之为"踩点"。例如以"我独自生活"系列的环境调查为例。要通过访问、查看、体验、重复验证等多重环节来保证资料的真实性。比如主人公每周四会去某家宠物医院为宠物做美容。

那我们要调查的范围就包括：

他为什么喜欢来这家宠物医院？美容的项目有哪些？宠物配合程度如何？从家到宠物医院的路程有几条？时长是多少？宠物医院里有没有特别有趣的医护人员？宠物美容做完接下来的行程是怎样的……包括且远远不限于上述资料。

而"人物调查"我们一般称之为"人物小传"或者"人物资料"。与普通主题的综艺不同，观察类综艺的"人物小传"要与节目主题密切相关。除了最基础的人物经历、作品经历以及人物性格之外，大量的篇幅是应该着眼于嘉宾在主题下的详细资料。

其他类型综艺更多的资料调查是考察编剧们的资料搜集能力的，尤其现在是网络时代资料搜集开始变得容易。编剧组在搜集资料的时候更多的是要对资料进行筛选和归纳，从而找出更加具有契合度的内容爆发点。

但是观察类节目的"人物调查"可能更多的精力是要集中在"人物访谈"方面。这是因为一般具备新鲜度的观察视角对嘉宾本身过往所具有的资料也是少之又少的，很多话题点可能连嘉宾自己都说不清楚。

所以要通过对嘉宾本人、身边亲友、生活环境、特殊物品等进行观察和访谈，最后得出编剧预判的"人物小传"。

所以上述两方面的调查做得是否到位往往决定了节目最终的深度，而一个成熟的编剧也将通过更加翔实的调查为观众展现更加精彩的节目内容。

3. 人物关系和环节推进要有"镜头真实"

对这一点可能很多人觉得不好理解：我把真实的东西拍下来不就真实

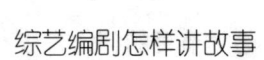

了？这还有什么疑问吗？专业演艺型嘉宾是真实的，明星周边的亲友关系也都是真实的……明星所做的事情也是真实的，这能有什么问题呢？

为什么说要保证"镜头真实"？这难道跟现实生活中的真实还不一样吗？

说实话这真是我们和韩国同类节目制作中所存在的差异。在韩国同类节目中，他们也不可能是完全纯自然流进行记录的。他们肯定也是经过和嘉宾充分地沟通，在嘉宾真实生活的基础上安排好节目的"录制流程"，并进行观察记录，甚至有时候还会由编剧策划一些特殊的"戏剧冲突"来增加节目看点。

但是可值得借鉴的是，他们真的可以把这些"设置"在节目中表现得非常真实自然。比如《同床异梦3》中于晓光和秋瓷炫夫妇的第一期节目中。节目组知道秋瓷炫喜欢吐槽于晓光毫无节制的网购行为，特地在秋瓷炫不知情的情况下让于晓光又网购了比平常夸张得多的物品，秋瓷炫看到这一幕后当然"原地爆炸"。

而相比中国很多的同类节目，节目组更相信编剧的"策划能力"，让编剧们去编一些所谓影视剧化的"桥段"。然后和嘉宾以及他的亲友进行沟通，让他们尽量按照这些"策划桥段"进行演绎。

明星可能还好，但是明星身边的那些亲友可很多都是纯正的素人，虽然台词是让他们自由发挥，但是毫无演艺经验的素人演出来的东西观众往往一眼就能看出来真假。基于"虚假想象"设置出来的东西，很难让观众相信它们是真的。

关于环节推进也是存在同样的"问题"，本来真实的人物关系和生活场景，可是经过某些节目组的设置却看起来非常假。比如夜里12点让父母给自己的明星子女打电话问为什么还不睡，已经60多岁的父母会在夜里12点还不睡觉吗？再比如为了制造嘉宾和某乡村素人相遇，让素人在还没有开始收割的田地里独自进行收割，整片田野就他一个人在劳作。这个场景就很显得很假了。

总之，综艺节目不是拍影视剧，不能由着编剧随意想象。一切环节的推进都要按照嘉宾的真实生活来，而且真实生活要符合社会生活常识，这样才能做出让观众相信的观察类节目来。

4. 剧本的画面描写具有特殊性

在韩综刚刚引入国内的时候，我们经常"嘲笑"韩国人的剧本。因为在中国的同行看来，韩国的综艺剧本总是"不说人话"，即编剧很喜欢在剧本中加入很多"形容性"的描写。比如：

清澈的阳光如水一样地流泻整个房间……

伟大的世宗大王铜像在广场上迎接着穿越勇士的到来……

时钟已经指向了晚饭的时刻，对于是否要离开这家旅馆两人陷入了深深的纠结……

中国的导演和摄像看了这样的描写，可能也会嘲笑韩国人写东西矫情。但是对于韩国的导摄人员来说，这些信息可能是他们捕捉关键细节的重要指南。

比如"清澈的阳光"这条，导摄团队就知道我需要拍摄阳光透过玻璃的空镜头；而"墙上的时针"这条，摄像就知道我需要补充关于挂钟的特写……

但是不习惯写这些的中国编剧，以及不注意这些细节的导摄团队可能这些画面一个都没有，全部需要后期买素材或者 CG 动画来完成。

观察体验类节目和演播厅节目、户外游戏类节目都不同，它所需要的环境细节很细致，而且这些细节有可能都发生在不同场景、不同时间的外景中，如果不注意捕捉，过去了就过去了，你想再来拍摄是没有办法补充的。

导演在开拍前是和编剧一起认真地研读和修改剧本的，哪些能拍哪些不能拍，哪些如何拍才会显得更有画面感。至少要知道整个画面和行进逻辑是怎样的，这一点对于观察体验类节目尤为重要。我们仍然以 TVN《花样爷爷1》的桥段为例来辅助理解。

韩国 TVN《花样爷爷1》EP01（开头部分）

导演：罗英石

编剧：李有静

※ 异国他乡的繁华街头川流不息，街头的斜影已然缩短，饥肠辘辘的五人商量如何解决今日午餐

【异国第一次午餐 / 看不懂的菜单 VS 吃不惯的西餐】

餐厅 / 夕阳团首次午餐

• 人物关系：相互谦让或互相埋怨 / 挑挑拣拣的爷爷 / 如何处理众口难调 / 吃得慢或吃得快

• 人物性格：胡乱点菜的 / 吃什么都行的 / 照邻桌点的 / 交给瑞振的 / 发呆走神的

• 挑夫状态：满头大汗 / 轻松自如 / 寻求同胞 / 忙着照顾大家 / 对预算的把控

※ **预算清单：**【字幕 / 可爱包装】

（每上一个菜，经费蹦一下。抓拍瑞振反应）

△ 随机采访

①对这餐饭满意吗？

②对挑夫目前的安排满意吗？

※ "挑夫心得"

转场 2

※ [字幕 / 巴黎街景 / 欧洲主题背景音乐]

吃饱喝足的爷爷们，开始了接下来的行程

却不知道

接下来等着他们的是更大的挑战

……

从上述环节可以看出，每场戏可能发生的情况预判，场次之间的转场环境描写，甚至后期可能需要用到的"字幕"剧本都要尽量标得清清楚楚，要让即使完全没有参与策划的剪辑人员拿到你的剧本也大致知道该怎么进行故事架构，这样才算是一份优秀的观察类节目拍摄脚本。

5. 沟通要适时且适事，执行要有充分备案

节目组合嘉宾之间的录制"即时沟通"每个节目都要有，而且是非常必要的。但是观察类节目和其他有所不同。像演播厅互动节目和户外游戏类节目等都是属于编剧"创意"主导的，节目组对内容具有绝对的话语权，而且嘉宾的身份角色也服从于节目的内容角色。

但是观察类节目不同，它往往是基于嘉宾的真实生活或者真实意愿去录制的，嘉宾对节目内容走向和事件选择具有更多的主观能动性。而且此类节目往往强调嘉宾的"沉浸式体验"，所以在录制过程中嘉宾的投入度往往决定了节目最终呈现时的情感浓度和感染力。

笔者在以往的工作经验中看到过过度干预的执行导演和编剧，嘉宾还没和其他人说两句话就不断地举大字报和使眼色，甚至是冲上去打断嘉宾的谈话，进行沟通。不是说不能沟通，但是不能像上述这样沟通。这样做等于不断地在提醒节目参演参与者，我们是在"演"，在做一场秀。

这样做只能让嘉宾在镜头前极其不自然，让观众看来更像是节目组的"摆拍"。编剧沟通尽量放在一件事结束和另外一件事还没有开始的"转场"之间，而且沟通的是嘉宾的表现状态，不对事件进行评判或指责。

而且也不是事事都要按照节目组想要的结果来进行沟通。这里面最大的一个原则就是不改变嘉宾的"情感选择结果"。举个例子：嘉宾和多年前伤害过他的中学老师见面，最终嘉宾选择不原谅这位老师。我们可以沟通让嘉宾充分解释不原谅的理由，但是不能沟通嘉宾改录成他原谅了这位老师。

这条同样适应于后期制作：不进行"恶意策划"，同时也不"恶意剪辑"，这是综艺制作人的职业道德。

最后一点需要叮嘱的注意事项就是执行备案，我们知道观察类节目属于基于嘉宾真实生活的"现在进行时"状态的节目，它的很多录制进程属于"不可逆"的状态。但是户外多地多场次的录制又属于不可控元素较多的录制方式，所以预备执行预案就显得非常重要。

最简单的备案方式比如，原定嘉宾要去户外网球场打网球。天气下雨怎么办？按他的性格是选择穿上雨衣也要打还是改成其他的活动，有没有预备好的场地，场地有没有沟通？

再比如，原定的冲浪项目由于风浪太大无法实行，是否改成沙滩排球、足球等备案，这些都是需要节目录制时的经验积累和备案思维来提前筹备的。

第八章
喜剧类节目创作方法

喜剧：基于优越心理的情感俯视和释放

喜剧，影视和舞台艺术中的重要品类。同时也是人类进入文明社会后最早起源和发展起来的艺术体裁之一。在中国文明和古希腊文明早期的文艺历史相关的资料中都有关于"喜剧"的记载。

在中国，喜剧的雏形最早可追溯到秦汉时期。当时已经出现了以"俳优"为职业的专职喜剧艺人，他们以"乐舞戏谑"为主要表演内容，娱乐各王公贵族的大型宴饮现场。唐宋时期开始流行名为"参军戏"的喜剧类型，主要由参军、苍鹘[hú]两个角色表演，通过滑稽的对话和动作，引人发笑，是早期的一种以调侃诙谐为主的表演形式。

目前英语中的"喜剧"(Comedy)一词来源于古希腊语的Comedia，结合了Comus+ode（祭典+唱歌）、Come+ode（乡村+唱歌）、Coma+ode（昏迷+唱歌）。通过原始的语义分析我们可以发现，利用仪式感的环节、音乐性的修饰和幽默化的情感表达，就构成了喜剧最常见的表演形态。

我们知道以"悲剧"和"喜剧"为主要类型的古希腊戏剧在人类文明史上留下来浓墨重彩的一笔。很多人对古希腊戏剧中的"悲剧"推崇备至，认为它代表了古希腊戏剧的艺术高峰。优秀代表作如《俄狄浦斯王》《普罗米修斯》等都反映了古希腊人在面对自然困境和当时的制度困境时所表现出来

的深度思考。

但是从审美层次上来讲，古希腊的"喜剧"应该是在戏剧表现形式之外有着更深一层的伦理和情感深度的。鲁迅先生说悲剧是"将人生的有价值的东西毁灭给人看"，而喜剧则是将那无价值的东西撕破给人看。

同样是在艺术上的"毁灭"和"撕破"，"悲剧"角色的"悲"是主人公能够在戏剧情节中体会并表达出来的。但是"喜剧"却不一样，"喜剧"角色则永远在一个不知轮回的环境设定中疯狂地挣扎和冲突。很多喜剧人物本身是意识不到本身所处困境，或者即使意识到了他也找不到根本原因在哪里。

这就是为什么我们常说"喜剧的内核是悲剧"的原因。观众看到喜剧角色所处的困境，感受故事桥段中的诙谐与滑稽。这些东西在日常生活中可见，但是并不集中。所以突然集中出现一个很短的情节中，所产生的审美效果往往就是让人"哭笑不得"。

有句俗语说得好："你觉得这件事好笑那是因为没有发生在你身上。"这其实已经通俗地说明了喜剧的真正内核，即在观众熟悉的文化背景中设定一系列"倒霉事发生在别人身上"的幽默情节和滑稽冲突，就构成了我们最常见的喜剧创作。

上述阐述中有两个要点需要强调：

首先是"熟悉的文化背景"，所有"喜剧"的诞生和传播都离不开和受众共通的文化背景，文化背景越相似所能感受到的喜剧元素越多。相反过于陌生的文化背景将会非常影响笑点的传达效果。这也是为什么很多国外翻译过来的"喜剧片"往往会损失大量"笑点"的根本原因。

其次是"发生在别人"身上，而且这个"别人"也最好是观众非常熟悉的人，越熟悉越好，越典型越好。如果你在喜剧作品中看到一个非常搞笑的角色，这个角色让瞬间想起身边的某个人或者是某一类人，那这个角色的创造就是非常成功。

"好笑"的事情要发生在别人的身上才搞笑，这是人类发展中的人性使然。当然，不排除那些喜欢或者善于"自嘲"的人，他们愿意甚至擅长拿自己的缺点或者滑稽的事情来取悦身边的人。这样的人是受欢迎的，但也是违反人类的自然本性的。

第八章 喜剧类节目创作方法

所以这样的人也相对稀缺，如果有这样的人就是天生的喜剧人，他适合从事喜剧行业并为他人带来快乐。

聪明人大都是善于"自嘲"和"幽默"的，但是更多的喜剧角色却往往处于滑稽的境地中而不自知。大多数的"喜剧角色"都是基于这样的人物性格和角色定位而来的。最典型的代表莫过于鲁迅先生笔下的阿Q了。

而且鲁迅先生的《阿Q正传》也是"喜剧的内核是悲剧"的典型代表。阿Q处于未庄社会的最底层，做着最苦最累的活。但是他无时无刻不在未庄的重大事件中寻求参与感。因与赵太爷的儿子中秀才攀亲被打，参加革命党被拒等一系列事件中，阿Q对自己的处境是不甚清楚的，还十分滑稽地在这些事件中用"精神胜利法"刷存在感。

这种矛盾冲突就是人们所看到的喜剧表面，深层次的社会因素却是每个人身边或多或少都存在着阿Q这样的人物。甚至是每个中国人的身上都存在着或多或少的阿Q的性格元素。这种从"别人故事"的喜剧中反射回自身思考的创作深度才是喜剧创作中最见功力的部分。

从创作层面而言，绝大多数的喜剧作品心理内核都是建立在激发观众心理优越感的基础上的。何为激发观众的心理优越感？即观众看到喜剧角色所处的故事情境时会产生如下的心理活动：

他（们）怎么会碰到这么窘迫的状况

他（们）的关系为何有这么搞笑的误会

这个人（角色）怎会如此的愚笨滑稽

这么倒霉的事怎么就让他们赶上了

……

我们日常生活中还有另外一句有关喜剧的非常精辟的总结：来！你有什么不开心的事说出来让大家开心一下。这句话虽然戏谑，但是它却一针见血地道出了喜剧的本质，即人们习惯从他人或是倒霉、或是愚笨、或是误会的事件来激发属于自我的快乐。

有志于从事喜剧创作的小伙伴一定要牢记这条喜剧创作的深层原则，即所有的喜剧创作都是围绕着如何激发观众观赏时的优越心理而作为潜在目的的，抓住了这一点你的喜剧创作将会比其他作品更胜一筹。

观众对于喜剧的角色人物是处于一种"情感俯视"状态。他们因角色的

剧情遭遇而感到欢乐，同时对他们的处境也充满暂时的心理优越感。这种心理优越感往往表现在：我可不是这样蠢的人，或者这么滑稽的遭遇幸亏是别人遇到的等。

这样的心理潜意识或许观众自己都没有意识到，但确实是观众在观看喜剧时最主要的欣赏满足感来源。观众以"俯视"的姿态欣赏喜剧作品，并在喜剧快节奏的密集笑点中让生活压力得到集中的释放。这也是大部分观众喜欢看喜剧的重要原因。

在影视品类中，喜剧电影是最能把喜剧的功效发挥到极致的优势品类，其次是电视节目中的喜剧综艺和喜剧电视剧。由于丰富的镜头语言应用，影视技术往往能把喜剧的各种优点发挥到极致。为了便于大家更加理解有关喜剧创作的核心观念，我们可以以喜剧电影为例帮助大家理解上述的创作观念。

喜剧电影在世界各地都是非常重要的电影品类，也诞生了大量的优秀作品。但是鉴于我们的创作受众都是以中国观众为对象的，我们所列举的例子也以大家都熟悉的中国最经典的喜剧电影为例。

纵观过去三十年的中国喜剧电影，做得最成功的 IP 有两个：一个是以"无厘头喜剧"为代表的周星驰团队，另一个就是以开心麻花为代表的沈腾团队。这两个主要 IP 的电影已经创造了中国喜剧的近千亿票房。

以周星驰的经典之作《功夫》为例，主人公是卑微的小人物出身，却像阿 Q 一样充满了对大事件和高阶层事件参与的热情。在这种过程中遇见了看似普通实则藏龙卧虎的"猪笼城寨"众多居民。外强中干的男主角和深藏不露的各位高人之间的矛盾冲突就成了电影喜剧笑点的最主要来源。

在观众看来，这部电影中的几乎每个正面角色都处于社会的最底层，他们为了生活蝇营狗苟，各种行为都充满了笑点。而看似强大的斧头帮等一众反派角色对这样一群底层人士却无可奈何。正派的喜感和反派的愚蠢倒霉就构成了观众观影时心理优越感的最主要来源。

其他作品类似于《唐伯虎点秋香》《少林足球》《食神》等片子，周星驰都喜欢把"锄弱扶强"的梦想安排在类似小人物的身上，通过"小人物"和"强者"对抗中一系列阴差阳错的事件让观众带着"优越心理"得到观影的愉悦感。

再说开心麻花的一系列高票房喜剧电影，尤其是沈腾主演的《夏洛特烦恼》和《西红市首富》，可以说把这种"心理优越"特征用到了极致。两部电影的主角都是生活比大部分普通人都差很多的小人物，然后通过特殊的机缘，或者梦境穿越，或者暴富来实现了短暂的逆袭。

但是暂时的逆袭并没有改变他们小人物的内在本质，由此产生的矛盾就让观众产生了心理优越感叠加向往感的双重快感。主人公暴富之后的种种行为看起来有点蠢得搞笑，同时身边出现的各种奇葩人物也极具典型性和反差感。

电影角色里的人是"蠢"，却"蠢"得搞笑且可爱。观众在观看这样的剧情和角色时一方面因为情节里的误会、紧张和愚蠢而发笑；另外一方面也会因代入感而产生部分的"优越心理"。

总而言之，一部好的喜剧一定是能够最大限度地激发观众的"心理优越感"的优秀作品。哪怕故事的主人公是一个"聪明人"，也会给他安排一个让观众优越感十足的麻烦制造者，或者让他处于某种伦理和制度的桎梏中，从而让观众对主人公的处境产生兴趣和同情。

最典型的例子就是徐峥的"囧系列"电影，无论是《人在囧途》的"春运"主题，还是"泰囧""港囧"，徐峥所扮演的"聪明人"旁边都会有一个看似傻傻的宝强来满足观众的心理优越感和制造剧情笑点。

喜剧类节目：折叠时空的强冲突"热点"集合

喜剧领域的影视作品种类中，喜剧类的综艺节目可以说是最受大众喜爱的。其他无论是喜剧电影还是电视剧本身都有相对较高的制作门槛和成本。所谓"门槛"和"成本"，一方面是指制作方在制作和发行这类作品时所要付出的融资和技术成本，另一方面则是观众在欣赏这个品类所要付出的金钱和时间成本。

以电影为例，动辄数月乃至数年的制作周期，排播后观众所需要付出的时间、金钱、机会等成本相对喜剧综艺节目而言还是大得多。虽然喜剧类电视剧成本相对稍低，但是观众的观赏时间成本比喜剧综艺所付出的时间和精力要比电影更多。

由于每个人对"喜剧类节目"的含义理解不尽相同，可能在大众看来所有搞笑的综艺都是喜剧节目，所有只要是综艺有可能归到喜剧节目的类别来。这个在日常生活的理解上也有一定道理，但是在综艺节目内部分类中我们是需要做出区分的，至少我们需要厘清当下所讨论的"喜剧节目"的定义。

我们在此所讨论的喜剧节目是专指那些在"有限空间"内以表演为主，情节短小且有剧本预设或部分即兴表演，主要目的为逗人发笑的演播厅"集盒式"喜剧表演类节目。代表节目有韩国的《寻笑人》《搞笑演唱会》；中国的《欢乐喜剧人》《喜剧总动员》等。

除了审美层面的区别，喜剧综艺在创作特征上也有与其他喜剧影视不尽相同的特点。正如本节的题目所述，**与其他类型的喜剧影视作品以及综艺相比，喜剧综艺就是折叠时空的强冲突"热点"情节的集合**。接下来我们将从以下方面分析喜剧综艺创作的艺术特征。

1. 时空压缩折叠

在喜剧类综艺中，"时空"这个概念是被弱化的。它不像影视剧那样过度追求空间的真实感和时间的延续感。这个特点与话剧等舞台剧或者中国的戏曲类似。尤其是中国的戏曲艺术，讲究"三五步走遍天下，六七人百万雄兵"的效果。

以喜剧电影《你好李焕英》早期同名小品为例，作为这部高票房电影的创意雏形，这部小品可以说充分体现了喜剧综艺和喜剧电影的区别。在小品《你好李焕英》中，灯光一明一暗就可以是两个时空。声光电再配一个转场音乐，女主就会穿越到了二十年前。同时大型的演播厅还会有不同的舞台分区，在上个区域表演的时候，下个区域的舞台道具都已经布景完成，只要灯光做一下仪式感的转换，故事情节马上就会转入下一个时空中。

音乐、灯光、大屏就是喜剧类综艺的时空魔术师，用好了它可以有着比影视剧更大的呈现空间。电影电视剧是要给人真实感的，任何场景如果你一旦丧失了真实感观众就会缺乏代入感。所以置景往往是影视剧制作中非常大的一笔投资。但是喜剧综艺却不用，一个简单的舞台布景再结合声光电的技术手段就可以完美地演绎不同时空背景下发生的喜剧故事。

而且喜剧综艺的时空魔术用好了，还能产生不同于影视剧的"舞台蒙太奇"效果。仍然以小品《你好李焕英》为例，在这个喜剧小品的最后，贾玲在主题音乐《依兰爱情故事》的伴随下穿梭在"母亲"生活的各种时空场景中。虽然没有一句台词，但是这种"时空相隔，阴阳永别"的情感震撼力依旧完整地传递给了观众。

强调喜剧综艺创作的这个特点就是要提醒大家，喜剧综艺要注意利用这种时空的自由性，打开脑洞让故事冲突和时空特点相结合，不要局限在影视剧的喜剧创作手法里。把影视剧无法并列或者不好并列的时空故事想办法拼

凑在一起，往往能起到与众不同的喜剧效果。

2."冲突"要求短小集中

与时空自由度相对应的就是喜剧综艺的戏剧冲突特点了。喜剧综艺的各个单元由于时长都比较短，所以对笑点和冲突的集中度要求更加高。**影视剧布置一个笑点，往往要遵循时空延续和情节贯通的要求。但是综艺不一样，它更加强调角色性格的极度典型性，往往把看似不可能在真实生活中发生的情节在舞台上进行集中的展现。**

而且这类喜剧小品的时空要么截取发生在某场景中的一小段冲突，让人物在这段空间中轮番登场；要么就是主人公在不同的时空中经历集中的矛盾冲突；总之，电影中的情节延续感和真实感在喜剧综艺中并不是特别强调。它更加强调这截取的"片段"和穿越的时空中一系列密集的、强冲突的搞笑情节。

笑点不要做过于冗长的铺垫，喜剧综艺更喜欢"直给"的冲突和误会。仍然以贾玲和她的"大碗娱乐"为例，可以说如今 50 亿的票房就是靠这些密集短小冲突的小品一步步累积起大批粉丝的。

在以往的喜剧小品中，往往习惯描述一个完整的故事和场景中的一小段冲突，最典型比如早年春晚赵本山的《卖拐》《卖车》《昨天今天明天》等，都是在一个生活场景中发生的一小段令人啼笑皆非的"一段"故事。但是以贾玲、张小斐、许君聪、卜钰等为主创人员的小品引入了话剧的更多表现手法。

例如大碗娱乐早期在四川卫视播出的《喜剧班的春天》以及浙江卫视的《喜剧总动员》的一系列节目中，通过一系列声光电的场景变化和看似不够真实的喜剧情节变换中，实现了更加密集的喜剧情节冲突。无独有偶，开心麻花团队的沈腾、马丽、艾伦等人也非常擅长于在原来小品的基础上缩短"包袱"的铺垫时间，更加快速集中的"直给"笑点的做法。

例如《喜剧班的春天》中"张小斐相亲"系列，往往把各种不靠谱"相亲男"极度典型人物在一个场景中集中展现，每个人上场都喜欢运用非常夸张的手法来展现这些相亲男的可笑和愚蠢。基本上三句话一个"包袱"、两三分钟一个冲突，没有这样密集的"笑点"的小品几乎是不能留住观众的。

第八章　喜剧类节目创作方法

其实这也算不上贾玲团队的原创，这一类的创作手法更多的是受韩国同类节目《寻笑人》《搞笑演唱会》等一系列节目的启发。由于残酷的竞争压力迫使这些节目在近年来不断压缩笑点的铺陈时间，以及加大笑点的夸张程度。

3. 笑点和热点相结合

在所有的喜剧品类中，从来就没有像喜剧综艺这样的离社会热点这么近的。我们在探讨综艺节目本质和特征的失衡时也曾经提到过，综艺最突出的一个特征就是"时效性"。它需要对当下的社会尤其是娱乐热点进行最密切的跟踪和无限的贴近。

大众关心什么就在喜剧综艺的创作中引入什么，什么话题最火热就在喜剧小品调侃什么。这是喜剧电影等艺术品类无法比拟的优势，所以要创作笑点集中大众感兴趣的喜剧本子，编剧的眼睛就必须要紧盯着社会热点。通过经典 IP 重造、热点话题反讽、经典人物反差等一系列手法把社会热点引入喜剧本子中，你的喜剧综艺创作才能在舞台表演上收到良好的效果。

这一点日韩的喜剧搞笑类节目做得最彻底，推荐大家去看一下韩国的喜剧综艺《寻笑人》，韩国的社会热点新闻和娱乐八卦话题一般本周出来，在下周的节目中就会被节目中的演员拿到舞台上变成笑点进行调侃，尤其是中间的"娱乐播报"环节，往往是社会新闻和娱乐热点的喜剧化解读。

在中国的喜剧小品创作中，以沈腾为代表的开心麻花和以贾玲的大碗娱乐是结合热点较为紧密的喜剧创作团队。例如沈腾、马丽经典春晚小品《扶不扶》和《投其所好》都是结合社会热点特别紧密的喜剧作品。前者讽刺了"老人摔倒无人敢扶"的社会现象；后者则在国家反腐的大背景下，讽刺了某些基层小领导见缝插针投其所好的喜剧故事。

而贾玲团队系列小品往往也是结合了当下生活的热点现象和热点话题，比如早期的"张小斐相亲系列"，紧紧抓住了当下都市中优质剩女愁嫁和奇葩男士太多的矛盾冲突，把优质"剩女"遇到的典型"奇葩男"在短时间内集中展示，从而获得充分的笑点。

贾玲的经典小品《爱笑的女孩运气不会太差》和《一切都是最好的安排》就紧紧抓住了当下职场白领痛点进行喜剧情节的再创作，里面的笑点几乎全

部来自职场中的热门话题和常见现象。喜剧创作也要"蹭热点"的,不然你的创作很难获得当下观众的共鸣。有共鸣再加上密集的笑点才能成就喜剧小品中的经典。

喜剧节目就像一个装满混合口味糖果的"集盒",里面的糖果不能太大,但是要口味鲜明和独特。节目中的喜剧单元要节奏明快,笑点密集;不必过于拘泥舞台表演的真实度,要进行适当的舞台夸张和时空跨越,利用时空自由的特点进行大跨度的故事创作。同时结合社会热点,融入共鸣话题,只有这样抛开"大喜剧"思维的创作者才能做好喜剧综艺中的"小单元"。

喜剧节目脚本写作基本技巧

喜剧类节目脚本是所有综艺剧本中最难写的。因为此类本子一方面要求编剧有相应的"天赋",另一方面他需要和演员进行磨合,往往优秀的喜剧演员本身就有创作才能,除了我们上节中提到的结合社会热点和时代特征,最重要的还要结合喜剧演员本身的特点来进行创作。而且喜剧类的本子尤其是喜剧小品的本子由于时长所限,所以对笑点的密集程度、故事的铺垫长度都有更高的要求。

很多教人"写喜剧"的专业类书籍中列举大量制造笑点的手法,但是殊不知这些所谓的手法往往是喜剧演员本身所具备的特长,这些特长往往在其他喜剧演员身上是无法复制的。所以任何只讲表演方面如何制造笑点,但是不讲编剧前期设计要素的喜剧书籍,最终结果都是会像大多数教人如何演讲的书籍一样,让人一看就会,一用就"废"。

所以本节中讨论喜剧类节目脚本写作基本技巧时,我们尽量把技术讨论限定编剧本身可控范围内,至于表演方面所能带给观众的喜剧元素,那就留待相关表演理论研究者再做更加详细的讨论。

1. 选题

喜剧类节目脚本的选题与大型舞台喜剧、影视剧喜剧还是存在较为明显

的区别的，造成这种区别的最大原因就是节目的时长问题。我们知道喜剧类节目是按不同的期数来播出，而且每期的时长也基本上在60分钟到120分钟这个时间段内，只相当于一部喜剧电影或者一两集电视剧的时长。

同时，一期节目也由若干个喜剧单元构成，几乎每一个喜剧单元都相对独立的作品。这也就决定了单个作品的时长不可能像大型喜剧那样进行充足的铺垫来做起承转合。所以人们往往把喜剧类节目中所表演的作品称之为"喜剧小品"。

所以喜剧类节目作品的选题必须学会"讨巧"，最大程度地降低观众的认知难度。所以喜剧界的某位资深编剧曾经把他的选题的技巧总结为了一句非常简洁巧妙的话：

熟悉的生活（选题）尴尬的事。

可别小看了这句话，笔者认为这句话基本上道出了寻找喜剧类节目主题最精妙的方法。

如前文所述，喜剧节目中的作品体量不大、时长也短，没有充足的时间和内容来供编剧大篇幅地铺垫故事背景和人物关系。所以作品中的人物一出现马上就得让观众理解他们处于一个什么样的故事背景中，彼此的人物关系是怎样的，接下来将会发生什么样的故事。

在具体的选题操作上可以从如下面两个方面入手：

第一个方面，选择观众日常生活中最熟悉的人物关系和最熟悉的生活场景来进行冲突矛盾的预设。人物关系方面可以是夫妻、父子等亲属关系；也可以是交警和司机、厨师和客人、销售和客户等社会关系……总之这些人物关系要是观众一眼就能理解，并且期待他们中间会发生故事的关系。

而与主题相关的活动也必须是观众一下子就能产生共鸣的常见场景中的常见事件。观众越熟悉理解难度越低，观众越熟悉共鸣感就越强。以贾玲和张小斐连续两届的春晚小品《啼笑皆非》和《婆婆妈妈》为例，都选择了家庭主题。一个选择了上门保洁被误会成家教老师；另一个则选择了婆媳关系的话题，而且故事发生场景也都选择在家里。

这样做最主要的目的就是减少故事铺垫难度，同时激发观众共鸣。无独有偶，以前春晚的金牌搭档赵本山、宋丹丹也同样喜欢这样的主题和场景设定。这些作品的主题能成功都是有原因的。

第二个方面，降低观众认知难度的选题方法就应该是借用经典 IP 或者经典人物形象了。这一招可以说屡试不爽，往往能起到事半功倍的效果。湖南卫视的《百变大咖秀》是一档把这个方法用到极致的节目。大量的经典 IP 和经典人物形象在节目组的解构和模仿下产生了强烈的喜剧效果。

像沈腾和贾玲的一系列经典喜剧小品中运用得也非常熟练，比如《欢乐喜剧人》的《生化危机》就是 IP 借用同名电影，观众一看就知道你要讲什么故事。同样是在这个节目中，宋小宝凭借同名 IP 改编的《甄嬛后传》，人物关系和故事冲突观众光看名字就知道要讲什么故事。在这个作品中宋小宝所创造的"咖妃"角色至今人印象深刻。可见这样的选题方式有多讨巧。

但是需要说明的是，编剧要对经典 IP 的改编有"三观"的基本把控，不能胡来。尤其是不能伤害民族感情和违背公序良俗。

2. 角色

在喜剧的角色设置中，其他的人物设定我们可以不做过多的强调，因为这毕竟不是一本专门讲喜剧的书。但是有一类角色却关系到我们剧本人物成败的关键，这类角色就是小人物。可以说"小人物"的故事讲好了，你的故事就成功了一大半。

什么是小人物？这个"小"并不单单指人物普通或者地位低微，它更多地关乎这个人的心智和性格，说白了"小人物"必须具备那些普通人想象中的"低微"心智或者性格习惯。举个最简单的例子，比如说你作品的主角是一个皇帝，看起来地位很"高端"，但这个皇帝最好是一个"接地气"的皇帝，甚至处理国家大事都跟老农种庄稼一样。这就是人物喜剧矛盾的由来。

我们回顾一下过去三十年所有耳熟能详的喜剧电影，所有成为经典的喜剧电影几乎上都是由小人物的角色成就的。

周星驰的"无厘头喜剧"几乎所有电影中都充斥了大量的"小人物"形象。即使他要描述"四大才子"，这"四大才子"也几乎上充满了街头混混的潜质。

徐峥的"囧系列"电影，王宝强的"傻根"形象可以说是绝大多数笑点的来源。基本套路就是徐峥作为"伪上层人士"想装高雅，但最终被王宝强这样的"小人物"搅得七零八落，从而产生强烈的喜剧效果。

而黄渤从《疯狂的石头》开始就是演小人物起家的，黄渤几乎所有经典

的角色都是和小人物相关。他和徐峥一起合作的电影，除了"囧系列"之外，还有类似于《心花路放》《疯狂外星人》都属于把小人物心理演绎到极致的角色。

如果说喜剧电影中应该着重强化小人物的话，那喜剧小品的角色最好以小人物为故事主角，而不单单成为"搅局者"。当然，你可以把小人物的身份写得高大上，但是他们身上必须具备能让观众产生优越感的小人物特性。这一点非常重要。

这是因为喜剧小品时长短，冲突顶简单，它没有过多的篇幅来展示过于复杂的人物关系和故事逻辑。而"小人物特质"是最容易产生喜剧效果，同时也最容易让观众代入和接受。关于这一点我们可以回忆一下赵本山和宋小宝等人的小品人物设定，看是不是都是这样的。

赵本山就不用说了，凭借着"黑土"的农民形象塑造了无数的经典小品人物。而宋小宝几乎所有的人物角色都是充满喜感的小人物，就连饰演宫里的娘娘"咖啡"都是一副东北大爷的形象。

另外，喜剧小品的很多笑点都来自人物的服装造型和特殊动作，如果你所塑造的角色不具备"小人物"的自嘲特质的话。你在故事进行中就很难让他实现上述服装造型和滑稽动作的安插，因为与他的人物定位不符。

以韩国的喜剧节目《寻笑人》为例，几乎一期节目中没有一些奇奇怪怪装扮的出现，或者没有几段尬歌尬舞就很难撑起一期节目足够的笑点。**喜剧小品的人物角色和性格追求的就是类似于"披着龙袍啃大蒜，穿着黑丝蹬三轮"的效果，有了这样的角色设定你的作品才能呈现出强烈的喜剧效果。**

3. 台词

喜剧类节目剧本台词和影视喜剧台词也有着明显区别。影视喜剧强调的是真实感和生活感，即编剧要尽量让观众觉得这个喜剧故事是发生在现实生活中的，人物所说的每一句台词也最好是生活化的。

但是以喜剧小品为代表的剧本台词却更加舞台化。舞台化"台词"的最大特征就是比日常生活更加夸张和规整。如我们前文所述，喜剧小品由于时间长短、篇幅小，所以对笑点的要求更加密集。每一句台词和每一个"包袱"都细细打磨就显得十分必要了。

第八章 喜剧类节目创作方法

关于"夸张"在喜剧小品中的运用，并不是要求编剧赋予演员各种"神经病"和"低俗"的台词装疯卖傻。而是把某一类角色在日常生活中常说的话经过"夸张"手法改造后，更加集中地呈现。换言之，现实生活中有这样的人，他们也会说这样的话，但是没有这么离谱。编剧要做的事就是把这些话通过夸张让它在舞台上显得更加离谱，从而制造舞台所需要的笑点。

以大碗娱乐的张小斐和许君聪的小品段子为例，他们就非常善于把典型人物的台词进行夸张化体现来制造笑点。在一系列张小斐以"优质剩女"形象相亲的小品中，许君聪基本都是扮演的"不靠谱男"的形象。

"穿个貂，挎个包，大金链子水上漂；黄胶鞋，七分裤，职业法师刘海柱。"这句搞笑的话就是专门用来形容许君聪的形象的。在台词安排上也善于利用违反生活常识的适当"夸张"来制造笑点。

君聪：听说你是博士？

小斐：对，我是博士毕业。

君聪：真不错……啥是博士？

小斐：（沉默）……要不咱换个话题聊聊。

君聪：好，你来说

小斐：月饼哈？（角色名）

君聪：啊，对

小斐：你刚才说一年365天你相800多次亲，难道一次都没有成过？

君聪：说得一点也不准确，我从技校辍学到现在，不光是相亲，啥事都没干成过！厉害不？

——节选自小品《相亲之大龄剩女的希望》

现实生活中优质剩女之所以"剩下"，就是因为在传统文化中男性的婚姻可以向下"兼容"，而女性的婚姻则讲究向上"兼容"或者至少是双方平等。但是与之条件相当的要么已婚，要么有更宽泛的选择对象，所以优质剩女碰到的相亲对象很可能是不如她们的。但是许君聪所扮演的此类男士的条件是经过了舞台化的集中"夸张"的。不但不知博士为何物，还一年相亲800次，啥事都没干成过。这一系列夸张的事还让"他"非常自豪地表述出来。这就是舞台化的台词夸张，看似非常不合理，却是笑点反转的关键所在。

关于台词"规整"的要求，这一点跟话剧有点相像。毕竟喜剧节目的本子，

无论相声还是小品，都是需要在极短的时间内逗观众发笑的。所以每个"包袱"甚至每句台词在精心打磨的过程中都要做到衔接流畅，甚至是句句惊人的。

所以喜剧节目的台词经常会用到对仗、排比、反复、押韵等一系列修辞手法来使剧本的语言更加精炼化。相声中就存在大量的贯口、定场诗、俏皮话、歇后语等一系列语言技巧在"抖包袱"之余来展现相声演员的专业技巧，从而增加表演的节奏性。

而小品的台词也更加需要这样的技巧来塑造人物和增加笑点。喜剧大师赵本山就特别擅长于通过"规整"化的台词来归纳总结需要向观众传达的核心笑点。

上顿陪，下顿陪，终于陪出胃下垂；先用盅，再用杯，用完小嘴对瓶吹——《牛大叔提干》

你让瞎子去南极，他根本找不着北；你让脑血栓去下叉，他根本勾不着腿；你让大马猴穿旗袍，它根本看不出美；你让潘长江去吻赵海霞，他根本够不着嘴——《拜年》

被咱说过的人都不咋地，赵忠祥的《动物世界》也不让播了，倪萍不做主持人还改道了，崔永元也睡不着觉了——《小崔说事》

九八九八不得了，粮食大丰收，洪水被赶跑，百姓安居乐业，齐夸党的领导，国外比较乱套，成天钩心斗角，昨天内阁下台，今天首相被炒，闹完金融危机，又要弹劾领导，纵观世界风云，这边风景更好！——《昨天今天明天》

那次卖拐把他忽悠瘸了，那次卖车把他忽悠蔫了，今天在十分钟之内我要不把他摆平，我就没法跟你们俩当教师爷了！——《卖车》

虽然近年来这样顺口溜式的台词在喜剧节目中已经用得越来越少，因为容易显得过于刻意化。但是喜剧节目台词的规整化的要求不是变低了，而是变高了。它更加要求编剧们用生活化的语言来写出不那么刻意但却依旧非常规整和富有哲理的金句和名言。这点要求不是在变低，而是在变高。

4. 节奏

在喜剧节目中通常以小品和相声作为节目的主要类型。但是相比表演性质更强，手段更加丰富的小品而言，相声更加接近脱口秀等节目类型，所以

第八章　喜剧类节目创作方法

讨论喜剧节目剧本的节奏我们仍然以综艺舞台的小品为主要研究对象。

喜剧节目剧本的节奏要比影视剧本快得多，十几分钟的时长对于喜剧电影来说可能刚刚完整地交代完了一个阶段的戏份，但是对于喜剧小品而言却已经演完了整个故事。**所以对喜剧小品的节奏要求应该是："三分钟抖五个包袱，五分钟完成一个大转折。"** 如果不能做到这样，那这个小品在舞台上的表演效果可能就会大打折扣。

从东亚文化圈的整体喜剧小品特征来看，喜剧节奏的推进与转换往往依靠以下三种方式实现。

首先，最常用的手法是通过音乐转场来切换节奏。 舞台艺术的这个特点特别具有优势，它不需要像电影那样遵循严格的故事镜头进行节奏的变换。而是加入不同的背景音乐，甚至是音乐伴随中的舞蹈来让平缓的叙事节奏突然活泼起来，同时音乐或者滑稽舞蹈所带来的笑点往往比纯语言更加丰富。这种手法在《一年一度喜剧大赛》等新式喜剧中运用得特别明显。

再以韩国的《搞笑演唱会》为例，这个节目中音乐的存在简直不可或缺。节目中的喜剧演员几乎每一期都能找到当时社会最热点的话题，然后在音乐节奏的伴随下载歌载舞把笑声传递给观众。这种喜剧方式贾玲也曾在她的春晚作品《女神和女汉子》中使用过，取得了非常良好的喜剧效果。

通过音乐来转换叙事节奏除了能给故事带来不一样的现场节奏之外，更重要的是很多滑稽动作或者表情如果没有音乐的伴随可能会变得非常尴尬。但是加入了音乐和现场灯光舞美的配合，那就会让这些动作充满某种仪式感。既有仪式感又能增加笑点，同时还变换了故事节奏，这就是音乐在喜剧小品中应用的关键技巧。

其次是通过登场人物变换节奏。喜剧小品最重要的特征就是人物少，故事结构简单，且故事转换快。 受制于舞台空间的局限，所以它的大部分戏份往往都发生在一个局限的场景内。甚至在古希腊戏剧中还存在"三一律"的严格格式，就是为了节省舞台空间，限制道具转换过于频繁。

舞台的空间是死的，但是登场的人物却是"活"的。所以编剧在写喜剧小品时对于出场人物安排就很大程度上决定了喜剧节奏的转换频率。这个登场人物可不单单只有新的人物出现，同时也包含了已有角色的上场和下场节奏。这种节奏变换手法在贾玲喜剧团队的多个小品里被熟练运用。

比如说贾玲的春晚小品《婆婆妈妈》，饰演婆婆的贾玲和饰演媳妇的张小斐就通过公公、儿子轮番登场的不同表现来快速切换表面人物关系，做足了笑点。《相亲之大龄剩女的希望》通过不同性格人物的登场来制造各种笑点，而不同人物的性格又带来了不同的现场节奏。

小品《你好李焕英》在"妈妈"和"欧阳柱"暧昧的现场，那个卖豆腐的小贩每次出现都能带来不同的笑点，而且每次出现都会摔跤。一开始卖豆腐，后来卖豆腐脑，再后来就变成了卖豆腐渣了，两重笑点叠加让作品的节奏更加明朗。

所以当你的小品本子节奏推进慢，故事情节单一的时候，可以考虑通过不同的人物登场或者场上的人物反复上场和下场的过程爱变换叙事节奏，增加节目笑点。

另外一种常用手法就是通过"线索"推进节奏。写喜剧节目的本子最忌讳就是冗长的对话和一成不变的场景事件。一个成功的小品段子要么加音乐让节奏欢快起来，要么就用人物的转换带来新的矛盾冲突。而运用故事中新发现的线索则是从"事件"的角度来推进故事的。

比如说贾玲的经典小品《一切都是最好的安排》，此类型的节奏手法用的就比较丰富。一大早贾玲因起晚接到了爸爸的电话，此时电话是一个推进线索；而在跟爸爸打电话时邻居的家装修的电钻声又是推进故事的另外一个线索。这两个场外"线索"同时又为后边的故事埋下了伏笔，让贾玲的迟到有了合情合理的原因。

注意，贾玲"爸爸"的"来电"几乎是贯穿整个故事的关键推进线索，在和老板（许君聪）僵持的关键时刻"爸爸"的视频来电既推进了故事情节由蕴含了丰富的笑点。再后来被贾玲得罪的客户再次来电肯定了贾玲的工作，希望她能来公司工作又为故事带来了新的线索。

像小品大师赵本山的作品《拜年》和《同桌的你》都很善于用"线索"来加速故事的节奏。小品《拜年》中，范伟所扮演的基层干部从"乡长"到"三胖子"，再到电话打来成了"县长"，每一次新"线索"的加入都能推一波故事高潮。而《同桌的你》中王小利写给女方的"情书"成了推进故事的关键要素。

总之，写喜剧小品节奏不可太缓慢，太"隐晦"，笑点必须直给。当你

发现你的本子每页的故事情节中故事开始缓慢下来，就必须马上进行变奏。无论你是"尬舞、尬唱"也好，新角色登场也好，再不济来个画外音的线索也好，至少你的作品是热闹的。至于在这些节奏中笑点素材的铺排就要看平常的积累了。

5. 造型

喜剧人物的造型，对于喜剧节目的本子而言是个大家彼此心照不宣的"潜规则"。所有的喜剧写作书籍都不愿意提及，因为在很多作者看来"不够高级"。但是这个对于所有的舞台喜剧表演而言又是绕不开的关键要素，所以在实际的应用中大家都在拼命地用，但是又谁都不好意思提。

简单而言，喜剧人物的造型需要在无论是服装元素还是化妆元素上都必须最大程度地突出人物性格。如果你觉得不好理解的话就去看看中国戏曲的人物造型：奸臣基本上都是白脸灰胡子；忠义之士基本上都是红脸黑胡子；暴躁大汉基本上都是虬须加花脸；而丑角基本上要画一个白鼻梁……基本上这个人物一登场观众就能分辨是好人坏人，再配合人物唱词，观众接下来大致就能判断他会做出什么样的事情。

喜剧节目的小品段子和戏曲的舞台艺术有些相似，它不像小说一样有充分空间进行人物性格的交代，必须一登场就让大家知道这个人物是个什么性格的人物。而且由于是喜剧，所以造型还要进行适当的夸张，像笑点要直给是一个道理，夸张的人物造型也需要直给人物性格。

而且人物造型本来就是节目笑点的重要来源，人们看到穿戴不合身甚至是奇奇怪怪的人物登场不自然地就想发笑。就像小沈阳早期的经典"苏格兰裙装"造型，再配上他阴柔搞笑的表演动作，几乎成了他搞笑元素的标配。但是自从小沈阳大火以后，就拒绝再穿这一类奇奇怪怪的服装，但是又没有寻到其他适合自己的喜剧造型，这就导致他的喜剧之路越走越窄。

而同为喜剧人的宋小宝则完全不在乎"自毁形象"来取悦观众。在宋小宝出道的早期他其实还不到三十岁的年纪，却要穿着破棉袄来演东北老头。而这种"碎嘴老头"的特殊喜感也为他成功塑造了一批经典的喜剧角色。

宋小宝最搞笑的造型莫过于他在《甄嬛后传》所扮演的"咖妃"，当他用手绢遮着脸亮相的那一刻，根本不用说话就能乐坏一大批观众。而贾玲为

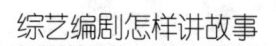

了喜剧事业则更是不惜"增肥"来增加作品的喜剧效果，像她所饰演的肥胖版"白娘子""聂小倩""周芷若"等人们心目中"窈窕淑女"的形象。根本不需要预设太多笑点，这样的造型一登场观众就会感到无比有趣。

但是需要友情提醒的是，人物造型永远都是笑点来源的辅助，切不可当成主要元素进行使用。虽然日韩的一系列"GAGA Man"总是喜欢穿一些无比滑稽的服装；而东北的二人转演员时常穿着不合身甚至反性别的服装来逗笑大家。但是总体来说，这些更多的都归属于"滑稽"的范畴，而非幽默。"滑稽"是更多地作用于观众的感性笑点，而幽默则可直击观众的深层笑点。

喜剧节目本子需要有"人物造型"等滑稽范畴的笑点，但是不能只有滑稽范畴的笑点，你可以运用他，但是不能过度依赖它，否则你的进步将会越来越小。喜剧，最终拼的还是人性深处的自我审视和情感释放，只有做到这一点才能让自己的作品称为真正的喜剧。

喜剧节目脚本写作基本手法

当你掌握了我们上节所述的一系列写作喜剧的基本技巧要素的时候，剩下的真的就是积累和训练了。大批喜剧素材的输入，大量喜剧小段的练习，这些都是必不可少的。但是很多教人写喜剧的书却并不强调输入和积累，觉得只要掌握某种创作喜剧的神秘手段就可以写出非常优秀的喜剧段子了，这其实是一种天大的误解。

除非少数"天赋异禀"的人经过简单训练之后可以写出非常优秀的喜剧之外，大多数的编剧还真要靠输入和练习才能创作出合格乃至优秀的作品来。如果说喜剧写作的"秘密武器"，也无非是大量编剧书籍都会讲到的常用手法，至于如何应用真的要靠不断地练习了。

当然，这种练习不是关起来写本子，而是需要到短视频甚至是小型舞台上进行直接检验的。在讲基本手法之前之所以给大家不厌其烦地说这些，正是要告诉大家不要迷信写作手法，真正应该重视的是素材积累和实践练习。

1. 反差

"反差"手法是喜剧编剧最常用的制造笑点的手法。何为"反差"，其实就是跟你的预期不一样，而且要很不一样才能戳中观众的笑点。在故事情

节的设置过程中，无论是人物身份、即将开展的事情，还是人物关系之间的错位，都要有足够的反差才能最大程度地破除观众原有预期，带来意想不到的笑点。

比如陈佩斯和朱时茂非常经典的喜剧小品《主角与配角》，这个本子简直可以称得上喜剧编剧的教科书式的案例了。人物形象上朱时茂高大光辉，而陈佩斯却猥琐搞笑；但是这两个人却又在演戏过程中因为正面人物和反面人物的不断调换而产生矛盾，虽然角色身份调换，但是人物性格却并未调换。这就是巨大"反差"所带来的显著喜剧冲突。

"反差"是和喜剧的"预期破除"联系在一起的，即观众对某个人物或者某件事情有固定的期待时，编剧就必须在这种预期上做反差处理。这一点贾玲在一系列小品中用得特别娴熟，尤其是拿自己的身材进行反差形象的设置。比如说"胖版"的"白娘子""周芷若""聂小倩"等。

当然，你的"反差"手法不用在"反转"中去破除预期也是可以的。比如把"反差"所带来的笑点进行集中展示也是不错的方法。就好比贾玲和瞿颖的春晚小品《女神和女汉子》，这种"显著差异"的集中展示也可以带来密集的笑点。

2. 模仿

模仿，是排在喜剧笑点制造方式比较简单易用的一种手法，运用好了单靠这一方法就可以产生大量意料之外的惊喜。亚里士多德说，喜剧是对那些比常人差的人的模仿。这句话在包含喜剧本质的同时，也揭示了喜剧创作的重要手法。

首先，"模仿"是要和"反差"手法结合在一起来用的。模仿和被模仿对象二者之间要有非常明显的差别，而且反差越大越好。比如一名职场白领模仿另一位职场白领，如果不是有前边显著的差别铺垫，那基本上毫无笑点。但是如果是一名农村青年来模仿一名职场白领，而且这种模仿如果再带着自己本职工作的特色的话，那将会产生非常不错的幽默效果。

成语"东施效颦"就是对"模仿"手法最好的总结。一个大家闺秀婀娜多姿，风情万种那可能是古典审美的一种。但是如果换成贾玲这样的女笑星来模仿一位清丽、典雅的大家闺秀那笑点马上就会产生了。

其次，"模仿"这种笑点制造手法特别依赖演员的表演天赋。"模仿"于喜剧而言就是一把典型的双刃剑。因为它需要非常高度的相似性或者独特的相似性。何为"高度相似性"？"高度相似性"强调反差前提下的"像"。简单来说就是在身份反差的前提下，这个演员能把被模仿对象模仿得惟妙惟肖，让观众觉得非常有趣，不自觉地产生笑点。比如一个流量小生来模仿刘能、赵四这样的丑角演员，如果他们能模仿得特别像，那就能产生笑点；相反如果模仿的根本不像，现场就会非常尴尬。

而"独特相似性"则允许有某些带有模仿者独特性的"不像"。例如"东施效颦"中的东施，她的动作和事件都是一样的，但就是做不出西施那种美的效果。它更强调演员所扮演的本身角色身份的特征，而不是追求真的与被模仿对象的过度相似性，换句话说就是拼命想模仿偏偏又让人觉得不像。比如赵本山的小品《送水工》和贾玲的小品《真假老师》都是属于这种类型的笑点。

赵本山作为小品中的"送水工"想模仿企业老总，而贾玲作为家政人员却需要模仿孩子的班主任。两者都是拼命模仿自己想象中的那种"高阶层"的人士，但是又不自觉地带有自己本来工作的一些动作特征，这两者的结合就是喜剧笑点产生的重要来源。

使用模仿手法，要么喜剧演员特别有天赋，模仿技艺炉火纯青、惟妙惟肖；要么就是强调身份反差，带来"东施效颦"的喜剧效果。于喜剧编剧而言，如果演员达不到第一种的喜剧天赋，则比较常用的是第二种手法。

3. 愚蠢

"愚蠢"是喜剧写作最原始的手法，同时也应该是喜剧编剧们最应该慎用的手法。因为这种方法一旦用不好就很容易陷入低级的搞笑中。正如亚里士多德所言，喜剧是对那些比常人差的人的模仿。"比常人差"很大程度上的特征就是"愚蠢"，无论是在认知水平还是在行动特征上都展现出弱于常人的特点。

所以很多民间的喜剧团体在创作段子时最简单的方式就模仿"愚蠢的人"。尤其是东北草根市场上所盛行的"二人转"作品，我们经常可以在二人转舞台上看到那些着装怪异、言语笨拙的角色，再加上另外一位演员（一

般为女性）对他的调侃往往会产生大量的笑点。

利用"愚蠢"制造笑点的另外一种用法就是让这类人陷入明显有悖于生活常识的"逻辑诡辩"中。让所有人都能看出这个人的"愚蠢"，但是他又有一套自我的逻辑可以自圆其说，甚至有时候逻辑还很严密。当有外来角色试图把他们从这种"逻辑诡辩"中拉回现实时他们还会特别的抗拒，甚至产生激烈的喜剧冲突。

比如宋小宝的《吃面》这个作品就是典型的"愚蠢式逻辑诡辩"的创作方法。宋小宝扮演的食客要了一份汤面，后来换成了炒面，等到付钱时他却硬是狡辩炒面是拿汤面换的，而汤面他又没有吃，所以根本不必付钱。搞笑的是整个餐馆的工作人员在几经争辩后都认可了这种"逻辑诡辩"，并不自觉地对后来的入局者进行这种逻辑的维护，这就是整个小品笑点的最主要来源。

而宋晓峰和文松的小品《共享电话》也属于这种"愚蠢式"的逻辑诡辩。在小品中宋晓峰兴奋地宣称自己想到了一个创业点子：扫码共享电话。文松就质疑说我没有手机怎么扫码，晓峰回复说没有电话就去买一个。文松再质疑说我都有手机了为什么要用你的共享电话，宋回复说我的电话是给没有手机的人准备的……双方就这个"逻辑诡辩"进行长达十多分钟的激烈冲突。

当然，要使用这种方法就必须得创造这样的"人设"，同时设立符合他身份的"诡辩逻辑"。这类的例子还有很多，比如说赵本山的经典小品《卖拐》《卖车》中范伟的角色都属于陷入了这种有悖常识的"诡辩逻辑"而创造笑点的。

4. 反转

"反转"，几乎是所有故事讲述方式中都会用到的技巧。但是"反转"之于喜剧却又有着不一样的使用方式。比如其他题材类型要使用"反转"的话必须要符合故事的前期铺垫和剧情中所设置的社会常识甚至是风土人情，强调符合人物情感和故事发展。如果非要用一句话总结的话那应该是，非喜剧类故事的反转需更讲究故事逻辑。

而喜剧的"反转"虽然也是用来"破除预期"的，但是更多地用"生破"的手法来转折观众的预期。尤其是以周星驰为代表的"无厘头喜剧"，则更善于使用这种"生破"手法来转折观众的预期。

以《武状元苏乞儿》为例，苏乞儿去逛广州城最大的妓院让老鸨叫出里面最漂亮的姑娘，随即镜头一转出现的却是四个浓妆艳抹老太太一样的人。广州作为当时的一线城市，最大妓院的头牌怎么可能是这样的人。但是这就是通过"生破"的手法强行破除了观众的预期，从而产生了强烈的喜剧效果。

在喜剧小品的创作圈有"三番一抖再上楼"的通俗创作理念，其实就是对"反转"使用方法的简单归纳。一般一个小品都在十几分钟左右，按三分钟一个高潮进行计算，那一部作品经过三次小的转折，再加上最后一个大的反转，一般就构成了一个完整的喜剧单元。而所谓的"再上楼"这点可根据主题需要决定是否需要，它一般指的是主题的升华，所以不做强求。

我们随便举个简单的例子：比如说我们要写一个喜剧小品叫《新三打白骨精》。故事背景是多年以后由于西天出了新版本的《如来真经》，师徒三人再次踏上取经之路。首先第一番，悟空出去化斋，让剩下师徒三人在原地等待。而白骨精1号出现，白骨精1号是一个夸张的胖妞向三人兜售此地旅游纪念品，悟空出现把对方殴打一阵却被景区保安带走一顿毒打。

其次，第二番又出现白骨精2号出现向师徒三人兜售"盗版真经"，师徒三人心动刚要购买却被悟空返回打跑，而师徒三人却觉得悟空坏了他们的好事，再次将悟空毒打一顿。而第三番白骨精3号出现却是"开黑车"的师傅，问要不要打车去"西天"，再次被悟空出现后破坏……最后，唐僧要赶走悟空时却被例行检查的"天庭公安"来查身份证件，四人中只有悟空一人有身份证，于是唐僧、沙僧和猪八戒被抓走。

这就是"反转"中最常用的"三番一抖"用法，而至于最后要不要"再上楼"就要根据主题的需要了。不适合"上楼"的话不要硬上，要情到深处自然流露。不然这个戏就会很尴尬，结尾就会特别不舒服。

5. 重复

重复，在影视喜剧和喜剧小品节目中都比较常用，但是对作品要求短小精悍的喜剧节目而言往往显得更加重要。**喜剧创作概念里的"重复"，是指在段子的事件叙述中某个点第一次出现你并不觉得特别搞笑，但是随着它出现次数的增多，而且每次出现都跟前面的情节相联系。这样前后文联系起来**

所产生新的笑点。

在上文中我们所举的《新三打白骨精》就同时利用了笑点制造中的"重复"手法，每次重复打"白骨精"悟空都要挨打，而且有时候还是被师傅和师兄弟打，第一次不觉得好笑，但是重复出现就会形成笑点。而且"不靠谱的白骨精们"重复出现也是重复所带来的笑点。

这种笑点在各种小品式的幽默中非常常见，比如赵丽蓉和侯耀文的小品《英雄母亲的一天》，赵丽蓉老师重复地说"司马缸砸光"就产生了多重笑点。而在麦兜经典笑话中那个"鱼丸粗面"的梗翻来覆去地使用，也是典型的"重复"带来笑点的用法。

在近年的喜剧节目创作中，贾玲和沈腾都是非常善于用"重复"制造笑点的高手。比如贾玲在欢乐喜剧人中的夺冠小品《被冤枉的记忆》，她作为一个沦落深山的"半野人"，不断地重复她在山里出事时的那个"天气舞"：什么库喳喳，喳喳库，淅沥沥哗啦啦，这一段反复地出现在她给不同人的陈述中，每次陈述都带来了更高一级的笑点。

而沈腾的作品《人生自古谁无死》则利用了"月光宝盒"的道具在一段时空中不断地进行重复，每次重复回这段时空所有的情节都要再简略地演一遍。而且每次都会再次出现新的困难，最后再来个他由于太气愤而打坏了"月光宝盒"的反转，整个节目的笑点就显得非常的密集。

要想用好"重复"的手法必须注意一点，那就是需要前后的事件之间有"递进性"。即后边的矛盾比前面更加升级了，情绪在不断地累积，然后所有的情绪在"重复"的那个点来一次集中的释放。

6. 夸张

我们在喜剧写作的基本技巧的"台词"小节里，已经初步分析过"夸张"对于喜剧节目制造笑点的重要作用。其实远远不止台词，在喜剧的人物性格、服装造型、事件反转等元素中都可以使用"夸张"的手法。

我们在论述喜剧本质的时候就曾经说过，喜剧就是一种基于人们心理优越感的情感俯视和释放，要使观众产生优越感，最常用的方法就是让里面的角色看起来不如"常人"。比如奇奇怪怪的装束、夸张到搞笑的性格、让人抓狂的人物关系……上面的几个元素每个都是我们在日常生活中不常见到的。

而要做到"不常见"就必须对这样的元素进行集中和夸张,仍然以宋小宝的小品《甄嬛后传》为例,宋小宝和宋晓峰两个人妃子造型一出来就夸张到让人忍俊不禁。而且就宋小宝这副"咖妃"的尊容一再地强调自己多么受皇帝宠爱,自己在"土鳖国"的选美大赛中容貌如何出众,和宋晓峰分别获得第一和第二名。

而且宋小宝在这个作品的表情和动作也是无比的夸张,在宫廷礼仪的动作中不断地带有东北农村妇女的腔调和表情,把这种元素夸张地融入后宫戏中,而且他本人的形象也和夸张的动作形成明显的反差,从而带来笑点。

这就是喜剧,把一切不合理到夸张的元素通过喜剧的故事逻辑整合到一起,通过人物性格的极致展现,和故事情节的夸张转折来破除观众的期待,从而带来意想之中,但是意料之外的结果。这种结果就是观众期望看到的喜剧情节。

但是需要指出的是,所有的"夸张"都是有自己内在逻辑的。即你的"夸张"都要限定在你故事的"世界观"之内。你"世界观"如果让观众感到有趣并且接受你设定的"世界观",让"夸张"的行为和故事在你设定的"世界观"中实现逻辑自洽。如果"世界观"不能被观众接受,所有的"夸张"都会显得很尴尬,让观众觉得是在装疯卖傻。

第九章
演播厅泛综艺创作方法

演播厅泛综艺的定义

什么是"泛综艺"？

"泛综艺"，顾名思义是相对于典型综艺节目而言的广度外延和跨界融合的综合节目类型。我们在界定"综艺节目概念"时曾经提到过：**综艺节目是一种节目嘉宾以个人身份或者个人性格到规定情境中去完成规定任务，以提供社会娱乐和社会话题为主要目的的视频化大众娱乐商品。**

但是"概念"往往是具体现象的抽象化总结，无论怎样严谨的概念总结都无法涵盖所有的个例。综艺也不例外，在社会发展的过程中总有不断出现的新现象是过去总结的概念所无法囊括的。比如哔哩哔哩 2019 年推出的真人纪录片式综艺《守护解放西》，这部片子应该说更多地使用了纪录片式手法来进行拍摄，但是在制作理念和后期语言上却更多地偏重于综艺方向。

你说它是新闻纪录片吗？也不全是，它的表达语言和理念是综艺式的；你说它是综艺吗？好像也不全算，它并没有给参与出演的民警规定何种任务或者怎样的情景，只是纪录他们日常出警中的"人间百态"。对这种很难归入综艺范畴，但是又具备综艺特征的节目类型，于是我们就把它们归入"泛综艺"的范畴中。

"演播厅泛综艺"的范畴

相比"泛综艺"而言,"演播厅泛综艺"的概念范畴要小得多,这类节目往往更接近于普通大众对综艺的认知,也是综艺节目最早期的类型。据笔者目前可查到的资料而言,世界上第一档综艺节目就是一档来自英国的演播厅综艺。这档名为《Spelling Bee》(拼写蜜蜂)的节目于1938年在英国BBC播出,这在欧美也应该算是世界上最早的综艺节目了,内容就是在节目中参赛者被要求正确地拼写出单词,而且采用了当时流行的直播形式。

而中国的第一档综艺节目,从严格意义上来讲应该是香港TVB于1967年播出的《欢乐今宵》,节目内容以歌唱、舞蹈、话剧、游戏、幸运抽奖、安全知识推广、慈善募捐等,并且设有现场观众互动等趣味环节。这也是一档相当长寿的综艺节目,从1967年开播一直到1994年才停播,前后27年共播出6613期节目,成了几代人的青春回忆。

而中国内地的第一档综艺节目,大家就非常熟悉了,那就是1983年《中央电视台春节联欢晚会》。我们提及春晚可能很多人会感到疑惑,这也算综艺节目?这不是一台晚会吗?当然算综艺节目,而且是内地综艺节目的鼻祖,以后内地几乎所有的演播厅综艺都或多或少地受到"春晚"形式的影响。无论是节目的篇章结构、文艺单元和主持人风格都对后来的演播厅综艺有着十分深远的影响。

后来在演播厅综艺中较为有影响力的诸如央视的《综艺大观》和《正大综艺》,湖南经视和卫视的《幸运3721》《快乐大本营》,安徽卫视的《周日我最大》,东南卫视的《银河之星大擂台》等这些综艺,在节目的表演形式上或多或少地都受到央视春晚的影响。

梳理完了演播厅综艺的简单发展渊源,我们可以给演播厅泛综艺做一个简单的概念界定。

演播厅泛综艺是指那些以固定演播厅为规定情境,以灯光舞美仪式感推动时空发展,以特定主题和固定环节推进情节发展,以访谈、表演、游戏为主要形式的综艺娱乐节目。

在这个概念范畴下,从早期的《欢乐今宵》《康熙来了》《正大综艺》《综艺大观》《曲苑杂坛》到近十年比较火爆的《快乐大本营》《王牌对王牌》等综艺节目都属于典型意义上的"演播厅泛综艺"范畴。

演播厅泛综艺的特征

从上述提到演播厅泛综艺的概念可以看出，此类节目的"规定情境"相比户外真人秀等其他节目的"绝对空间"范围要小得多，小的演播厅两百多平方米，大的演播厅也不过一万多平方米。**表演"绝对空间"的限制也决定了演播厅综艺不可能像户外综艺一样"满世界乱跑"。但正是"绝对空间"的限定却造就了此类节目非常独特的如下艺术特征。**

1. 仪式感标签

"仪式感"是演播厅综艺不同于其他类型节目的最明显也是最重要的特征。一档演播厅综艺"仪式感"做得是否充足，已经在绝对意义上决定了这档节目的观感和档次。当然"仪式感"层次的高低不是由编剧一方面的水平来决定的，它和导演、摄像、音响，尤其是舞美和灯光等各个工位息息相关。

即使同一个节目剧本，让不同的制作团队来进行创作也完全会出现不同档次的节目品质。**但是我们单单从节目策划和编剧的角度来探讨"仪式感"这个词语，编剧更多的是要赋予节目内容层面的仪式感，而其他工位则需呈现表现形式层面的仪式感，多工位相互配合才能出来优秀的演播厅综艺。**

演播厅综艺的仪式感是所有节目类型中的"标杆"存在，因为表现手法的局限性，其他类型的节目再怎么做"仪式感"的提高也永远做不过演播厅

综艺节目。所以作为一个编剧而言，除了主题内容之外，你最先考虑的就是如何让你的节目在"仪式感"的表现上显得更高级，更新奇有趣。

但讲到"仪式感"我们不要有理解上的偏差，不要以为一提到仪式感就觉得应该是所有人都西装革履正襟危坐，板着个脸甚至热泪盈眶地进行"忆往昔"之类的。那样理解就真的把"仪式感"这个词理解得太狭隘了。

在这个共识下，我们需要强调的是高手的节目编导是需要把"仪式感"做得更有趣，更高级。 举个例子，比如几年前《快乐大本营》的"嘉年华特辑"在节目开场上，演播厅里"快乐家族"使用热气球吊篮、旋转木马、月牙威亚等一系列道具手段让每个主持人都有非常新鲜的出场方式，让每个成员的出场都显得新奇有趣。这就比以往的从大屏幕后边走出来显得更有新意。

当然，"开大屏"让嘉宾走出来也是"仪式感"的形式之一。但是当大家几乎都这样来呈现"仪式感"的时候，你有更新鲜的"创新"那就是策划功力高低的具体表现了。

2. 无限时空

"无限时空"是演播厅综艺的另外一个重要特征。演播厅虽然有"绝对空间"的局限性，但是却有"相对时空"的无限自由，这一点是其他类型综艺所不能比拟的优势。 编剧在创作中要非常有意识去充分重视并挖掘这一特征。这一特征来源于它的"舞台性"，与戏曲、话剧等舞台艺术类似，与舞美、道具等元素相互配合就可以做到戏曲美学中常说的"三五步走遍天下，七八人百万雄兵"的艺术效果。

我们举个简单的例子，比如说我们要做一档"南北饮食差异"的美食类节目。如果以旅行美食类的户外节目的形式来做，你的嘉宾就需要一个个地方地探访，它需要按照时间线和逻辑线把这个过程相对完整地呈现出来。哪怕你在后期中通过"平行剪辑"的手段把他们拼接在一起，但是你每个片段的叙事逻辑和时空总应该要完整吧？

但是这个主题如果交给演播厅综艺的《天天向上》就完全不同了，它可以通过嘉宾出场、美食上场、VCR插播、嘉宾品尝讨论等一系列舞台手段把内容做得非常的充实、丰满。但是这并不是说演播厅综艺就一定比户外综艺更优秀，它们只是有着不同审美特征罢了。仍然以这个例子来进行分析，虽然演播厅综艺时空更加自由，但是它却缺失了"第一现场体验性"。

那么了解节目策划的"时空特征"编剧工作有用吗？当然是有用的。举一个我们工作中实际遇到的例子，比如某位年轻编剧曾经提交了一个关于"剧本杀"的策划案。故事是一段时间跨度20年之久的爱情故事，几乎所有的情节都是靠回忆串联的，而且场景跨度多达十几个。故事很精彩，但是综艺节目"现在进行时"的时空特征却无法呈现上述故事。

难道我们要嘉宾们坐在那里读四个小时剧本，然后在节目中穿插大量闪回视频吗？这个问题几乎是无解的。最大的问题是嘉宾缺乏现场能看得到的"呈现手段"或者"呈现手段"缺乏体验性。但是同样的故事如果放到演播厅，DM化身主持人，故事场景可以有演员或者嘉宾来演绎，或许这个问题可以解决，因为演播厅有舞美、道具、大屏、灯光等一系列手段可以辅助实现。但是也需要进一步地严格论证。

3. 舞美"金手指"

舞美，是指舞台美术、灯光设计、音响音效、道具配合等综合舞台元素的统称。它们在演播厅综艺的创作中显得尤为重要。前面所提到的"仪式感"和"时空性"也全部来自这些技术手段的配合，这样才能比户外节目在仪式感和时空性上面显得更加自由和充满艺术性。一名合格的编导策划人员要学会在节目策划中充分利用这些手段来增加你节目的仪式感和自由的变换叙事时空。

以上每个元素你可以不必精通，但需要有一定的了解。**就舞台设计而言，除了贴合主题立意之外，最大的审美原则应该是"大道至简，繁而不杂"。**即舞台的设计要大气简略，各个色系和各元素能少加的要尽量少加，不要一眼看上去眼花缭乱，但却没有一个清晰的主题。

我们在日常的实践中，对"灯光"的要求一般会从几个关键词来看这个灯光师是否足够优秀，一个是看灯光打的是否能够满足"透彻""富有层次感"和合适"仪式感"的要求，尤其是在歌曲表演的时候，很多灯光师打出来的灯总是有一种"雾蒙蒙"的颗粒感。另一个是否具备"层次感"，它与"透"是一种相辅相成的关系，不同舞台区域有不同的明暗，但是并不影响各自的"清澈感"。而合适的"仪式感"则要求能够辅助相关环节的情感进行和主

题烘托。

音响层面我们常常讨论的词是声音出来的"湿润感"，这又是一个只可意会难以言传的描述。举日常生活中的例子，可能很多乡村舞台出来的音响效果听起来非常的"干燥"和"炸裂"，但是很多 KTV 为了美化声音又会无限地增加各种混响，让人感觉到失真化的"潮湿"。像 2008 年奥运会和《中国好声音》等节目的音响总监金少刚所调出来的现场感的"湿润度"往往拿捏得恰到好处。

道具方面据资深的道具导师所传授给我的经验是：**小的（道具）讲质感，大的（道具）须夸张**。他对这句话的解读是：很多小的道具往往是拿在嘉宾手里的，由于物品小，镜头往往会给到特写，所以小道具在特写镜头里面的质感就会显得无比重要。而大的道具由于是舞台艺术，所以在造型和配色上需要比日常生活中的配色要适当夸张一些，这样才能在镜头下显得具备舞台感。当然夸张的前提是与节目的主题相融合。这位老师傅是做了一辈子大型晚会的道具师，他的理念或许有些传统，但是也具备一定的参考价值。

其实上述任何一个方面的元素深究起来都足以用一辈子时间去学习、研究，我们在这里就不做更深一步的展开了。

4. 篇章叙事

篇章叙事是演播厅泛综艺的第四个重要特征。与很多户外综艺节目不同的是，很多演播厅综艺的表演空间往往只局限在几百乃至几千平方米的舞台上，相比表演空间，它的叙事性往往是依据舞台的舞美环境设置的"虚拟空间"，而不像户外综艺那样与现实环境非常紧密地结合在一起。所以此类综艺一般会根据主题在"声光电"的配合下进行不同篇章环节的故事讲述。

按照"功能逻辑"来分，演播厅综艺的环节一般分为"访谈环节""游戏（竞赛）环节"和"表演环节"。这是演播厅综艺最常见也是使用得最多的篇章环节。它基本上可以覆盖演播厅综艺话题输出、娱乐呈现和欣赏等常见综艺功能。基本上能做成大型演播厅综艺的都会涵盖上述功能环节，比如《快乐大本营》《天天向上》和《王牌对王牌》等综艺。

按照"叙事逻辑"来划分，那演播厅综艺的划分门类可以说是五花八门、不一而足了。比较常见的有并列式和递进式两种，而且这两种一般都常见于

"竞赛选秀型"的演播厅综艺。并列式的篇章环节常见于庆典和晚会式的综艺中，以我们最熟悉的央视春晚而言，她的节目与节目之间并不存在前后的逻辑联系，相互之间是彼此独立的。虽然晚会的主题也会在篇章间讲究递进逻辑，但是他们篇章与篇章、节目与节目之间往往是相互独立互不影响最终结果的。

但是递进式的演播厅综艺可就不一样了，比如我们曾经熟悉的《超级女声》《创造101》《星光大道》《最强大脑》的竞赛型的综艺，它们的环节与环节之间是层层推进，彼此互为影响结果的。在赛制上也一般分为类似初赛、复赛、决赛这样的篇章结构。对这样的综艺最重要的是创新赛制，给选手更多的真人秀激励，给观众更新鲜的悬念设置。

但是需要提醒的是对赛制的创新最好的方法是"大处谨慎，小处大胆"，即对那些非常经典的赛制设定创新时要慎之又慎，因为他们都是经过大量实践检验的。最好的方式是在经典赛制的基础上做有新意的创造，让整个节目焕然一新。比如我们非常经典的模式《中国好声音》，它就只是在普通唱歌比赛的模式上加了一个"转椅子"的创意，整个比赛环节的新意就油然而生。

当然大家也不要把"篇章叙事"的理念理解得过于死板，很多时候是你中有我，我中有你的。比如《中国达人秀》《中国梦想秀》这样的节目，他们在早期的初赛阶段基本上都是采用的"并列式"结构，它的"递进式"结构是体现在后续的复赛、决赛（不同节目叫法不同）这样的节目期数中的。

演播厅泛综艺策划要点

演播厅泛综艺相对于其他节目类型优点很多：比如成本可控、模式灵活、选题广泛等，最重要的是它便于操作。所以演播厅综艺也是综艺节目的最早形态，几乎所有国家的综艺模式都是从演播厅综艺开始的。即使毫无电视节目经验的业余人士也可以照葫芦画瓢地举办一场"草根晚会"作为团体的庆祝活动。但凡事都有两面性，它虽然好做，但是想做出新意确是非常难的事。所以研究演播厅综艺的创作特点，策划出有新意的演播厅综艺节目就是作为专业电视编导的重要使命。根据对经典演播厅综艺的探究，我们总结出如下要点供各位参考。

1. 包容性框架

演播厅泛综艺是一个非常庞大的节目类型，由于篇幅限制我们不可能把所有类型的演播厅综艺创作要点都归纳到一个章节之内。所以在总结其要点时，我们只框定于最典型的演播厅泛综艺或者叫"大综艺"范围之内。因为这个类型最容易做成大型节目，而且生命力也很长，播出周期甚至可以长达数十年。

我们这里所提到的"包容性框架"也是针对此类型的综艺节目提出的。与很多题材类型比较聚焦的演播厅综艺而言，演播厅泛综艺的内容框架要庞大得多，它在一个确定的大主题框架中几乎可以囊括很多社会主题和时事话题。而且在观众产生审美疲劳时，它还可以快速根据审美趋势做出快速的调

整以适应当下的潮流。

而且这样的设置也更符合中国人的审美习惯。比如在欧美国家就存在大量的主题框架和环节都非常聚焦的演播厅综艺节目，尤其是以确定的游戏为框架的节目。这些类型的节目或者是挑战一些固定的刺激性游戏，或是聚焦某种类型的智力答题，环节悬念虽然设置得扣人心弦，但是时间一长往往会让观众产生审美疲劳，节目寿命大多数都不是很长。

在亚洲范围内，日本是受西方影响较深的国家之一，所以它的综艺节目中也存在大量的主题形式聚焦类型综艺。比如日本有一个演播厅综艺叫《欢乐大转盘》，节目形式就是明星站在快速转动的大转盘上进行答题，坚持得久且正确率高的明星获胜。这类节目观众往往开播时会给观众很欢乐的欣赏体验，但是时间久了往往产生审美疲劳。

在中国，那些生命力比较长的"大综艺"往往都是框架包容性较强的节目。比如我们前文提到的中国香港 TVB 的《欢乐今宵》开播三十多年，虽然历经改版但是以歌舞表演、明星访谈、游戏比拼和经典影视宣发的节目环节始终是万变不离其宗。深受这档节目的影响的国内演播厅综艺龙头《快乐大本营》也几乎上是延续这个路线一直延续了二三十年。

《王牌对王牌》的模式创意启发来自于日本的长寿演播厅综艺《交给岚吧》。这档节目的主题就是各种娱乐圈的团队组合和嘉宾大咖和"岚组合"进行游戏和表演 PK，在 PK 的大规则和大主题下什么样的环节都可以设置，什么样的社会话题都可以融入。节目始终跟随着社会前沿的时尚趋势走。

所以一档长寿且精彩的演播厅综艺在策划时首先应该考虑就是它的内容包容性，是否具有可持续性。当然节目的长寿与否还与很多因素相关，比如说制作方资源、主持群体的稳定性等，但是做策划层面可以赋能的就是它的框架包容性。

2. 主题 & 内容：时尚、怀旧、猎奇

关于演播厅泛综艺的主题和内容策划这个点比较不好写，题目太大。我们翻开任何一本电视编导策划类的书籍所给出的知识无非以下内容：什么主题要鲜明，内容要鲜活，节奏要明快，然后再列举一些比较优秀的策划案例给大家看。但问题是节目的类型千变万化，不同的节目有不同的策划要求，很难通过几篇稿子就能让大家旁通所有的策划技巧。

写这本书的初衷是去除很多不实用的"理论性"的探讨，尽量把"实战"方面的知识传递给大家，在这个理念基础上我们把这么多年来容易引起大部分观众共鸣的主题和内容技巧总结成三个方面，实在没有好的想法的时候往这个三个方面去思考会有豁然开朗的感觉。

第一，时尚。所谓时尚并不单指美妆潮流等方面的狭义理解。而是当下社会最流行的趋势和最热门的话题作为选题和内容的策划方向。最近大家在讨论什么样的社会话题？在看什么样的热门影视或者在集中关心什么样的社会趋势？把这些提炼出来作为节目主题会对你后面的节目宣发和传播有非常大的好处。演播厅类的综艺是最容易做"虚拟时空"的，所以什么样的选题更贴近这个社会的"时尚"做出来肯定不会差。不信大家可以去梳理以下《快乐大本营》和《王牌对王牌》的历年选题和当年的社会娱乐新闻做一个对比，你会发现他们之间是高度融合的。

第二，怀旧。**怀旧是棚内综艺的另外一个"万金油式"的选题方法，几乎这个方向利用得好的话是可以在社会上引起广泛的讨论话题的**。十年前让深圳卫视崛起的一档节目就是一个叫《年代秀》的"青春怀旧"系的节目。《快乐大本营》在过去三十年的播出周期内至少有四分之一的选题跟怀旧相关。近五年崛起的经典棚综节目《王牌对王牌》最经典的主题就是"重聚"：什么"新白重聚""西游记重聚""红楼梦重聚"……正是这些经典怀旧的力量唤醒人们记忆中的情感激发了大家的共鸣。**为什么怀旧的话题容易火？原因很简单，能留在人们记忆中的事件说明经过了时间的检验，慢慢地也就成了经典。比你去生造一个话题要靠谱得多。**

第三，猎奇。**如果前面两个策划思路主要针对节目的主题而言的，那猎奇这个点则主要是针对节目的内容而言了**。毕竟在这个娱乐大爆炸的时代，你的节目内容对观众而言是否具备新鲜感那就直接决定了节目寿命的长短。对于电视节目策划而言，可能你需要寻找的正是"三条腿的蛤蟆"，或者至少看起来像"三条腿的蛤蟆"。有个非常经典的模式正能说明这个点的重要性——《中国达人秀》。这个模式是跟《中国好声音》一样，也是风靡了全球的一个模式，几乎各国都有。它能这么畅销其实所主打的卖点正是观众强烈的猎奇心理。有一点需要提醒：猎奇需有个度，不要把低俗的东西搬上荧幕。

3. 仪式感细节

在分析演播厅泛综艺的艺术特征时我们强调过，"仪式感"是此类型综艺不同于户外节目的最大特点之一。对于一档有质感的演播厅综艺而言，怎么强调节目的视觉仪式感都不为过。**我们常说"艺术来源生活而高于生活"，对演播厅综艺而言这个"高于生活"很大部分就来自于演播厅节目所呈现出来的"仪式感"。**

按细化分工而言，很多仪式感的呈现是要靠导演指挥各个配合部门来呈现的。但是仍然有很多"仪式感细节"的策划需要编剧策划层面来考虑的。很多演播厅节目模式在策划之初就需要认真思考如何让节目的仪式感显得更加"神圣"或"新鲜"。

举个经典模式节目的例子来供大家参考，风靡全世界的音乐选秀类模式《THE VOICE》（中国好声音）就是一个在"仪式感"上做到非常极致的演播厅节目。节目的模式宝典上写满了各种有关"仪式感"的细节描述。比如在选手上场前需要单独呆在一个堆满道具的小房间里，可不要以为这是"不讲究"，仔细观察就可发现道具堆放得非常整齐，而且专门布置了灯光。房子的层高是被人为压低了的，会产生一种强调的压抑感。

而且通往主舞台通道狭窄而悠长，通道两侧被蒙上了黑布，同样产生一种压迫感。上场前会有专人把话筒递给选手的手上，还有工作人员专门负责打开通往舞台的大门。大门打开的一刹那强烈的灯光和观众的欢呼声让选手有豁然开朗的感觉。前面所有的"压迫感"都是为最后登场这一刹那的神圣"仪式感"做铺垫的。不止于此，该节目最有创意的"仪式感"环节还在"拍按钮"和"转椅子"。

类似的例子还有很多，比如韩国风靡世界的另外一个模式《蒙面歌王》，让成名歌手遮住面部让其他嘉宾来竞猜，增加悬念的同时也在舞台仪式感上开创了新的玩法。中国的《明日之子2》，晋级的歌手可从评委处获取不同"星级"的房卡，星级越高能进入的房间等级也就越高，也算舞台仪式感上的创新。

4. 经典环节（游戏）

一个经典的互动环节对于一档成功演播厅综艺的重要意义可能长期以来都被很多业内人士所忽略。有很多栏目追求创新，追求创意，于是不断地进

行改版。改版带给观众新鲜感是没有错,但是很多节目不断地改变,不断地创新游戏环节,很多时候搞得观众每次都像是在看一档全新的栏目,这样的做法其实对观众忠诚度和耐心的考验是相当大的,很容易造成观众流失和栏目"夭折"。

毫不夸张地说,每档成功的演播厅综艺都必然有一个让观众深刻记忆的"互动环节",这个环节很多时候是以"游戏"的方式体现的。以韩国里程碑式演播厅综艺《X-Man》为例,我们知道这档节目的最核心设定是"两队中各有一名对方的内奸",整期节目以找出对方的内奸为终极胜利目标,然后中间穿插大量的游戏环节以增加节目的娱乐性。其中最经典的一个游戏环节就是"当然了"。在该游戏环节中嘉宾无论被问到怎样尴尬的问题他的回答必须以"当然了"这个词开头,然后再把以肯定性回答的答案逻辑解释通顺。这其中的逻辑悖论就是节目综艺看点的主要来源。

再以中国综艺《王牌对王牌》为例来看这其中的奥妙。"王牌"有个固定的游戏环节叫"传声筒",游戏规则很简单,就是嘉宾们在隔开的活动门两侧戴上隔音耳机只通过动作来传递"词句"。由于只能通过肢体传递复杂的信息所以嘉宾们往往会做出各种搞笑的肢体动作,让整个游戏环节充满了趣味感和娱乐性。有很多业内同行就吐槽这样的环节设计不新颖,而且玩了很多季也一直不见更新,是不是节目组缺乏创意。

但是笔者的意见是,如果某个游戏环节可以给节目带来标识性,并且持续的收视表现良好切不可轻易更换。这就好像人脸上的标志性细节,它可以帮助别人更好地记住你,更好地向其他人传播你的个人标识,为什么费用整容把它舍弃掉呢?

那么什么样的"环节"或"游戏"具备这样的特征呢?应该至少具备以下要点:第一,谁来了都能玩,即游戏不挑人,无论智商高低、年纪大小,性格如何都能参与到游戏中来且玩得很开心。第二,谁玩都能出效果,即游戏效果要硬核,无论嘉宾个人特性是怎样的只要进入这个游戏就都可以带来预期中的游戏效果。

5.娱乐&深度:不对立

对于演播厅的泛综艺而言,究竟是应该看重节目的娱乐性还是节目的深度？这个问题在不同层级的人看来是有不同侧重点的。比如对于普通的观众而言他们肯定是希望通过综艺节目获得更多的娱乐感受；但是对于主管部门来说，他们更加希望节目能有更多的深度内容可以弘扬正能量的社会价值观。于是很多业内人士往往把这二者对立起来，认为节目要么是做给普通观众看的娱乐性节目，要么是可以拿去评优评奖的深度文化节目。

但是在多年的工作实践中我们发现其实这两者之间并不存在绝对的"壁垒"。尤其是在中国策划娱乐性节目，如果你的选题和角度不具备一定的社会深度的话，节目的生命力往往是不够强大的。以中国的长寿综艺《快乐大本营》为例，他们的处理方式往往是"有深度的社会性话题"+"娱乐性的表现形式"+"潮流明星"。"快本"的怀旧主题一般在娱乐性的游戏中加入过去共鸣性的回忆，而它的时尚主题又深度剖解中国人现在的生活方式和传统的国民性相结合。

在《王牌对王牌》的节目组中，有一个专门的导演组叫做"情怀组"，顾名思义他们的作用就是专门帮助节目挖掘深度情怀的。"王牌"做了很多期"经典影视重聚"的选题，比如"新白重聚""红楼梦重聚""成家班重聚"等，这些节目的娱乐性同样很足，但是你能说它的选题"肤浅"？这些都是有深刻社会共鸣的选题，代表着一代或者几代人的青春回忆。

同样很多在传统眼光看来是纪录片的选题，近两年也通过演播厅综艺的方式呈现给了广大观众。比如《中国诗词大会》《国家宝藏》《见字如面》《故事里的中国》等，这些节目也逐渐开始频频使用"PK""晋级""胜负"等综艺节目常用的手段来增加节目的可看性。

重要的不是节目到底是娱乐性的还是文化性的，而是你的策划目的和表达方式是什么样的。我们实践中常用的工作心得是：**选取有共鸣性和有深度的社会话题，然后通过娱乐性的方式把它表达出来。**这就好比开车出行，同一个目的地有不同的路线规划，有快速直达的高速路线，也有风光优美的国道路线。做综艺节目最主要目的是给大众提供娱乐，如果是做综艺节目，走国道无疑是最佳选择；但是如果是做"时政新闻"，中规中矩快速准确地"走高速"才是最安全快速的路线。**最后强调一点，综艺节目最主要的作用就是给观众提供娱乐，所以无论你的选题多么有深度，多么深刻，如何让过程更加综艺，更加具备趣味性才是真正考验编导的真正水平的层面。**

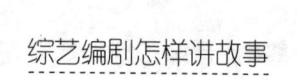

总之，演播厅综艺要想做得好，重点可以从如下两个角度进行思考：

第一，如何增加节目参与者的仪式感、崇高感和命运感，让嘉宾在演播厅的氛围下觉得这件事非常的"神圣"和"命运交响"，可以参考《中国好声音》《中国达人秀》等节目。

第二，如何促进嘉宾之间的"社交破冰"，把嘉宾从"偶像包袱"和"社交桎梏"中打破出来，迅速增加节目的亲密感，这一点可以参考《快乐大本营》《王牌对王牌》等节目。

演播厅泛综艺的嘉宾

之所以把"嘉宾"这个话题放在这一章节的最后一个话题讲是因为它对于演播厅综艺的作用实在太重要了,尤其是节目的常驻MC(主持人),几乎决定了一个节目的整体气质、生命力和标识性。从功能标准层面来划分,演播厅泛综艺的嘉宾群体分为三个方面:常驻嘉宾(MC)、专业演艺型嘉宾(飞行)和素人嘉宾。我们一一来进行分析。

1. 常驻嘉宾:流行主持群

我们国家的演播厅综艺主持人其实是经过了较大的风格流变的。从20世纪80年代末期中国综艺起步后,**中国的综艺主持人早期风格特征比较强调"仪式感",要求主持人端庄大方、言辞敦肃**。这类主持人以早期央视节目中的《正大综艺》《综艺大观》《曲苑杂坛》等一类节目为代表,涌现了诸如倪萍、赵忠祥、周涛等主持人为代表。包括做综艺比较早的湖南卫视,"快本"早期的主持人李湘、海波,他们的主持风格也都是在新闻播报方式基础上略加趣味性的主持风格,后来海波的主持风格由于太过"新闻化"被何炅所替代,"快本"才真正迎来了暴发式的增长。

这种主持风格的转变后来也逐渐影响到了央视,央视主持人中后来出现的李咏不符合人们对"播音员"的传统认知,而是因个人风格强烈从幕后编

导一步步成长为综艺主持人的。

另外一个典型的例子就是湖南卫视的汪涵，从台里的场工做起逐渐成为家喻户晓的主持人。他的个人特长就是善于随机应变，可以在复杂的节目现场快速理清节目的重点，以幽默风趣的方式始终引领着节目向着节目组想要的方向发展。

从上述例子我们可以发现，演播厅综艺在近三十年的发展中正在从"仪式感"朝着"个性化"发展，只会念稿或者顺流程的主持人在未来的综艺节目中是没有市场的。**而且逐渐从以前的单主持人或者双主持人向着主持群体方向发展。这样做有两个好处：一个是可以赋予各个主持人不同的功能性，让节目的主持风格更加丰富；另一个是可以避免因主持人变动而带来节目的收视波动。**当想换主持人时可以逐步地更换，不会让观众由瞬间"变脸"的感觉。即使一两个主持人因发展退出，节目也可以通过"替补"的方式逐步培养。

关于"常驻嘉宾"的选择其实很难有统一的标准，因为不同节目有不同的要求。但是对于演播厅的"泛综艺"或者"大综艺"而言还是有一定的规律可循。比如对主MC最常见的要求就是幽默和具有亲和力，这一点是专业院校培养不出来的，需要一个人的天赋和后天生活历练才行。而且很多时候是可遇不可求的，但是这样的人在日常的生活中就非常幽默，经常会在社交场合妙语连珠地掌控谈话气氛。汪涵、张绍刚、沈腾、孟非都是这样的人。

而且根据近年亚洲综艺的规律，主MC往往不能长得太帅或者太正，而且长得要有自己的"个性"。可以留心一下韩国的知名主持人刘在石、姜虎东等人，他们的长相甚至在普通人的"及格线"之下。像孟非的"光头"、李咏的"长脸"都是主持人长相中的"个人特征"，都能帮助观众快速记住一个主持人。**另外一个原因，主MC长得太正容易让观众有距离感，觉得不是自己日常生活的平凡人，反而观看综艺的时候会有审美压力。**

除了主MC，此类节目还应该培养一个"团欺式"的主持人，此类主持人在日韩节目中非常常见，像刘在石和姜虎东都是从这样的岗位上锻炼起来的。所谓"团欺"就是我们综艺节目常说的"受气包"式的人物。我们在讲"喜剧"时曾经说过，"喜剧"就是要给观众产生一种强烈的优越感，小人物被命运捉弄是喜剧常用的故事手法。而演播厅综艺的主持人群体也需要这样的"小人物"。像"快本"中的杜海涛、杨迪；"王牌"中的沈腾、贾玲等，其实都有这样人物的角色功能。此类主持人的功能运用得好，就是不请嘉宾，单是主持人群体就可以撑起一整期节目。

与户外节目类似，从节目的时尚感考虑主持群体中也最好有一个类似于"朝阳后辈"的担当。当然这主要是针对我们本章中所提及的"泛综艺"而言的，因为这类综艺是在一个大主题下的"万花筒"式节目，很多流量话题和时尚焦点是要靠这样的角色来发动和传播的。这样的角色也同样充当着节目的"颜值"和"青春"的担当，负责年轻观众群体的观点在节目中输出，类似于"王牌"中的欧阳娜娜就是这类主持人的典型代表。

关于主持群体的性别构成一般而言也是根据节目特点构成的，不同的节目类型选择不同的主持搭配。比如纯女性的节目，全是"姐姐主持群"也无可厚非；同样《天天向上》的"天天兄弟"就是全男性主持人阵容。但是如果一定是男女主持搭配的主持群体，一般不建议比例特别平衡，有时候甚至极端一点反而会比较好。比如《奔跑吧兄弟》的六男一女组合，或者《花儿与少年》的"五女一男"组合。失衡的性别比例组合往往能给节目带来意想不到的"化学反应"。

这里列举了最常见的演播厅综艺嘉宾构成，但是仍要具体问题具体分析，不同节目有不同的主持要求。比如有些节目需要加入专业性强的主持人，比如《最强大脑》的蒋昌建和《冬梦之约》的王濛等，但是不管加入什么样的主持人，亲和力、表达力和极致独特的个人魅力都是硬件要求。

2. 专业演艺型嘉宾：娱乐话题

如果说"常驻嘉宾"是一档综艺节目的"常量"的话，那么每期或每几期更换的专业演艺型嘉宾就是这个节目的"变量"了。"常量"决定本质，"变量"给节目带来不断的新鲜感。并且如我们的小标题所言，其实很多的节目娱乐话题是由专业演艺型嘉宾带来的。由于观众天生的"窥私"心理，他们很乐意将明星的娱乐话题当作自己的"社交货币"来进行主动传播。所以要想做好演播厅泛综艺节目，专业演艺型嘉宾的邀请是一门很大的学问，决定了一档节目是否具有更长的生命力。

一般而言，邀请专业演艺型嘉宾我们会从以下三个角度去进行考量：

第一，**邀请正处于上升期且话题度高的明星**。这个维度很好判断，可以经常关注一下大众媒体的娱乐新闻，看看谁又上了热搜；谁和谁的某个话题又是霸占着娱乐榜的头条。大众在讨论哪些明星，他们被关注的点都又哪些？一般而言，处于上升期的明星整个人的状态也会较为积极，对节目的参与度也会更高。"上升期"的明星并不狭义地理解为明星的卡位，**而是一种明星发展的趋势**。而且此类明星往往在此期间会有大量的相关作品即将播映，此时邀请他们一方面可以和节目形成良性互动，另一方面他们也正处在作品的宣传期，往往通告价格都不会太高。

但是也要具体情况具体分析，比如某些明星虽然频频出现在娱乐新闻和大众讨论中，但是他的新闻却往往以负面的形象出现，这样的明星要慎用，不然内容没做好反而容易让节目陷入舆论风险中。

第二，**邀请和本期主嘉宾或者本期选题相关度高的明星**。我们的很多选题有时候都是围绕着当期的主题来进行邀请的，而且来的明星往往是我们前面所说的处于上升期的明星。作为编剧首先应该考虑就是如何针对主嘉宾或者主话题设置节目环节。如果此时能够把与该嘉宾关联度高的明星请到现场，不但能够激发嘉宾的表达欲望，而且也会减少嘉宾之间的社交障碍，让节目更快地步入精彩内容。

邀请相关度高的明星另外一个优点就是从节目的营销角度考虑的，我们的很多编导人员在做节目时没有营销思维，不知道什么样的组合更容易搅动娱乐话题。如果单就内容做内容，在这个娱乐信息满天飞的时代里，做出来的节目往往会被其他娱乐节目所湮没。从娱乐营销的角度去考虑什么样的人会与他擦出火花，什么样的组合会让这个节目更具传播话题。有时候嘉宾请对了你其实根本不需要怎么策划，单看他们在现场的互动都够撑起一期精彩的节目。

第三，**邀请具备国民度和具备全民回忆的资深明星**，这一条其实更适用于电视综艺。在这里插一个有趣的话题，大家可以发现有影响力的演播厅大综艺往往是由电视台生产的，网络媒体虽然近年来也有较大发展，但是几乎从来没有产生过有影响力的"合家欢"式演播厅综艺。**这其中的一个重要原因就是电视媒体的"共时性"所造成的。网综往往是各个用户分时观看的，即使非常火的网络综艺，他的共时观看人数也很难超过电视媒体的观众数量。**

简单而言，就是电视台只在这个时段观看，而且往往是和家人一起在客厅的大屏上观看，有即时的讨论性，很多个家庭或小群体在同一时间观看一个综艺，很容易在某个晚上的短时间内营造一个"共时性"热点。

这也是为什么在做这类综艺时建议大家邀请那些国民性高或者全民回忆的明星，因为这是大家共同的记忆，尤其是电视观众群体的共同回忆，在自媒体发达的今天更容易形成节目的"共时性"热点。最直接的例子就是《王牌对王牌》在播出的当晚或者第二天往往会有对应的热点话题出现在热搜榜上的原因。

3. 素人嘉宾：典型性和真实性

素人嘉宾是一个对于专业演艺型嘉宾而言的相对概念。它泛指那些不以演艺娱乐事业为主业或在演艺圈内并未形成相应知名度的嘉宾，凡是符合上述条件的我们都可以归为素人嘉宾的范畴。对于节目素人嘉宾的使用，应把握两个最大的原则：典型性和真实性。如果做不到这两点，就会降低节目的吸引力和可信度。

举一个实际的例子，2010年前后东方卫视的《中国达人秀》火爆后引领了众多电视台效仿。效仿者的基本做法是到各大演艺场所去寻找"奇人轶事"在舞台上展示各自"绝活"，有很多技艺博取眼球的程度甚至比《中国达人秀》的很多选手都要精彩。但是所有效仿类节目收视及口碑度都表现平平，很快淹没在众多的同类节目中。

这其中的重要原因就是没有理解《中国达人秀》最本质的节目看点。**"达人秀"类节目最本质的看点并不在"奇人绝技"上，而是通过"奇人绝技"展示普通人中的典型代表和他们背后的真实人生故事，"奇人绝技"只是一种文艺形式的载体，真实的意图是讲他们"绝技"背后的人生故事。**

通过上述例子我们再来解释这两点就好理解了。所谓**"典型性"**就是某类人、某类故事、某种生活方式最极致的例子。通过编导个人的搜集和探访把这类有故事的人和有故事的技艺最极致的选题找到。如果你仔细观察的话，就会发现《中国达人秀》每期的选题中都会有诸如搞笑达人、感动故事、惊人绝技、雷人逸事、颜值美女等多种类型的选题组成，而且每类故事几乎都是这个选题类别中最极致的那一种。几乎每个选题拿出来都能代表一大批人

或者故事。

所谓"真实性"，由两个层面组成，首先就是不要在节目中试图造假。电视节目是真实生活的放大器，它有众多的蒙太奇手段可以人物故事的细节无限地放大。而且一旦被发现造假整个节目的信誉都会随之破产。很多节目喜欢打着"真实"的旗号来请所谓的"专业演员"来表演素人，这种做法在自媒体发达的时代无疑是饮鸩止渴。**其次是在节目中表现出"典型真实"和"情感真实"。**"典型真实"是故事内容点要聚焦，是爱情故事就把最动人的部分提炼出来，不要发散开来。"情感真实"就是用真人秀仪式感的手法把嘉宾的情感激发到最大化，让观众感同身受。

说不能"造假"并不代表不能艺术加工，而且编导功力最主要的体现方式就是把素人故事中的"细节"通过提炼和渲染变成富有强烈情绪表达的电视画面。以笔者策划过的《中国梦想秀》第三季的冠军选题"肩上芭蕾"为例，一对来自破产马戏团的杂技情侣刚到节目组就对我说：导演你说怎么演吧，我俩老演员了，包你满意。这种"江湖腔调"其实会被观众所讨厌的。我并不着急于跟他们聊节目，而是跟他们闲聊，聊他们过往的经历。聊着聊着男生就告诉我，由于"肩上芭蕾"非常危险，女孩已经满身伤病，但是仍然需要奔波于各大夜店等演出场所，他希望能给她一个稳定的生活。

接下来的事情就好办了，就是把故事中最感人的细节提炼出来（记住！一定要是"细节"），然后再想办法设置反转：男生先上舞台演了一个非常普通的节目，因为节目普通当然没有通过。然后再引出"肩上芭蕾"的惊艳表演，再引故事细节，整个故事就显得非常的丰满和感人。

采访——提炼真实细节——设计反转，这就是我们所说的真实故事的"艺术加工"。但前提是建立在他们"真实故事"的前提上，我们做编导的只是把他们提炼出来做策划和加工。

第十章
情感交友类节目创作方法

"情感交友"一直是近二十年来电视生活服务类节目中最为火爆的节目类型之一。不同平台对这类节目有不同叫法，比如有的叫相亲节目，有的叫婚恋节目，有的叫恋爱综艺……虽然叫法五花八门，但是形式和内容却都大致相同，都是聚合单身男女进行婚恋交友的节目。**我之所以叫它情感交友，是因为其实这类节目真正能走到恋人阶段的只占很少一部分。他们更多的是男女嘉宾在节目录制这一阶段的情感状态体验，和交到了一些新的异性朋友，以免给大家造成误解。**

这个品类每隔几年都会有一档相对影响力较大的节目出来。它的受众群体清晰，且辐射面比较广。**主流观众群体是正处在婚恋阶段的年轻男女，尤其是年轻女性，辐射观众群体是家庭里面有处在婚恋年龄段儿女的中年父母或相关亲属。**

中国最早的婚恋相亲节目是1988年山西电视台的《电视红娘》节目，当时节目形态简单，目的形式也非常简单，就是相当于电视征婚广告，征婚男女在镜头面前把自己的条件一说，然后留下通信地址看能不能遇到有缘人。虽然简单但是确实相亲交友类节目的鼻祖。1992年赵本山、黄晓娟的春晚小品《我想有个家》就是采用《电视红娘》的节目形式进行创作的。

真正在我国有影响力的情感交友类节目是湖南卫视的《玫瑰之约》和江苏卫视的《非诚勿扰》，前者模式来自我国港台综艺《非常男女》，后者来自欧美模式《Take out》。尤其是后者几乎成了2010年前后全国最火爆的电视节目，二十多位靓丽女孩在舞台上站定，男嘉宾逐一登场，采取亮灯灭灯的方式表达对男嘉宾的认可与否。《非诚勿扰》应该算是我们国综艺节目史上最成功的相亲交友类节目。

《非诚勿扰》之后，情感交友类节目适当沉寂了一段时间，被后来的"好声音""达人秀""跑男"这一类的素人选秀和明星游戏类节目所代替。直到2018年前后腾讯视频引进自韩国的《心动信号》才又掀起了此类节目的小高潮。《心动信号》打破了以往情感交友类节目单纯户外和棚内的界限，直接把户外相亲和棚内观察讨论结合在了一起，在看恋爱类节目"暧昧"互动的同时又把婚恋价值观的讨论植入了节目的内容之中，是此类节目模式的一个新的里程碑。

简单回顾了情感交友类节目在我国综艺史上的发展历程，接下来我们将结合工作中的经验积累和市场反响，从如下几个方面来总结此类节目策划过程中所应该注意的要点。

1. 颜值 + 魅力 = 偶像化

如果把情感交友类节目来和影视剧题材进行类比的话，那此类节目应该和年轻人喜欢的"甜宠"偶像剧非常类似，都是通过影视的手段来给观众营造一个浪漫梦幻的恋爱过程。不同的是，综艺节目带有真人秀的成分，但是影视剧则是构造好的故事的剧情演绎。

偶像剧给我们的第一印象就是"男帅女靓"，无论男女主角身份如何，命运如何，他们的颜值都必然是让人眼前一亮的，基本要满足青年男女对另一半的大部分想象。好的颜值天生就能吸引到别人更多的关注和认可，所以偶像剧选择颜值好、演技佳的演员来表演动人的爱情故事本身就是一件非常讨巧的做法。

这一准则放置于情感交友类节目也同样适用，回忆一下你所看过的恋爱类节目是不是都具备这样的特点？尽管男女嘉宾中也有个别不以颜值为主要卖点的，比如某位长相平平的女博士站到"非诚勿扰"舞台上，但是这些选手都是作为特殊嘉宾站到相亲节目舞台的，为的是让节目具备更多的话题性。绝大多数相亲节目的男女嘉宾都是会选择那些颜值、条件非常在线的素人嘉宾来参加节目的。

除却颜值，另外一个能够让观众产生兴趣的就是嘉宾的人格魅力了，这个标准很难用清晰的言语表达清楚。它是一个人综合长相、表达、气质和性格的综合考量标准，很多导演喜欢用"观众缘"这个词来表达人格魅力的这层含义，即这个嘉宾站到舞台上是不是能为观众所喜欢。最直接的例子就是成名之前的杨迪，论长相他甚至及不上普通人，但是他的情商和智商却能够得到绝大观众的喜爱，这就是人格魅力的作用。

但是对于情感交友类节目而言，"魅力型"嘉宾只能像烹饪中的调味品一样作为节目的佐料来出现的，真正"主菜"还应该是"颜值型"嘉宾。当然有颜值的同时如果能够同时充满人格魅力那就应该就是选手中的极品了，比如《创造101》中出来的杨超越，是可遇而不可求的。

另外，关于情感交友类节目嘉宾颜值的甄选有一点特别实用的经验值得分享，即观众不太喜欢"工业化"和"标准化"的美，所谓"工业标准化"就是那些靠人工医美或者化妆技术捯饬出来的"人工"美女帅哥，这样的人美得没有个性，也很难让人记住。最重要的是他们长得太像"演员"，让节目缺乏真实感，观众会质疑节目的真实度。

此类节目颜值型嘉宾的特点应该是，美得有个性且没有距离，看着是天然有亲和力且不太像演艺圈里的人，选好了能快速获取观众的好感和信任。

2."荷尔蒙"环节设置

"荷尔蒙"环节，是情感交友类节目不同于其他类型节目环节设置的最大特色。所谓"荷尔蒙"从生物学的角度来说就是人或动物在受到某些美好事物的刺激所释放出的与性别相关的特殊物质。它能够激发人的原始潜能，尤其是男女在恋爱过程中被对方深度吸引的话最容易激发荷尔蒙物质的分泌。一档优秀的情感交友类节目不但能够激发参与嘉宾的荷尔蒙元素，更能激发观众的荷尔蒙元素，这是从根本上吸引观众的最大奥秘所在。

所谓恋爱节目的"荷尔蒙"环节，通常是指在男女嘉宾互动环节的设置上参考或模拟青年男女在恋爱过程中经常会一起从事的社会活动或相处细

节。以《非诚勿扰》为例，最令人印象深刻的就是男女嘉宾的"牵手环节"。当男女彼此选择了对方之后，孟非会宣布双方牵手成功，然后两人在音乐和祝福声中甜蜜牵手走下舞台，并且在后台的采访环节导演也一般会暗示男女牵手接受采访。但是在日常生活中，一对恋人从相识到相爱往往要经历一个漫长的过程才会彼此牵手成功，当然特例除外。而在"非诚"的舞台上，男女嘉宾从彼此认识到最后牵手成功时间往往不到半个小时，对彼此的了解又能有多深呢。但是这就是恋爱节目的荷尔蒙环节设置，观众乐意看到这样的画面。

再以《心动的信号》为例，节目组以"男女合宿"为切入点，在"合宿"的过程中安排了共同做饭、洗碗、打扫卫生这一类活动来拉近男女嘉宾彼此的距离感。像此类活动一般都是已经结婚或者即将结婚的男女才会在自己的私密空间中进行的活动，而且在此类活动中男女难免产生轻微的肢体接触。这一类活动很容易让男女嘉宾想象未来共同生活的某些场景，这种场景的想象也会通过类似活动的安排传递给观众，让观众想象男女嘉宾将来共同生活在一起的画面。我们看《心动的信号》最大的感觉就是整个节目中充满了恋爱的浪漫和轻微的暧昧气息，这其实就是节目组有意安排的"荷尔蒙"环节。

欧美的很多恋爱类节目此类环节的设置则更加直接，比如日本的某档恋爱类节目中，其中一个重要的环节就是男女嘉宾蒙上眼睛通过彼此接吻时的心率和感觉来判断对方是不是自己要选择的人。由于东西方文化差异，此类环节并不适合我们国家，我们更喜欢的是那种"友情之上，恋人未满"的含蓄表白方式。

但是无论何种环节的设置方式，对于情感交友类节目来说，"荷尔蒙"环节的设置都是此类节目必不可少的，不然整个节目就会缺乏恋爱节目的甜蜜看点和浪漫感觉的吸引力。

3. 资源永远不平衡

"资源不平衡"是我们在"综艺剧本创作通用技巧"那章讲过的重要创作技巧，也是激发嘉宾真人秀状态的重要手段。**对于情感交友类节目而言，资源的不平衡可以激发同性嘉宾之间或明或暗的竞争，同时也可以带领观众形成各自的支持态势，引发话题和价值观的争论。**所以作为编剧而言，想办法从规则和嘉宾配置上造成这种资源错位，是保证节目看点的重要方式。

从具体的操作而言一般有两种方式。

第一种是从嘉宾配对数量上造成整期或者暂时的资源错配。

以湖南卫视曾经播出的《黄金单身汉》为例，节目通过男明星陈楚河与20余位单身女性相处的过程，最后由陈选出自己最心仪的对象进行进一步的交往。在这个过程中我们可以清晰地看到女生之间为了能博得心仪男神的青睐或明或暗地进行竞争，为节目带来真人秀竞争的看点。这个模式来自美国的同名节目，它在价值观上其实并不符合我们的文化，但是在节目的模式设置上确实非常符合此类节目最有效的策划手段，故举例供大家参考。

另外一个例子就是《非诚勿扰》的规则设置，二十多名单身美女同时在舞台上面对逐一上场的男嘉宾，通过亮灯和灭灯的形式来表达对登场男嘉宾的满意程度。这其实就是很巧妙的"暂时性资源失衡"节目设置，男嘉宾与男嘉宾之间形成"线性的竞争"，即先登场的男嘉宾有可能挑走场上的女嘉宾。而女嘉宾和女嘉宾之间则形成"点性的竞争"，即如果登场的男嘉宾足够优秀的话就很容易引起女嘉宾在这个节点上激烈竞争。它比以往相亲节目中"一对一"或者"多对多"的方式所形成的资源竞争性要强烈得多，节目看点也更多。

第二种方式虽然嘉宾数量接近或者相等，但是可通过节目规则来设置嘉宾"资源失衡"带来的竞争性看点。

以《心动的信号》为例，在"心动小屋"内虽然男女嘉宾都是四位且每位都非常优秀。但是由于人与人之间存在个体差异，也存在对异性类型喜爱程度不同的差异，非常可能存在一个人同时被多位异性喜欢的可能。所以节目规则上把这种差异做出来就显得非常重要。

《心动的信号》节目最重要的一条规则就是，在每天晚上入睡前每位嘉宾可以给自己心仪的嘉宾发送表白短信。这里面有一个"隐藏"的规则节目中并没有过于强调，那就是每人每天有且只有发送一条表白短信的权力。其实在现实生活中大量存在"海王""海后"同时脚踏多条船的现象。节目模式这样设置一方面可以杜绝价值观的舆论危机，同时也造成了嘉宾之间"资源失衡"的竞争性看点。

4."真实"是最大难点

其实从《非诚勿扰》此类节目在中国的电视综艺市场崛起之后，关于节

目"真实性"的争论一直都没有停止过。随着节目的火爆，关于男女嘉宾本身职业真假、相亲意图的真实与否一直都是媒体和粉丝乐于讨论的重要话题。也曾经先后曝出过嘉宾牵手后再无联系，男女嘉宾各自有恋人但是仍然登上舞台相亲的负面新闻。

对于节目策划者而言如何看待"真假"的问题，我们觉得应该辩证地看待这个问题。即从主观策划态度而言，我们应该最大限度地保证节目的真实性，不能从主观层面进行"恶意"的造假。比如为了节目的噱头和收视率帮助嘉宾塑虚假的身份、履历、婚恋状态等，甚至恶意剪辑等，这些都是职业道德所不允许的。

但是从实际操作的客观层面来说，由于综艺节目是可以给参与者带来节目之外的附加社会收益的，所以对嘉宾本身的刻意隐瞒或者甄别难度太大而造成的部分不真实成分，也只能以节目制作者本身的阅历和从业经验来进行避免了。但是无论事实上的情况是怎样的，保证节目内容的"逻辑真实"和"情感真实"就是策划者责无旁贷的义务了。

所谓"逻辑真实"即从嘉宾本身的长相、职业、身份、气质与人设标签之间的符合度。在本章节的第一点，我们讨论嘉宾的颜值标准时曾经提到过，要慎重使用那些"医美型"或者"演员型"颜值的嘉宾，就是因为这样类型的嘉宾使用多了非常影响节目的真实度。相亲类节目本来就有"真假"的舆论危机，我们再找一批这样的人员来出演节目，整个真人秀就真的没有"真人"只剩下"秀"了。

所谓"情感真实"就是我们平常所说的嘉宾参与节目真诚度和沉浸度方面的真实程度。综艺节目是要靠参演嘉宾激发出个人的真情实感才能给观众传达足够的情绪共鸣的。如果嘉宾无法沉浸到节目的环节设置之中，整个节目就会沦为走流程的"流水账"。在编剧层面，我们策划的节目规则要能通过"荷尔蒙环节"的设置和"资源失衡"的错位让嘉宾有重复的沉浸感和投入感；在导演执行层面，要尽量较少对嘉宾参与时的干涉。即使干涉也要讲究说服方式，让嘉宾觉得这就是我自己的选择，而不是导演告诉我要这么"演"的。

从情感交友类节目的发展脉络来看，《心动的信号》给观众的真实度要远大于《非诚勿扰》。其中最重要的原因就是前者无论"逻辑真实"和"情感真实"都比后者要深入。"心动"的嘉宾无论是"素人"的长相、职业呈现，还是在嘉宾交流等方面的细节都要更加的真实和沉浸。而《非诚勿扰》则更像是一场关于婚恋价值观讨论的"脱口秀节目"。

强调这一点的原因是想告诉大家未来情感交友类节目的趋势：即谁能做到更大的真实性，谁能激发嘉宾的真实状态，谁的节目就更能在同类节目的竞争中脱颖而出。

5. 婚恋价值观是本质

"婚恋价值观的探讨是一切情感交友类节目的本质"，我们先把关于此类节目最重要也是最关键的一个点抛出。一档成功的相亲交友类节目一定是把这一点做得非常透彻了才能引起观众足够的关注度。所以如果想策划一档成功的相亲节目，关于"婚恋价值观"的植入和解读一定是在节目策划之初必须提前思考清楚的。

"价值观"的含义其实并没有我们想象的那么复杂，简言之就是在某个体或群体看来"什么是好的，什么是坏的"；"什么对他（们）是有价值的，什么是无价值或者价值较低的"。但是我们需要强调的是，"价值观"对于节目而言并不是仅仅停留在节目汇报时的PPT上，它是需要通过你的节目内容清晰地传递出去的。

以《非诚勿扰》为例，这个节目的原模式叫《Take Out》（把我带走），它的核心价值观源于欧美文化中核心恋爱观，即"爱我就勇敢说出来，把我带走"。整个节目的模式环节也围绕这个价值观来进行设定。西方的婚恋价值观相对我们国家更加开放直白，男女彼此欣赏就围绕核心议题进行开门见山的讨论，合适就在一起，不合适就不要彼此浪费时间。

原版节目所讨论的话题要比《非诚勿扰》开放得多，《非诚勿扰》更多地集中于中国传统婚恋观和现代婚恋观的冲突与融合的讨论，在节目尺度上收缩了很多。但是核心的价值观仍然集中在"爱就大声说出来，喜欢就勇敢带走"时代婚恋观的表达上，加上又碰到80、90后这波年轻人的婚恋潮，就此形成一波相亲节目热潮。

再以《心动的信号》为例，这档节目是在都市化的背景下年轻男女脱离了原来的熟人社会，在新的社会环境下既没有原来家乡熟人社会的相亲模式，

又缺乏在都市背景下陌生人社会社交的社会背景下推出的。节目的原版《Heart Singal》的社会背景也是在首尔这个韩国最大的城市内,陌生男女在"合宿"背景下所讲述的真人秀恋爱故事。

  它所表达的价值观其实也很清晰:即使在陌生的城市里,身边依然不缺优秀的恋爱候选人,只要勇敢去追求终会收获甜甜的恋爱。所以在这个价值观背景下,整个节目的场景也被设置在了生活化气息十足的"心动小屋"内,陌生男女共同生活一起模拟"半家庭"的状态,彼此试探关于恋爱的态度。

  要想在价值观的框架内把一个恋爱类节目做得足够有话题和有共鸣,首先需要确定的就是持你所要表达的价值观的人群的群体是否足够庞大,他们是否正在被这样的价值观问题困扰,又或者这样的价值观争论在你的目标群体中讨论度是否足够的庞大,把这些确定好了之后再想办法用我们上述节目策划手段把它细化出来,一档充满看点的情感交友类节目就出来了。

  另外,除了节目的整体价值观输出,每个单期的主题价值观,每个嘉宾对婚恋态度所持的价值观都应该成为你节目设置的重要考量部分。这些价值观可能有对有错,但是每个人都有表达的自由。只要这样的价值观不是明显反道德和反社会的,价值观的多样性也是一个节目重要的看点。当年《非诚勿扰》女嘉宾马诺的"宁愿坐在宝马车里哭,也不愿坐在自行车上笑"的言论也曾经引发轩然大波,但是它确实代表了当时某些女孩对婚恋所持有的价值观。

  嘉宾的价值观可以丰富多彩,但是节目的价值观必须始终如一,当与嘉宾价值观产生冲突时节目组要及时输出自己的观点以匡正节目的价值观输出。

  本节最后我们简单总结一个情感交友类节目策划公式:

  有共鸣的价值观 + 有颜值(魅力)的嘉宾 + "不平衡性"的策划手法 = 成功情感交友类节目

  把握住上面这个公式,情感交友类节目这个品类还有很多题材有待挖掘。

第十一章
旅行美食类节目创作方法

所谓旅行美食类节目，其实算是一个题材意义上的分类概念。如果从节目的功能形式来分类，它们都应该属于观察体验类节目的一个题材分支。如果从制作方式来分类的话，旅行类综艺应该算是户外体验类节目的一种，而美食类节目既可以棚内节目方式进行，也可以以户外体验类来进行。**本书写作的初衷是希望给有志于从事综艺节目制作的朋友在实际操作层面提供更多的借鉴经验。**学术研究层面虽然本书也有略微涉及，但从严格的学术研究层面来说还有非常大的提升空间。

　　其实在实际的操作中，我们往往会发现绝对意义上的节目分类是不存在的。而且随着综艺模式的发展，越来越多的节目开始跨界融合，产生很多新的意义上的节目类型。比如美食和访谈脱口秀结合就产生了《拜托了冰箱》、美食和旅行相结合就产生了《野生厨房》、旅行和户外游戏挑战相结合就产生了《新西游记》。只是在实际操作中，旅行往往和美食结合的类型比较多，故把它们归结到一个章节中进行讨论

　　在这一类节目的策划理念探讨中，我们先厘清它们各自的创作技巧，那它们之间的结合方式就比较好理解了。

旅行类综艺的创作

旅行类综艺通常是指节目嘉宾按照节目组规定或者双方共同商定的路线进行旅行体验的观察体验类节目。旅行类节目的旅行目的也是五花八门，有为美食而旅行的，有为增进某类关系而旅行，有为代替观众体验某种文化风情而旅行的，有为完成某种救赎而旅行的……

但是无论节目中给出的旅行目的是怎样的，归根结底，都可以归结为一个关键词——"逃离"。"逃离"是所有旅行类节目的最本质目的。我们常说所谓旅行就是"从自己待烦的地方到别人待烦的地方去体验另外一种生活"。美学心理学上所说"熟悉的地方没有风景"其实讲的也就是这个道理。对大多数人来说，城市里"两点一线"的生活早就成了绝大多数人的日常。所以换一个地方看看，换一种生活体验就成了人们对抗枯燥日常生活的最常见方式。基于这种社会心理，我们可以将旅行类综艺的创作理念归纳为如下三点。

1. 不常见的旅行方式或路线

我们日常生活中旅行常见的方式也无非自驾、飞机、火车或者是干脆跟着旅行团进行旅行。而选择的旅行线路也是热门的旅游景点之类的。但是对于一档以旅行为卖点的综艺节目来说，这些方式和线路的选择往往对观众来说是没有吸引力的。因为随着我们国家人民生活水平的提高，这样的旅行方式对于绝大多数人来说已经司空见惯。

当然，如果你的节目有其他元素的加持又另当别论，比如有原生关系的加持，又或者这样的方式或路线对嘉宾而言有特殊的意义。比如韩国的旅行综艺《花样爷爷》，一辈子从没有出过国且平均年龄已经超过70周岁的老戏骨，他们第一次出国旅行所选择的地点也都是国外最著名的景点。他们选择的旅行方式和线路也是常规的交通工具。这些对于经常出国旅行的人来说是非常普通的，但是对于没有出国旅游的老年嘉宾和观众来说又是非常新鲜的。

在具体问题具体分析的前提下，我们仍然建议，如果你想做一档比较有看点的旅行类节目的话，旅行方式和旅行路线的选择是应该以观众的新鲜感为主的。比如以笔者参与过的《漫游记》为例，钟汉良和郭麒麟因拍摄电影《宠爱》而成为忘年好友，两人感叹因为一直忙于各种拍摄工作，虽然去过很多地方，但是从没有一次可以放空自己的旅行。

于是在路线的选择上他们特地选择了类似芬兰、意大利、克罗地亚等自己很少了解过的国家，这些位于东欧或北欧的国家一方面有着欧洲深刻的传统文化，另一方面对观众而言也是更多的停留在耳闻或者想象中。而且在旅行方式上采用了自助旅行，深入当地的民间甚至社区，去深入了解当地的风土人情。而非大众所熟知的知名景点，这些路线对于观众而言充满了新鲜感，再加上无任务和慢节奏的旅行，使得整个节目充满了治愈感。

再以韩国的《吃货与大胡子》这档旅行综艺为例，人过中年的郑智薰（Rain）和他的"大胡子"好友卢弘喆两人以摩托车旅行的方式沿着韩国的海岸线开启了逛吃之旅。两个人一个爱吃，一个爱玩，再加上摩托车这种特殊交通工具带来的视觉冲击感，使得整个节目充满了男性气质，也在Netflix上取得了不错的收视成绩。在这档节目中"摩托车"和"沿海岸线"都是在旅行方式和线路上给观众带来了新鲜感的策划。

2. 原生关系和旅伴契合点

近两年的旅行类综艺中，越来越重视嘉宾之间的原生关系。对综艺节目而言，我们所谓的"原生关系"指的是嘉宾在参与节目之前本来就有着亲情、

友情或者爱情的关系，他们不是因节目而相识的，而是在参与节目之前本来就有着比较好的私人关系。

像我们前面提到的《漫游记》和《吃货与大胡子》，他们都是嘉宾之间先彼此相识，再结伴旅行的。关于旅行我们常常说"去哪里不重要，重要的是和谁一起去"，其实说的也是这个道理。旅伴之间的原生关系可以给节目带来天然的话题性，且旅行过程中嘉宾之间省去了社交磨合的时间，很快就能找到同频的话题。

以罗英石导演的经典旅行类节目《花样爷爷》和《花样青春》为例，《花样爷爷》请的全是韩国老戏骨级别的"爷爷"。因为韩国的影视行业都集中在首尔，这些"爷爷"们在这个小圈子里基本上是常年饰演各种经典的配角，而且他们之间也非常熟识，私下里也经常相互开玩笑。《花样青春》的人物设定基本上就是《花样爷爷》的"女版"，把"爷爷们"换成了"姐姐们"。

如果你所做的旅行类综艺嘉宾之间不具备这种原生关系，那你就要从"旅伴契合点"这个维度去下功夫了。所谓"旅伴契合点"指的是嘉宾之间的契合度所能为节目带来的综艺效果。这个同样可以从两个维度入手，比如"同好社交"这个点，两个人都对某种事物有浓厚的兴趣，性格高度契合，两个人对这个主题有非常多的话题要聊，节目也同样容易出效果。

另外一个点就是"性格相反"，两个人一个是急性子，一个是慢性子；一个是喜欢事前规划，一个喜欢随心而欲；一个斤斤计较，一个神经大条等诸如此类的配合也容易让节目出效果。对节目而言，要么你有"原生关系"，大家向来就很熟，路上很容易出效果；要么你们彼此矛盾，相爱相杀，把差异做给观众看，这样的节目也会很好看。

对旅行类综艺而言，有时候选人的重要性要远远大于你对旅行方式和旅行线路的选择，即使线路或者方式很普通，但是你的嘉宾选对了，线路和方式反而是次要，嘉宾之间的人物冲突照样可以玩出综艺感满满的节目来。

3. 旅行目的纯粹且迫切

我们所说的"旅行目的"用另外一种方式表述就是"节目动机"，这个"动机"越纯粹越好，越迫切越好。它一方面让嘉宾节目中有真实的情感表现，另一方面也可以激发观众的情感共鸣，让节目有更多的情感温度。我们在"综

第十一章　旅行美食类节目创作方法

艺剧本创作通用技巧"那一章也强调过，好的节目一定遵循"单一目的，简单逻辑"的原则。一档想涵盖所有旅行元素的旅行类节目非常容易让观众感到混乱，不知道节目到底要讲什么。

以韩国最擅长旅行类综艺的罗英石PD为例，他在挖掘嘉宾旅行动机方面真的值得我们深入研究。这里的关键词是"挖掘"，旅行综艺的"动机"不应该是节目组赋予的，而是根据嘉宾的故事和人物特性挖掘出来的。这二者有本质上的不同，前者是导演组给予节目出口上的"说辞"，而后者是由嘉宾真情实感激发出来贯穿整个节目的"情感"。

以罗PD的《花样爷爷》为例，这些"爷爷们"虽然已经是韩国家喻户晓的老戏骨，但绝不是什么大牌明星。而且韩国演艺圈的业态跟我们完全不一样，他们的歌手演员收入只能算是中上等，这些"老戏骨"们的收入跟大企业的中上层相比也都是处于非常普通的水平。他们中的很多人甚至这辈子都没有出过国。所以在将近耄耋之年的年纪能有一次出国旅行对每个人来说都是意义重大，换言之，是人生第一次也可能是最后一次出国旅行。

在这样的节目设定下，每个爷爷的状态都无比兴奋，并且看到国外的各种东西都非常新奇。而且由于文化的差异爷爷们还在国外闹出了很多笑话。这一点在原版的《花样爷爷》中非常重要，而后来同样的模式到了中国来由于国情和演艺圈生态的差异味道就差了很多。

罗PD的另外一档经典综艺《新西游记》在旅行目的上的出口也同样设置得很有趣。这档节目取材于中国的神话故事《西游记》，李昇基、李秀根、姜虎东和殷志源四人分别对应唐僧、孙悟空、猪八戒和沙僧。他们旅行的理由是除了李昇基外剩下三个人都因负面新闻缠身而暂时陷于事业停滞中。姜虎东偷税，李秀根赌博，殷志源沉迷游戏离婚，负面新闻缠身的他们都需要一个新的契机来寻找突破。所以节目就打出了"赎罪之旅"的说法。

这更像一个"玩笑"式的说法，但是如果对罗PD足够了解的话就可以知道其实这样的"动机"可以解读为两层意思：首先，几位嘉宾在《两天一夜》中结下了深厚的友谊，离开那档国民性综艺以后他们都非常想念上一档节目的时光，以这份感情为契机再做另一档类似的情谊其实是几人共同的心愿。第二层意思才是其中三位嘉宾深陷负面新闻，通过这档节目来进行自我救赎。但是无论节目的"说法"是怎样的，都不影响几位嘉宾对这次旅行

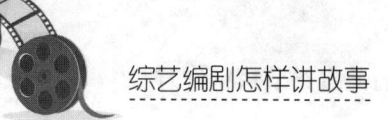

的迫切性和享受彼此旅行快乐的纯粹度。

　　这一点也跟我们上边所说的嘉宾之间的"原生关系"息息相关。很多韩国的类似模式拷贝到中国来之后效果不好其实就是缺了这种"旅行目的"的纯粹度和嘉宾"原生关系"的缺失。

美食类综艺的创作

1. 美食类节目简述

美食类节目是天生是讨巧的，原因是此类节目击中了人类生存最本质的元素。中国儒家有句很经典的话"食色，性也"。这句出自《孟子·告子上》的关于人类需求最底层元素的论述清晰地道出了人作为高等动物却依然遵循生物界最底层的诉求。**人生于世，本质上不离两件大事：饮食、男女；一个生活的问题，一个性的问题；所谓饮食，即等于民生问题。**不同的是人类作为高等生物学会使用工具，发展出了丰富多彩的饮食文化。

从电视节目在我国发展起来以后，美食类节目在所有电视节目中是发展更早的节目类型之一。1979年央视就开播了第一档包含美食类节目元素的《为您服务》，这档节目也保存着美食类节目最早的节目形态——教观众如何做菜。这种节目形态与纪录片相比其实更符合综艺节目的概念形态：有固定的拍摄场景，有鲜明标签的嘉宾，有明确的核心任务。长期以来此种类型一直是我国美食类节目的主要形态，包括后来由刘仪伟主持的《天天饮食》。这档节目与《为您服务》相比多了更多的综艺性，也赋予了主持人更多的发挥空间。

再到后来2002年北京卫视的《食全食美》，2005年凤凰卫视的《美女

私房菜》、2015年央视的《回家吃饭》等美食类，都或多或少地和《天天饮食》具有相类似的节目形态。而在节目形态上进行新的突破且影响力较大的节目应该算是浙江卫视2009年推出的《爽食赢天下》。这档节目融合了美食、旅行、游戏竞争等元素，让观众在看美食的同时体会到更多综艺游戏的乐趣。

而在美食节目中不得不提的另外一种形式就是美食节目纪录片，虽然与我们这里要讨论的综艺节目的制作理念和制作方式都存在较大的差别。但是不可否认的是它们却是美食节目不可或缺甚至是影响力更大的一种节目体裁。例如陈晓卿的"舌尖上的中国"系列和"风味人间"系列都是把美食类节目推向大众关注度新高峰的优秀纪录片。同样的题材类型还包括《人生一串》《夜宵江湖》《老广的味道》等优秀美食纪录片。

但是"美食纪录片"和"美食类综艺"还是两个不同的概念。二者近年来虽然有所融合，但是也很容易区分。从融合的角度来说，比较优秀的例子是白钟元的《街头美食斗士》，这档由韩国TVN电视台播出的美食综艺纪录片结合了"美食探访"的概念和纪录片讲故事的方式。它和《舌尖上的中国》最大的不同就是多了白钟元探访和品尝食物的过程，"舌尖"的叙述方式完全是纪录片式的"无限时空"的特点，大量使用顺叙、倒叙、插叙和平行剪辑等纪录片手法。而《街头美食斗士》仍然是由主MC白钟元的第一体验视角来进行美食故事的讲述，强调嘉宾的体验的第一感受。

从《街头美食斗士》的制作手法来看，我们可用一种简单粗暴的方法来区分"美食纪录片"和"美食综艺"。以嘉宾的体验路线和主观视角来讲述美食故事的归入"美食类综艺"，而以美食自身故事为逻辑且叙事时空自由的片子一般都归入"美食类纪录片"。比如谢霆锋的《十二道锋味》和汪涵的《野生厨房》都属于美食类综艺。

区分这二者在实际工作中的用途就是，例如不要试图在"美食旅行类综艺"中插入过于复杂的故事逻辑和讲述方式。它与美食纪录片不一样，美食纪录片是可以承受得住厚重的选题和复杂的内容的。但是美食类旅行综艺却很难，因为嘉宾本身的第一体验视角和体验时空决定了部分的局限性。

第十一章 旅行美食类节目创作方法

比如我们要做一档名为《烹道》的综艺节目，节目的主要内容是各种烹饪方式历史故事和嘉宾体验的节目。这个做成旅行的美食类综艺就很难，原因是嘉宾再怎么努力他们每次都只能就一种或者几种有趣的烹饪方式进行第一现场体验，叙事时空很成问题，除非做成演播厅的节目。但是这个选题如果做成纪录片就自由多了，想象空间也很大。

2. 美食类综艺创作理念

我们理清了美食类综艺的确切内涵，在创作中才不容易陷入疑惑，且能清楚地知道创作的重点在哪里。接下来我们会结合优秀美食类纪录片的经典创作理念和以往工作的经验来阐述美食类综艺在实际策划中的实战应用技巧。

（1）海量的美食镜头

"海量的美食镜头"这个点是针对纯粹的、典型意义上的美食类综艺提出的。前提是你的主要策划目的就是以呈现"美食治愈人心"的理念去的。这样说可能仍然不好理解，我们以《拜托了冰箱》来进行分析就比较清晰了。请问《拜托了冰箱》算是纯粹意义上的美食类节目吗？事实上它并不是。这档节目从明星家里把冰箱搬运到现场，然后根据冰箱里的食物进行现场烹饪来讨论明星的生活方式。严格意义上来讲，这应该是一档脱口秀类节目，以美食为切入点来讨论明星生活方式和日常隐私的嘉宾访谈类节目。

所以美食镜头在《拜托了冰箱》里面有所呈现，但是相比白钟元的《白老师家常饭》《小巷餐厅》和《街头美食斗士》来说它美食内容的呈现其实要弱得多。我们暂且不论"美食综艺"和"美食纪录片"二者之间的区别，单就近年来被大众称为经典的《舌尖上的中国》《风味人间》《街头美食斗士》这几档节目来说，如果有时间的话可以去统计一下美食镜头在片中的呈现篇幅是怎样的？相信二者的比重一目了然。

如果你想做一档特别经典的美食类综艺，美食镜头在里面所占的比重必须是你重点考虑的问题。这些美食镜头以怎样的逻辑叙述，谁来叙述，哪些内容中可以插入这些镜头都必须在策划时在你的脑海里有丰富的画面感。以《街头美食斗士》为例，所有的美食镜头都插入白钟元的讲述中，这样现场

的解说和美食镜头结合得相得益彰，再加上白钟元的"现场吃播"就使得整个节目充满了美食的"诱惑"。

而且需要强调的是，美食类节目对美食画面拍摄的要求非常高，不但画面要美而且收声的要求也特别高。一般而言美食画面都是要按照广告片的拍摄要求进行单独拍摄的，现场要打光，对烹饪时的声音要进行单独收声，后期出来才能产生那种"颅内高潮"的诱惑感。

（2）美食背后的生活方式

任何美食都不是孤立存在的，都与其产生的社会背景、地域文化和自然环境相关。优秀的美食节目都会把上述内容作为节目讲述的重点进行清晰的阐述。这也是为什么《舌尖上的中国》和《街头美食斗士》能成为近年来经典美食节目的重要原因。无论讲述视角和讲述方式有着怎样的区别，但是它们从美食产生的社会背景和背后生活方式的讲述都是相同的。

以白钟元的《街头美食斗士》为例，每期节目开始都是从该期城市的地域风貌、城市特点和人们的生活特点进行切入的。然后是白钟元探寻当地最具特色的美食街，以他的视角看当地人的饮食特点和美食特色，然后找寻当地最有特色的美食店，与老板进行深入交流后再开始美食的品尝和评价。在他的评价过程中插入该道美食的食材生长背景、历史故事、烹饪画面等影像化元素。这档节目与以往探店类美食节目相比就是摒弃了单纯的"吃播"模式，把美食背后的生活方式和文化故事加入了嘉宾第一视角的体验过程。

再以浙江卫视播出的《十二道锋味》为例，这档节目采用了"美食"和"真人剧"故事相结合的模式。谢霆锋会以厨师的身份出现在不同国家的不同城市，然后会有当期的嘉宾再以"角色身份"出现在这期的美食故事中。他们会在当地最著名的景点相遇，然后共同探索本期食材产地的风土人情和典故故事，然后会在一个浪漫的场景中由谢霆锋为当期嘉宾烹饪当地特色的美食。谢霆锋本人擅长的是西餐或港式美食，所以"锋味"所设定的故事背景也都是与当期美食紧密相关的文化背景和生活方式故事。用影像化的方式还原美食的故事背景，以角色体验的方式代入符合美食故事背景的人物角色，这其实就是最大程度上还原了美食背后的生活方式。

任何美食故事的讲述都是对某种特殊生活方式的讲述，这一点不存在丝毫夸张。尤其是对于美食类综艺而言，所有与之相关的创意其实都是发现了一种与这类主题相关的生活方式。《野生厨房》是对"食材原产地快乐野炊"生活方式的解读；《美味夜行侠》是对当代都市夜宵文化生活方式的解读。所以如果你想策划一档优秀的美食类综艺，可以从与美食相关的生活方式的角度重点思考。

（3）美食综艺的规则和"嘉宾"

如果你策划一档美食类综艺，而且节目是以"美食"为主看点的话，建议节目规则千万不可复杂。原因很简单，美食类节目最大的看点其实是美食本身，而非由节目规则衍生出的各种综艺效果。综艺效果有当然更好，但是**不能分散节目原有的重点**。这一点是有节目走过弯路的，比如浙江卫视经典的美食节目《双食赢天下》（后改名《爽食行天下》），这档节目在早期的规则还是比较简单清晰的，就是华少和左岩两队通过比拼的方式寻找美食。早期的节目里也有游戏，但是并不是重点。在后来的节目改版中，综艺游戏所占的比重越来越高，美食本身反而沦为节目的附庸，整个节目味道就变了。

而《街头美食斗士》又有什么样的综艺规则呢？可以说几乎没有，就是白钟元"一人食"的探店之旅。还是那句话："美食"本身就是美食类节目最大的看点，它不需要其他的元素来进行加持或者干扰。**之所以会担心美食类节目的内容会单薄，那很大概率是因为你没有把美食背后的文化元素和生活方式进行深入的解读。**

我们也曾经走过同样的弯路，当初策划《野生厨房》时总觉得单纯地找食材做饭会比较无聊，总是想加上各种各样的规则：比如对厨具的限制，对烹饪时间的限制，甚至弄出了各种与村民比拼的游戏。但是实际录制下来发现这些东西在后期根本剪不进去，反而是嘉宾对找食材过程的各种乐趣，和做饭时的美食内容成了观众津津乐道的热点。

对于美食综艺的嘉宾，常规来讲与普通的综艺嘉宾构成并无特别明显的区别。只是如下几类嘉宾，重点考虑的话会成为节目的加分项：

第一类：会做饭的嘉宾，这个听起来像废话，但是往往会被很多美食类节目所忽略。我们前面提到美食类节目最重要的是要有"海量的美食"镜头，所以美食镜头内容的输出就需要靠此类嘉宾来加持。类似韩国的《姜食堂》和浙江卫视的《美味夜行侠》这类做"小白厨艺成长"的故事线虽然是特例，

但是我们也可以明显的发现，当飞行嘉宾中有厨艺较好者加入时节目的内容显然更加丰富一些。当年我们制作《野生厨房》时汪涵、李诞、林彦俊三个嘉宾没有一个是会做饭的，前几期出来节目就更像一个旅行类节目，而只有当姜妍加入后节目的美食镜头才大幅提升，有了美食节目该有的样子。

第二类：美食知识输出型的嘉宾，正如我们前面所说一切美食节目背后都是生活方式的输出。美食类综艺不像纪录片，可以通过专门的影像内容和解说词去输出美食背后的故事。而美食类综艺很多时候是一段美食体验之旅。这背后的美食知识其实是需要嘉宾在体验过程中不断地向观众输出的。比如《野生厨房》中的汪涵，虽然汪涵厨艺并未让人惊艳，但是他关于美食知识的储备是极其丰富的。再以韩国的白钟元为例，我们相信整个韩国比白钟元做饭做得好的厨师多得是，但是能够达到他这种知识输出水准的寥寥无几。白钟元之所以能够在美食类综艺中独占鳌头，最重要的原因就是他既是"会做饭的嘉宾"，又是"美食知识输出型的嘉宾"。

第三类："吃播"型嘉宾，"吃播"型嘉宾在美食节目中产生类似阅读小说或看电影时的主角代入感审美感受。别说美食类节目，单单各种短视频平台上"吃播"类型的主播，他们不用输出什么美食知识，只要坐在那里大快朵颐地享受美食就有很多人看了。再以韩国综艺《姜食堂》中以姜虎东为代表的各个嘉宾为例。他们虽然都不怎么会做饭，但是对于吃饭这件事儿，个个都是在《两天一夜》中训练出来的"吃播"高手。我们再看一下日韩这两个国家美食类综艺的嘉宾类型，如果是以"享受美食"为内容的美食类节目的话，他们的嘉宾基本上都是那种胖胖的，吃起食物来特别有喜感的嘉宾。这类"吃播型"的嘉宾，目前在我国的美食类综艺中还没有特别典型的人物出现。

旅行美食类综艺，同属给观众带来"幸福感"的综艺。它们的策划起点，都是从某一种生活方式或生活态度出发，通过旅行或美食的方式给观众带来幸福感和治愈感。这类节目的难点不在于在节目规则上有多大的创新，而在于剥离旁枝末节，做出"纯粹感"。这类节目策划不好，很容易成为各类观众都不买账的"大杂烩"。

第十二章
文化类节目创作方法

文化类节目长期以来一直是我们国家电视节目的主流。尤其是20世纪八九十年代，我们国家荧屏上除了时政新闻类节目之外，文化类节目是除影视剧之外播出最多的文艺类节目。只是当初的节目形式与现在有较大区别，早期的文化类节目几乎都是以纪录片、专题片和专家讲座的方式呈现的。言及于此，我们需要对文化类节目做一个广义和狭义上概念梳理，以便为后面的创作理念分析打下边界基础。

　　从广义上说，一切在某个主题内容下，以纪实性镜头加虚拟化影视资料的手法来剖析社会现象和解读文化内涵的节目都可以称之为文化类节目。它包含纪录片类型中的新闻纪录片、文化纪录片、新闻专题片、文化专题片、文化节目讲座等诸多类型。最常见的表现方式是解说词或者专家阐述加上影像化的实景再现。

　　从狭义上来说，它专指那些在某个文化领域的主题下带有研究、探索、解读和探寻性质的纪录片、专题片、文化讲座等诸如此类的视频节目内容。比如我们常见的历史纪录片、美食纪录片和其他文化垂类纪录片。这类片子的最大的特点就是无论对于制作者或者观赏者来说都需要一定的文化门槛。而且对于制作者的要求较高，尤其要求在该领域下的知识积累丰富程度较高，

如果积累不够的话在节目内容上往往会出现不同程度的知识纰漏。

正是鉴于文化类节目的品类复杂，内容上博大精深，所以在本章的讨论中我们需要把框架范围限制在综艺制作手法和狭义文化类节目相结合的框架范围内。不然整章讨论可能泛泛而谈，无的放矢。

所以我们在本章节内所探讨的"文化类节目"的内涵应该是：在狭义的文化类节目概念的基础上，以综艺化的手法来进行制作和表现的文化类综艺节目。此类节目在题材范围上与狭义文化类节目相同，而在表达手法和制作理念上却与综艺节目更为接近。

此类节目的早期代表作有《百家讲坛》《我们穿越吧》，近年来的优秀代表作有《上新了，故宫》《国家宝藏》《朗读者》《中国诗词大会》《非凡匠心》等节目。虽然节目形态有所不同，**但是他们的共同特点都是使用了"文化IP"+"品质化体验"+"综艺化表达"等创新性的节目表达方式。**接下来我就此类节目重点应该注意的创作理念和创作方法做如下归纳。

1. 高端文化 IP 的背书

一档文化类综艺的能取得成功很大程度上应该归功于该节目所属文化 IP 的巨大影响力和共鸣性。好的文化 IP 是能在瞬间激起观众的好奇心和观看欲的，反之，如果你 IP 选得就有问题，哪怕你用再好的表达方式、再华丽的制作手法也无法让节目具备传播度和美誉度。当然，我们都知道好的 IP 对文化类节目的重要性，但是难得的是如何去挖掘这样的文化 IP，它们有什么样共同的特性才是节目创意中的难点。

通过对相关文化类节目同行老师们的采访和请教，笔者认为从如下方面去发掘高端文化的 IP 会是行之有效的方法。

首先，这类文化 IP 会经常性地出现在国家或者地方的旅游手册或宣传手册上，级别越高的手册文化 IP 的层级越高端。能出现在这些地方说明这些 IP 至少已经通过时间验证、官方验证和民间验证等这几道严苛的验证过程。他们已经成了这个国家或者地方大家都认可的文化符号，对这个符号已经倾注了民族感情和自豪感认证。比如说故宫和颐和园就分别产生了《上新了，故宫》和《我在颐和园等你》等优秀综艺。

**其次，这类 IP 会出现在经过时间累积和检验，但仍然和普通百姓息息相关的生活习惯、俗语和节日中。它们不是只流行一阵的"文化热潮",也不是突然流行就很快过气的"时尚焦点"。与这些文化现象相比,这类IP往往更像一条平静的河流,没有大风大浪,却一直川流不息。比如说把各地的传统民间美食集合起来成就了央视的《舌尖上的中国》;把各地的传统工艺结合起来成就了北京卫视的《非凡匠心》;把中国的传统时令节气结合起来成就了河南卫视的《二十四节气》。

第三,这类IP会出现在大型博物馆和图书馆最显眼的位置,可以是某类文化的实物集合,也可以是某个品类的图书集成。当然,根据节目平台受众的不同你所选的IP范围也会不同。比如你的节目是在国家级或省级平台播出的大众文化类综艺,那你的IP范围就要尽量大,与这个地域的文化广度相匹配。例如央视的《国家宝藏》、北京卫视的《书画里的中国》等节目。也可以根据某一类藏品引出一个品类的文化或者背后的人群,比如央视的《见字如面》《朗读者》《中国诗词大会》等节目。

当然,这类IP也可以从各种文艺形式中前去寻找。比如湖南卫视的美声歌曲竞演节目《声入人心》,河南卫视的舞蹈节目《舞千年》《唐宫夜宴》等优秀文化类节目。但是不管你从哪些角度前去寻找这些经典IP,他们带给人的审美感觉都逃不过如下范畴:高雅感、崇高感、自豪感、肃穆感和尊敬感,可以是里面的一种或几种。我们能把其中的一种做到极致,节目就已经成功了一大半了。

2. 品质化的情景体验(演绎)

品质化的情景体验是近年来文化类综艺非常重要的一个趋势,这种趋势建立在影像拍摄和后期制作技术快速发展的基础上。以往文化类节目的制作往往是"解说性知识输出"+"虚拟化影像呈现"的方式。"解说性知识输出"指的是节目以画外音解说词、出境主持人或专家解说的方式。"虚拟化影像呈现"指的是节目的拍摄以纪实拍摄或者实景演绎的方式来呈现节目故事的影像化部分。

以我们熟知的《百家讲坛》为例,采用的方式是知识专家在现场时把整个故事讲述完整,然后摄像机如实记录。如果只播放专家讲述的部分整个节目会显得枯燥无味,节奏也会非常单一。于是在后期制作的部分,专家讲述

的片段之间会加入大量的画外音解说和影视演绎的部分，这样才能使整个节目生动有趣。《百家讲坛》在传统影视制作手法中产生的优秀文化类节目的代表。该节目一切以优秀的内容为主，舞美上朴实无华，画面上纪实拍摄。即使有用到情境演绎的部分也基本上是以传统动画、影视资料和实景拍摄的方式来呈现，并没有现在文化类综艺那么丰富的制作技术。

但是于目前文化节目的竞争态势而言，文化类综艺画面的品质化和精细化呈现已经成为此类节目制作的大趋势了。以《上新了，故宫》为例，整个节目最大的品质化呈现就是故宫这个真实主体。一个传承了数百年，凝聚了无数历史文化精华的真实故宫远比任何精美的置景和道具都更有说服力。并且节目组还为体验嘉宾精心还原了历史人物当年生活过的真实场景，让嘉宾能够以角色扮演的方式到这些场景里去体验当年的生活细节。这些可比单单使用影视资料所能带给观众的冲击力大。

提到品质化的情景体验的创新，央视的《国家宝藏》也是一个值得我们深入学习的节目。也正是因为这档节目的良好反响，坚定了央视走品质类文化节目路线的决心。随后一系列优秀的文化类综艺纷纷上线。《国家宝藏》这档节目的创新点就在于节目中的品质化的情景体验环节，它把枯燥的专业文物知识通过情景演绎的方式传递给观众，让整个环节变得更加趣味化和具有观赏性。

这档节目中专业演艺型嘉宾化身为"国宝守护人"，串联整个节目的整体逻辑。在节目中文物背后的故事不再单纯使用影视资料和解说词的方式进行。现场也不再是以往的专家和主持人坐在那里讲述，而是由专业演艺型嘉宾代替主持人，并且专业演艺型嘉宾还要负责扮演当期文物故事的主角和话剧演员共同演绎当时的历史场景。配上精致的舞美和考究的道具，这些沉睡的博物馆中古老文物才能真正变得鲜活起来。

3. 知识输出型嘉宾的选择

知识输出型嘉宾是文化类综艺的"门面担当"，在选择时甚至和你选择"文化 IP"同样重要。**所谓知识输出型嘉宾指的是那些在节目中以个人特殊身份对节目内容进行专业知识背书、形象背书，从而为节目专业知识的解读增加信赖度的嘉宾。**他们或者是资深的影视明星，或者是某个行业领域的专家学者，总之因为有此类型嘉宾的存在，你节目所传达的知识观众才能产生信赖感和好感度。

上述这一点可能稍具从业经验的编导都会知道他很重要，但关键是要怎么选，从哪些角度去甄别比较能选出较为优秀的此类嘉宾。以下经验可以供大家参考。

如果选择资深影视明星的话，首先应该思考的是他的荧屏人设，他过往的影视形象是否已经让观众不自觉地代入了个人的公众形象。比如说张国立和唐国强，这两位老师由于长期扮演帝王将相等重大历史剧中的正面人物，观众已经把对角色的喜爱转换为了对他们公众形象的信赖。此类嘉宾来客串文化类综艺的知识输出型嘉宾，甚至开场还没说话就会给观众一种强烈的信赖感。像张国立老师所参与录制的《国家宝藏》《非凡匠心》都取得了不错的口碑。

另外一类是某个领域的专家学者，这个就要非常慎重地选择了。因为对综艺节目而言并非越权威的专家学者就能做出越好看的节目来。有的时候比较权威的专家他们讲话会过于严谨，充满学术名词的专业表达也会劝退一大批观众。有个比较好的鉴别办法就是你带上一个对这个领域完全外行的人员一起去采访倾听，看外行的人听不听得懂，这位嘉宾的表述能不能吸引普通的人。像《百家讲坛》的易中天、于丹等专家学者都是具有比较好的通俗演讲表达能力的，可以把专业的知识用最通俗易懂的语言传递给观众。在表达能力之外如果个人形象和性格再有额外的闪光点那就更加完美了。

此外需要提醒的是，文化类综艺的相关主题是需要请相关领域的专家审核把关的，从节目策划到播出都应该有该领域专家的指导，不要出现知识性的错误。**关于知识正确性方面交给专家，节目的观赏性和趣味性交给编导。可以不在细节上斤斤计较，但是切不可在常识上有明显纰漏。**

4. 加分项：流量嘉宾

所谓"流量嘉宾"，在我们的讨论概念内指的是那些活跃于当前影视圈通俗文艺作品中的文艺工作者，也就是我们通常意义上所理解的"流量明星"。对于文化类节目来说，流量嘉宾并非节目的必要元素，更多的是一种锦上添花的加分项。因为使用流量嘉宾是一把双刃剑，好的方面是他们可以为节目

带来更多的关注度；坏的方面是由于商业竞争的原因，他们可能随时处于个人IP"塌房"的危机中。而且由于经纪公司的工业化造星流程，很多流量明星的个人知识累积是非常薄弱的，很容易在文化类综艺中露怯。

在文化类综艺中使用流量明星，有以下经验值得参考：

首先，荧屏形象仍然是应该放在第一位考虑的要素，即此嘉宾是否在相似类型中的影视剧中扮演过正面且价值观积极的角色，或此嘉宾的文艺作品是否也大都在向他的受众传递正向能量的内容。他个人的公众人设是否也是在以沉稳、阳光、积极的方向打造。这些元素对于流量嘉宾参加文化类综艺至关重要，请得不好反而会起到相反的作用。

如果仍然不好理解的话，我们再来举一个例子。比如因《吐槽大会》而走红的李诞，他的个人学识和底蕴深度非一般艺人所能比拟的，是一个非常有才华的明星。李诞的人生名言是"人间不值得"，非常深刻地表达出现代都市年轻人面对生活压力转向内心寻求自我温暖的封闭式生活态度。于不同的人而言，这个价值观只要不违反道德和法律并没有绝对的好坏的区分，只有适不适合和喜不喜欢。但是如果要把它放在公众平台上的文化类综艺中播出，就显然不太合适了。

其次，对于综艺节目的流量嘉宾而言，其他条件相等的情况下稍偏内向的要比过于外向的好，稍偏沉稳的要比过于活泼的好，略带感性的要比过于理性的好。原因如下，流量嘉宾一般在文化类综艺中属于代替年轻观众去观察和体验这些文化的角色。知识输出和内容讲述不是他们在节目中的主要功能。让他们来输出和讲述观众也不太信服。他们做好一个倾听者和一个良好的发问者已经足够完成节目所赋予的任务了。如果可以发挥自己"感性"的特长，深入地沉浸到节目中来那是最好不过了。

最怕的是嘉宾过于活泼和外向，在文化类综艺中想方设法地创造所谓的"综艺梗"。但是自身的知识积累又不够，处处透露着无知和浅薄，后期剪都没法剪。要知道并不是所有东西都能够开玩笑的，文化类综艺的主要功能也不是提供娱乐性，娱乐性只处于从属地位。

5. 新技术新手段的运用

综艺节目是在一定时间上展开的"线性"视听艺术，视觉和听觉上的效果越逼真所能带给观众的沉浸感也就越震撼。所以作为节目的策划人员，在注重内容创新的同时充分考虑与新技术和新视听手段的结合也是节目创新的重要方向。我们以举办了三十多年的中央电视台春节联欢晚会为例，去看这档栏目早期的舞美，再对比如今的舞美技术应用，可以说有着天壤之别。尤其是近年来的巨型曲面 LED 屏以及 5G+4K/8K 高清转播技术等，观众在电视机前观看的感觉甚至比在现场更加具备沉浸感和惊艳度。

提到新技术和新手段对文化类节目创新的推动，近年来在文化类节目上频频出圈的河南卫视非常值得大家认真研究。尤其是河南卫视 2021 年首先推出了《唐宫夜宴》这个节目，为文化类综艺的创新打开了一个新的思路。这个节目的创意来自郑州市歌舞剧院的同名舞蹈节目和《博物馆奇妙夜》的电影，故事讲述了博物馆中的唐俑仕女突然复活，在博物馆的文物间进行穿梭并不断地进行场景转换，为大家呈现了一段沉浸式的唐宫夜游图。这个节目最大的技术创新在于使用了电影拍摄中常用的"蓝箱（扣蓝）+AR+ 表演"的拍摄手段，把整个唐宫夜景的场景表现得非常逼真，让观众有了身临其境的感觉。河南卫视随后推出的《中秋奇妙游》《端午奇妙游》《二十四节气》等文化类节目也利用了同样的技术手段，让河南卫视的文化类综艺成为一个全新的品牌。

相似的例子还有央视 2021 年推出的《中国考古大会》，同样把在春晚舞台上已经运用得非常成熟的"AI+VR 裸眼 3D"播出技术，让整个舞台都变成一个立体的博物馆，所有的文物都是以立体的方式呈现在了舞台上。同样在文化类节目上应用比较广泛的视听新技术还有"子弹时间"，这种在电影中经常用来定格和 360 度旋转观看的拍摄手法，在舞蹈类节目中给观众的震撼尤其强大。比如河南卫视的舞蹈类节目《舞千年》就是利用这种技术让中国的传统古典舞有了全新的观赏感觉。

文化类综艺要想创新，一方面是在创意的角度进行挖掘，另一方面就是在视听技术的创新上进行研究了。有时候一个普通的创意有了新技术的加持，完全可能成为一档惊艳的新节目。

6. 演播厅和户外有不同侧重点

文化类节目是从内容题材方向对节目的分类，而演播厅和户外则是从制

作形式上对节目的分类。所以一档文化类综艺既可以做成户外观察类节目，也可以借鉴任务挑战类真人秀的方式做成挑战类节目，更能以演播厅泛综艺的方式来制作成一档演播厅类节目，关键看叙述方式更适合哪种。虽然制作形式可以有多种选择，但是不同的选择却有不同的侧重点。

总结：演播厅的文化类综艺向"虚"，而户外的文化类综艺则更偏重于"实"。"虚实"是一对相生的概念，只存在于横向的比较，而不能局限于绝对意义。

第一，演播厅的文化类综艺向"虚"指的是此类节目除了要做好扎实的创意和选取新颖角度之外，更多的是要考虑节目的进行形式和视觉感受。比如说我们前面提到的系列河南卫视文化类节目，如果剔除舞台艺术和视觉沉浸这些节目的题材和内容与传统的文化类节目没有太大差别。而且如果不采用这些手法，节目根本不能达到惊艳的效果。而《朗读者》《见字如面》《跨越时空的回信》《中国考古大会》等节目都强调在舞台上营造"虚拟"的时空环境，让过去的时空在舞台上通过艺术的手法再现。

第二，演播厅文化类综艺另一个强调"虚"的方面就是在节目规则的设定上。此类节目的规则基本上要比户外节目更加舞台化，环环相扣，通过规则一步步地引导节目的悬念。户外节目有真实环境、有闲聊，有嘉宾间生活化的互动，但是演播厅类节目基本上都处在规则的框定之中。比如《中国诗词大会》核心规则就来自益智答题类节目常见的"以少敌众"的概念。诗词达人面对百人团的挑战能否获胜，选手与选手之间究竟谁能走到最后。要想把演播厅文化综艺做好，这两个方面的创新是必须认真研究的。

第三，户外文化类综艺则更强调"实"的概念。所谓户外文化类综艺"实"的概念指的是实地、实物、实时的完整性体验过程。演播厅严格意义上来说是一种舞台艺术，舞台艺术的最大特点就是时空的虚拟性，通过舞台、灯光、道具和最新的技术手段帮助观众建立审美上的虚拟空间。但是户外的文化类综艺则要向与前者相反的体验方向发展，把文化IP中的实地和实物元素的完整体验过程展现给观众。

比如《上新了，故宫》，这档节目带给观众最大的震撼就是把故宫中尚未开放的部分展现给大家看，让嘉宾代替观众的视角去体验这份文化积淀的厚重。这些东西是实地、实时和实物的，观众才觉得珍贵。如果论拍摄的方便程度，那横店影视集团仿造的"故宫"更加便利，各种道具"宝物"也可以随便用。但是它们对观众来说不具备真实性，节目的神秘程度也会大打折扣，嘉宾体验的神圣感也会随之大幅降低。

对于户外文化类综艺的制作而言，要尽量找到那些最接近IP真相的实物，到实地去体验文化事件的真实过程，找到最了解真相的传承人去揭开谜底，才是观众最感兴趣的部分。**对文化类综艺的策划而言，编剧的大部分工作和策划恰恰体现在这一部分资料的调查和选取阶段，至于很多所谓"规则"和"游戏"的设置倒是要退居次要地位了。切不可本末倒置，用"小聪明"来替代"真功夫"。**

第十三章
节目模式的研发与策划

目的裂变：节目研发实用创意原则

无论是欧美还是日韩的模式创意方法论中，都有一种类似的说法，大意是："好的节目创意都是从一个简单的想法开始的。"但是不知道是文化差异还是翻译损失等原因，这些理论中后边关于如何从一个"简单的想法"到可播出节目的论述往往语焉不详，令人费解。

笔者曾经从事过多年的模式研发工作，对于模式研发工作最重要的体会有两点：第一是人数要少，3~5人最好。一堆人一拥而上是研发不出靠谱模式的。第二就是学会"目的裂变"，这一步很可能是解决"从想法到节目"的关键性一步。所以这篇文章主要探讨"目的裂变"的发生和发展。

1. 找到新鲜的"目的"

以前做节目的时候会听到领导和前辈们说，好的节目模式是一句话可以说得清楚的。工作越久就越觉得这句话有道理。虽然"目的"一词在不同的书或者文章中表述方法不同：有的叫"目标"；有的叫"主题"；有的叫"内核"或者"方向……但是其实说的是一回事。但是无论叫什么，这个"东西都是指向一个简单社会命题或者生活思考。而他们一般都能以问句的形式表达出来：

"七个傻子"去街头挑战各种好玩的事情会怎样——《无限挑战》

七个 MC 去户外挑战奔跑类的体育竞技会怎样——《Running Man》

只听声音来选择歌手会怎样——《中国好声音》

已经成名的歌手赌上自尊彼此 PK 会怎样——《我是歌手》

不会带娃的爸爸们带着孩子外出会怎样——《爸爸去哪儿》

用这个思考方法，你可以回想一下你心目中成功或者失败的节目：把他们的"主目的"提炼为这样的一个问题，再放到当时的社会环境下看是不是足够新鲜和有趣？简言之，这种思维模式其实是节目创意的源起所在。上述这些"创意源起"的问题一般都具有两方面特征：

第一，足够简单明了，目的性足够清晰，只指向一个清晰的方向，不会累及其余。

第二，在当时的社会背景下想法够新鲜，够独特，更重要的是问题所涉及的选题范围够普遍。

所以如果你对社会潮流有足够的把握，在节目创意中你所需要的就是使用这种思维方法去寻找那些足够新鲜，选题带有社会普遍意义的清晰"目的"。但是这个东西只是"头脑风暴"会议上无数个"靶子"之一，它离成为节目还差一些关键步骤。

2. 目的裂变规则

有了新鲜的"目的"之后，接下来非常重要的一步就是如何"裂变"出真人秀的规则了。很多概念很新鲜的节目最后做出来很难看，很可能就是在"目的"到"规则"这一步的"裂变"出了问题。最近一段时间"泛综艺"和"慢综艺"开始盛行，很多导演认为规则会破坏真人秀状态，所以开始越来越谨慎地使用规则。但是这很可能是对真人秀定义的一种误解。

所谓真人秀就是节目嘉宾在"规定情景中完成规定任务"，没有例外。除非是纪录片或者是新闻专题节目，否则，你就需要用"规则"来体现"规定情景"和"规定任务"。很多人觉得"观察类"的真人秀节目很像纪录片，是没有"规则"的。这其实恰恰是两者的区别。比如说罗英石的《林中小屋》，看起来没有规则吧？但是它有两条大的非常明显的规则：

第一，你住在这里的三天两夜里不能随便离开，必须住在这里。

第二，你要接受"幸福促进委员会"指令，并尽力完成。

纪录片的逻辑是：我本来就住在这里，按我的生活方式生活，你来记录我……

观察类真人秀的逻辑则是：你（节目组）让我住在这里，而且按你的规则做，你来记录我……

也就是说无论是《爸爸回来了》《中餐厅》《新婚日记》等综艺节目的规则隐藏得再深，它也是有节目组的"大规则"来让节目嘉宾完成"规定情景中的规定任务"的，真的没有例外。

所以节目"目的"确定之后，"裂变"规则其实并不是那么难，应该是一件顺理成章的事。但是它需要遵循三个原则，才能确保定出来的规则是为了节目的核心"目的"服务的。

原则一：你的规则能够确保节目方向只指向最初的"目的"，它不会因此而衍生出很多与你的"目的"关系不大的内容。比如说《三时三餐》，我所有的规则都是围绕嘉宾和他的朋友们如何吃到自食其力烹调的饭。

原则二：为导演组执行做减法，让所有的执行环节变得可预期，可控。比如说《中餐厅》，嘉宾一旦确定"菜单"就不会再随便更改，导演组会根据库存和菜品情况预设各种食客，但真的就不能让嘉宾随意发挥。

原则三：给嘉宾设置阻碍，导致资源失衡，逼出真人秀状况。比如《花样爷爷》等"明星穷游"类节目，最重要的规则就是"限定金钱"，来确保整个旅途有"状况"出现。

3."规则"形成节奏

好的节目规则是自带"节奏"的，能为单期片子以及整季节目划分好清晰的节目节奏。综艺编剧和影视编剧在创意的第一步——寻找"新鲜"的目的这一步其实是一样的。但是具体的差别就在第二步，设置真人秀规则上。影视剧编剧寻找到新鲜的"目的"之后直接就可以根据故事创意来分化故事大纲和情绪节奏了。但是真人秀综艺则需要有"树立规则"这一步。因为真人秀的"节奏"是由"规则"带来的。

以《两天一夜》为例，"大规则"可总结为两条：①按照节目组规划的旅行路线行进。②旅游路线上的个人待遇需要通过"福不福"游戏来决定。包括后来的《新西游记》也同样适用的这两条大的规则。有了这样的"大规则"

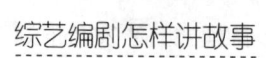

编剧组在设置剧本的时候整个节目的节奏其实是非常好掌控的，在哪个点可以设置大冲突，在哪个点可设置轻松愉悦的小插曲，都在节目组的可预期之内。

再以《创造101》而言，与以往的歌唱选秀类节目的规则相比，最大的创新就是"不服来战"的各种"逆风翻盘"局。从最开始的争夺A班名额的各种不确定性，到后期的变化多端的C位争夺战，节目的规则其实是给了选手们排位的各种不确定性，通过这种不确定性就是用来打破传统节奏，带来新的情绪看点和悬念的。

就连看起来最没有规则的《超人归来》(《爸爸回来了》)这样的纪录片式的综艺节目，它其实也是充满了节目组掌控节奏的"规则"的。这条规则就是：妈妈、外婆、奶奶等一切"擅于带孩子的"的女性亲人，尽量少参与或者不参与，看的就是爸爸在无人帮助的情况下处理萌娃各种意外状况的"不平衡性"。很多综艺桥段都是编剧按照规则带来的节奏安排通过预期排好的。于综艺节目而言，没有绝对的自然流。

好的节目规则分别指向上下游：于上游而言它坚决"捍卫"节目最初目的的实现；于下游而言它清晰地划分整个节目的环节，尤其是带动整个节目的"节奏"。

节目模式研发是极其复杂的工作，具有很强的创造性。笔者写这篇文章的目的是希望把复杂的事情尽量以简单化的方式作为参考。必须强调的是，上述三个步骤的模式研发方法很大程度上是因表述方便才分为三步的，实际上在操作过程中它们是相互交叉、互相促进的。如果节目模式初步成型了，个人建议可以用这三步来进行查漏补缺，进一步完善。

节目研发实用工作原则

前述我们主要谈了模式研发的第一步——"目的裂变",主要是从节目研发的内核来讨论可行的工作方法。但是"内核"只是节目研发的第一步,有了新鲜的"目的",要把它发展成一个节目还有很长的路要走。尤其对于综艺节目的创意而言,它是一个分工协作性极强的创意工作,很多时候要群策群力才能创造出一档优秀的综艺节目。这一节我们就主要从节目模式的研发合作形式的具体原则来进行一下简单的分析。就国内外同行的工作经验而言,比较普通的实用性法则可以分为以下几个。

1. "针对性"创意(Targeted creativity)

提到"针对性"创意,电视发达国家都有相应的职业工会,工会将组织统一的节目采购信息,并提供各平台的最新的节目采购特点。以电视行业发展较早的英国为例。20世纪90年代,英国政府为了繁荣"创意经济"和促进"制播分离"出台了《广播电视法》,该法规定各个播出平台的外购节目比例不得低于25%,2003年又通过《新通讯法》规定外购节目的版权属于制作公司,这样一来就彻底激活了英国的电视制作行业。

从20世纪90年代中期开始,一大批从BBC、ITV等平台出来的"硬核"制片人和导演下海创业,仅伦敦一个城市就活跃着近千家节目制作公司,为

播出平台各个时段的内容需求提供着五花八门的节目创意。

而"针对性"创意就是英国节目制作公司最主要的一个工作特点。每年在特定的时间向各个制作公司发出本年度的采购计划（包含时段、观众、预算范围等），对应的制作公司就会结合自身的专长和平台特点进行针对性的研发。

换言之，他们在研发一个节目之前一定会有针对性的平台，对他们而言不挑平台的节目模式一定是一个逻辑和诉求不清晰的节目。比如说针对BBC1的非新闻类节目也一定是相对正派和严肃的，而针对Chanel4和E4的节目一定是充满新锐主张甚至有时候略带一点叛逆或者无厘头。即使是针对同一个平台不同时段的要求也是略有不同的，不搞清楚这些在英国电视圈根本就没有办法生存。

而相比国内，一个节目方案多平台提案简直是司空见惯，更奇怪的是大家会一拥而上去做同一类模式。直到把这个模式做"烂"，然后再一拥而上地去寻找下一个所谓的爆款模式。然而在传媒越来越发达的今天，分众和领域细分才是"王道"。虽然这样的道理大家都在说，但是仍然喜欢"扎堆"去做一些节目。

中国的制播分离虽然起步较晚，但是平台特性也是表现得相当明显。至少卫视综艺和互联网平台综艺就有较大差别，比如各大卫视平台强调节目的大众属性，喜欢播出"合家欢"类的综艺，而网综平台各自的分众性和垂类节目的趋势则更加明显，更喜欢表达年轻观众的观影需求。当然不同的卫视和不同的网络平台也有各自的采购诉求，在此不再过多赘述。

2."KISS"法则（"Kiss" Principle)

"KISS法则"是英文"Keep it simple and stupid"这句话的缩写。意为要保持你的创意简单得连笨蛋都弄得明白。这条原则广泛运用于文案、设计、创意和调查领域，对综艺节目创意领域这条原则更为重要。

为什么格外重要？因为综艺节目是像电影一样"线性传播"的形式，而且还没有像电影那样的空间独占性。基本上每个时间点上的内容只要过了，你想要回顾和思考那所花的时间和精力成本将会是"纸媒"的几倍。所以这也是为什么我在过去的文章中一再强调综艺节目的瞬间情绪要比复杂逻辑重要得多。

"逻辑简单直白，情绪丰富多变"，所有成功的综艺节目都会具备这个特点。

"The VOICE"就是基于"只听声音来选择学员"这一简单的逻辑……

"达人秀"则是基于"你上台表现哪怕再愚蠢的绝技，只要能打动两位评委即可晋级"的简单逻辑。

"英国偶像"（超女、快男的模式"母版"）基于的逻辑是：从"试镜"（Audition）阶段就开始记录的平民选秀，与英国以往的歌唱比赛类节目相比，它真的就只是简单地增加了"试镜"的阶段，但是这就强调了"从平民到偶像"之路纪录的真实性。

3."小"组会议（Little Team）

"小"字之所以加了引号的。是因为相对于中国的节目研发团队来说，欧美日韩的研发小组就真的算是很"mini"了：一个大型节目（相当于中国的S+级）的研发小组，也最多不超过7个人，而且这还是项目立项之后的研发配备，前期的研发人员更是少至3~5人，轻松愉悦地把一个节目就给"头脑风暴"出来了。20世纪90年代，香港电影最火爆的时期，大量经典的电影就是导演、编剧、制片人等关在酒店里几天聊出来的。大家感兴趣的话，可以去搜一下类似王晶、周星驰、李力持等那个时期票房达人的创作访谈，几乎无一例外是这样创作出来的。

2019年3月，笔者在英国拜访了一个很大的制作公司（获过很多次格莱美奖），负责跟我接洽的是他们的研发部总监。我问他研发部有多少人时，他回答说只有他一人，当时我就惊呆了。我很好奇只有他一人是怎么研发这么多节目的？

他回答说很多情况下他只负责制定研发战略和做出最终的判断，而具体的研发人员会从公司一线内部抽调一两名，再从市场聘请一两名研发人员，一个项目的研发部基本就成立了。英国创意保护制度非常健全，研发人员根本就不惧怕自己的劳动成果被剽窃，而且所有的工作制度一般都是按项目薪或者周薪发放的，所以他们工作起来其实非常高效。

研发会议前的3到5个工作日，研发总监会把这次研发会议的主题、预算、

受众、时段、播出平台等信息以邮件的形式发给大家，各人按照这些会议的要求先各自准备材料，这些材料不用太复杂，有时候甚至是一些散乱的笔记。但是每个人都是一定要带着想法来的，这是研发会议的基本准则。

由此笔者也要分享一条经验：凡是"一堆人"一拥而上去研发节目的模式一定是有问题的，好的模式永远是那么少数几个人"鼓捣"出来的。"庞大的会议"只能用来宣布重大事项的最终决定，"秘密"的小会才是模式研发的正确打开方式。

4."雏形"想法（Initial Idea）

"雏形"想法（initial idea）这一点非常重要，在研发会议上他们并不需要你带着成熟的节目模式来。因为成熟的想法往往已经"阉割"或者掩盖了"雏形"想法的很多"亮点"，甚至过多的与会人员就某些细节争论都会把初心的方向最终带"跑偏"了。

各研发人员所带来的"Idea"只需要有一个简单有趣的"点"就足够了，剩下大家会一起来丰富和完善。但前提是"Idea"确实足够有趣。举一个非常简单的例子：一位曾经在荷兰Tapla公司（The VOICE模式的母公司）工作过的英裔员工分享说，"好声音"这个模式源于一个乍一听起来有点"不靠谱"的想法。

当时Tapla的一位研发人员提出他想做一档"由盲人充当导师的歌唱类节目"，这样导师们就不会过多地关注于选手的身材和外貌，当时整个研发小组都觉得这个想法有趣但是却非常"危险"，因为可能会引起"歧视残疾人"的不必要舆论风险。最后整个研发小组一步步地讨论才最终确定了"转椅盲选"的核心模式点。

很多优秀的模式都是从一个特别简单的"雏形"开始的，它的任务只是帮助研发团队开启一个新的角度，然后根据这个新鲜的角度去催生一个新的模式。一个人的想法毕竟是有限的，如果你带来的是一个已经成型的想法，很可能其他人很难参与进来，因为你的"深思熟虑"已经把他们参与的路给堵死了。

5. 简练提案（Concise Pitching）

中国的节目模式提案特别流行"花里胡哨"的PPT，仿佛你的PPT做得太简单就证明你们这个公司没有实力似的。但是在英国我却发现一个相反的现象：他们特别流行"一页纸模式"的提案方式。所谓"一页纸模式"提案方式就是他们相信，一个好的节目模式一定是可以用一张 A4 纸来阐述清楚的。

因为英国的电视制作领域的细分非常专业，所以某一类节目一般是由几个公司承包的，他们之间形成小范围的竞争。所以在针对平台提案的，有时候他们会显得特别的不正式，一个制作公司销售部门的人员可能在电梯里拿着一张 A4 的纸大致跟采购编辑或者经理描述一遍，对方马上就可以判断要不要召开正式的提案会，并快速拨发采购定金。

有一些中小型的节目甚至都不必经过提案会，采购经理直接就批复采购定金了（当然经理要为自己的决定买单的）。这其实是跟第二条的"KISS 法则"息息相关的，他们坚信一个靠谱模式的"亮点"描述是不会超过一页 A4 纸的。而至于那些长篇大论的 PPT，则是要等到项目中期检查的支付全部模式费的时候才需要仔细去考虑的。

简言之，"模式研发"并不像大家想象的那般神秘，有时候就是一个非常简单的新鲜的想法然后遵循一定的创意原则把它一步步完善了就是一档非常成熟的节目模式了。但是无论是"目的裂变"或"创意原则"最终都需要形成的一个符合节目提案标准的节目方案。关于初步成熟方案的工作标准，我们将在下一节中进行简单的总结。

节目研发实用工作标准

1. 模式研发中存在的常见问题

（1）研发格式不规范

很多研发方案连节目名字都没有，喜欢罗列大量无意义的社会背景描述和单纯的艺人阵容，洋洋洒洒写了几十页，没有一个在重点上。目标观众、节目简介描述、同类节目竞争分析等，这些该有的元素全都没有。或者走向另一个极端，整个节目有的只有短短的几句话描述一个很宽泛的方向，说不行吧这个方向里也可能是个好点，说行吧又不知道到底想做什么，评判起来十分困难。

（2）目标观众不清晰

绝大多数方案没有标明这档节目是做给谁看的，简单地归类为主流观众，在自媒体发达的今天分类传播做得越来越细致，想一个节目俘获所有观众几乎是不可能的。目前这类节目的市场竞争和市场分析是怎么样的，自己没有调研过，只是一个简单的模式描述很难让平台采购者下判断。

（3）播出平台很模糊

不同平台有不同的内容诉求，如果想法有可行性，至少得让采购者知道该节目是针对哪个类型的平台提出的。或者不一定非得针对某个平台提，但是是传统平台还是新兴媒体平台总要说清楚，比如是抖音的短综艺、腾讯爱奇艺的网综还是卫视的传统综艺？描述清楚了采购者才能知道这个节目可不可以推。

（4）亮点描述模糊

"亮点"没有固定的元素和要求，要突出的是这个节目的市场竞争力。比如这个方向是否还没人触及？这个方向上有哪些优势资源？如果有同类节目那么你的亮点是什么？跟他们有什么不同？

（5）缺乏最基础的资料调研

最明显的就是缺乏选题资料和艺人资料；比如提了一个大方向，这个方向下有哪些有趣的选题？最有意思的选题是什么？这些选题有哪些资料支撑？再比如这档节目准备请谁来做？这些艺人有没有去做过资料调研？符合这方面选题的艺人有哪些？他们都有什么样有趣的例子，至少在方案里有简单的举例。

2. 节目模式研发工作标准总结

无论节目方案是普通文档还是PPT，应包含如下元素。

（1）初始研发阶段的必要元素

①节目名称

可以不新奇，让人一目了然知道这个节目大致想做什么样的方向，体现节目的大概气质。

②节目立意

这档节目是基于什么样的社会背景或什么样的痛点问题提出的？要表现什么样的立意？要给观众传达什么样的价值观？切忌空话套话，需言之有物。

③节目一句话描述

好的节目一定是用很简单的话就可以描述清楚的，请在方案中用很简单的话描述一下你这是一个什么样的节目。

④目标观众

这个节目是做给谁看的？要主打怎样的受众群体？如果有必要也可以描述一下这个群体目前为什么需要这样的一档节目。简单描述即可，不必长篇大论。

⑤目标平台

节目准备向哪个平台或者哪一类平台推？这个平台目前的播出风格是怎

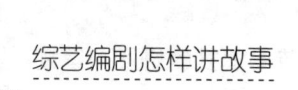

样的？这类平台上此类节目大致态势是怎样的？可以不把平台限制得太死，但是平台的方向必须明确。

⑥艺人资源分析

能做此类节目的艺人有哪些？这些艺人邀请的可行性如何？这些艺人在这个方向上的基础资料要做个简单的调研，比如网上搜集一下哪些艺人符合节目创意的要求。在艺人邀请上最好具备一定的弹性，范围不要特别小，可替代性强会使节目更容易落地。

⑦选题举例或单期推演

在节目方案中简单地列举若干有趣的选题方向，以便能形象化地理解节目内容。如果特别成熟的方案还可以附上简单的单期推演。

⑧节目亮点（同类节目竞争分析）

节目方案属于哪个赛道方向？这个赛道方向上目前有哪些优势节目？你的方案跟他们相比有哪些提升或者改进？在竞争分析中突出你的节目亮点到底是什么？

（2）节目落地阶段的必要元素

①节目预算

这个节目大致能花多少钱？目前的市场态势下是否支持这样的资金投入？此预算招商难度如何？

②招商前景

这类节目是否具备良好的招商前景？比较容易引起哪类广告客户的青睐？有没有此类广告客户目前有相似的诉求？

③商业衍生

是否具备商业衍生价值？能否进行二次开发或者IP衍生？如果是以商业衍生为主导的节目研发，此元素则应为节目初始研发阶段的必要元素。

④资源分析

节目是否已经获得了相关资源的加持？此类资源目前合作前景或进度是怎样的？如果是资源先导的节目，此元素则为必要元素。

⑤团队构成

这个节目需要怎样的团队构成？大致需要投入多少人力物力来做这样一件事？投入和产出是否成正比？比如一个很小的节目却需要投入庞大的人力

物力和财力支持，整体成本核算下来就得不偿失了。

⑥节目周期

此节目的制作周期和操作难度如何？是耗时耗力还是短平快可进行操作的，周期的投入产出比如何。小节目需要的短平快，不需要投入大量的资金和人力，如果是大节目，那它的广告招商前景能否支撑如此庞大的人力和财力的投入？当然这个阶段应该更多的是制片人和出品人考虑的元素了。

上述所列举的元素中"前期必要元素"在节目创意阶段就必须想清楚，它们决定了这档节目在内容层面是否立得住。而"后期必要元素"则是在节目落地执行阶段需要考虑清楚的，它们决定了这档节目是否具备可操作性和落地的可能性有多大。公司鼓励大家只管在初始创意阶段把"必要元素"考虑清楚，后边落地阶段的"必要元素"在下一步的执行过程中，节目出品和制作团队会帮着我们共同解决。

附：节目模式研发提案表

节目模式研发提案表

创意基本元素	节目名称			
	节目类型		节目长度	分钟
	目标观众			
	节目模式的一句话表述			
	创意来源	原创（ ）		
		借鉴节目（ ）	借鉴节目名称：	
	节目概述			
	主要创意内容及创新点			
节目形态设计	主要节目环节			
	主要题材规划			
	对嘉宾的要求			